浙江省哲学社会科学规划课题编号：15NDJC159YB

XINMEITI YU ZUZHICHUANBO

JIYU ZHESHANG QIYE DE SHIZHENGXING YANJIU

新媒体与组织传播：

基于浙商企业的实证性研究

居然 著

浙江工商大学出版社
ZHEJIANG GONGSHANG UNIVERSITY PRESS

图书在版编目(CIP)数据

新媒体与组织传播：基于浙商企业的实证性研究 /
居然著. —杭州：浙江工商大学出版社，2017.10
ISBN 978-7-5178-2195-3

Ⅰ. ①新… Ⅱ. ①居… Ⅲ. ①传播媒介－影响－组织
学－传播学－研究 Ⅳ. ①G206.4

中国版本图书馆 CIP 数据核字(2017)第 119185 号

新媒体与组织传播：基于浙商企业的实证性研究

居　然 著

责任编辑	白小平	
封面设计	林朦朦	
责任印制	包建辉	
出版发行	浙江工商大学出版社	
	(杭州市教工路 198 号　邮政编码 310012)	
	(E-mail:zjgsupress@163.com)	
	(网址:http://www.zjgsupress.com)	
	电话:0571-88904980,88831806(传真)	
排　　版	杭州朝曦图文设计有限公司	
印　　刷	杭州五象印务有限公司	
开　　本	710mm×1000mm　1/16	
印　　张	12.5	
字　　数	215 千	
版 印 次	2017 年 10 月第 1 版　2017 年 10 月第 1 次印刷	
书　　号	ISBN 978-7-5178-2195-3	
定　　价	38.00 元	

前　言

新媒体指的是一种环境,这一概念可以泛指所有数字化的媒体形式。在当代社会中,每一个人都置身于这一种媒体环境中,而每一个人的生活、工作、家庭都在受着这一新型媒体环境的影响。各学科的发展更新也离不开新媒体。组织传播学涉及工作场合中各类型的传播交流活动,当然,这一学科的发展也受着新媒体环境的影响。本书着眼于组织传播在我国的发展,以浙商企业及浙江企业文化为数据收集基础,探讨在我国社会中,新媒体对组织传播这一学科发展所起到的作用。本书采用了定性定量研究相结合的方法,立足于组织对内传播和对外传播两个不同方向展开一系列的学术讨论,总结出新媒体对我国组织传播学发展所起到的影响作用。本书适合对新媒体组织传播学发展感兴趣的学者、公关活动实践者和企业管理者阅读。从本书中读者能够了解到关于组织传播以及新媒体的学术研究现状,新媒体对于组织对内传播和对外传播的挑战,以及人们在目前阶段应对这些挑战的对策,等等。同时读者也能够对有中国文化特色的组织传播学有一定的了解。希望本书作为同时涉及新媒体与组织传播学两个话题的书籍之一,为读者开辟从组织传播这一角度来审视新媒体这一概念的新渠道。

本书第一章从历史角度出发,简单回顾第一次工业革命和第二次工业革命时期,科技进步给人类社会带来的翻天覆地的变化。通过总结这些变化,衍生出新媒体这一科技对于人类现代社会的影响。同时,第一章从实用主义的哲学角度论述了新媒体的出现对人类现有知识构架的冲击,特别是组织传播学知识构架的冲击,进一步从理论上证明了在现代社会,研究新媒体的必要性。

第二章具体叙述了组织传播的两个重要研究方向:组织外部传播和组织内部传播。简要介绍了组织传播学的产生发展及我国组织传播学的发展历程和现状,详细说明组织内部传播和组织外部传播的具体概念、研究范畴和历史发展过程,以及研究现状,并对目前关于新媒体与组织内部传播和组织外部传播的研究成果进行综述，为读者展现新媒体在组织传播方面的发展蓝图。

第三章详细介绍本书所采用的研究方法，以及数据分析策略。本书的研究方法分为两大类：文献分析整理和抽样调查分析。在新媒体与组织对外传播方面，文献分析整理了国内外对新媒体和组织传播的现有文献研究结果；在此基础上，以组织公关活动为切入点，在组织对外传播的研究中具体采用文献分析法、案例分析法和访谈法，结合作者的逻辑分析得出相关的重要结论。在组织内部传播方面，以工作场合中新媒体的使用为切入点，以问卷调查的方法研究新媒体使用的作用。抽样调查分析包括了样本抽样方式、参与研究人员、问卷发放过程以及各种测量工具。

第四章为读者呈现新媒体与组织对外传播之间的关系。这一章主要集中于公共关系这一特殊的外部传播形式。在这一章中，详细介绍了新媒体在现当代公共关系活动中所起到的作用。列举浙商团体组织利用新媒体进行公共关系活动的具体实例，并分析新媒体在这些公关活动中所带来的效益，最后深刻分析新媒体对公关活动的影响。

第五章将话题转向了新媒体与组织内部传播。这一章主要锁定了新媒体与组织身份认同度之间的关系。提高组织成员的身份认同感是组织内部传播活动的一个重要目的。这一章将以从浙商企业收集来的实证数据为依托，探讨新媒体作为一个全新的信息传播渠道在帮助建立组织成员身份认同感的过程中所起到的作用。

第六章揭示了新媒体在组织传播中的阴暗面。向读者展现在现代生活中，新媒体给人们的工作生活带来的负面影响，包括在工作场合中新媒体促使人们过度工作，对组织企业的管理带来的新的挑战。而在组织外部传播上，新媒体也为公关活动带来了过度公关、信息超出控制等负面影响。

第七章对本书所涉及的新媒体与组织对内传播和新媒体与组织对外传播的研究做出宏观的概括。这一章主要立足于"中国现当代组织传播"的语境，探讨本书所涉及的各类型研究对有中国特色的组织传播的发展所具有的现实意义，并对中国组织传播学未来的发展提出了建议和意见。

一本书稿的诞生是一个痛苦又幸福的过程。在这一过程中离不开许许多多人的帮助，作者在此向这些人表示最诚挚的感谢。首先感谢浙江工商大学人文与传播学院的各位领导与同事对本书写作的支持和鼓励。感谢杭州日报金融工作室主任夏海微、杭州民生药业集团有限公司董事长竺福江、美国纽约州立大学科特兰分校副教授贾沭宜、美国佛罗里达湾岸大学副教授康东晶为本研究提供详细的文献数据与资料。感谢浙江工商大学出版社的编辑们,没有他们的高效运作,本书难以较快与读者见面。最后感谢我的家人,我的父母与丈夫,没有他们的支持和鼓励就不会有本书的诞生。

目　录

第一章　关注新媒体的必要性 ……………………………… 001
　第一节　新技术是社会变革的推动力 ……………………… 001
　第二节　实用主义哲学的科技创新观点 …………………… 006
　第三节　新媒体的内涵与作用 ……………………………… 009
　第四节　新媒体对人类生活的改变 ………………………… 011
　第五节　新媒体与组织的沟通与交流 ……………………… 015

第二章　新媒体与组织传播的关系 …………………………… 017
　第一节　组织传播学在中国的发展 ………………………… 017
　第二节　新媒体与组织传播研究成果综述 ………………… 027

第三章　新媒体与组织传播的研究方法 ……………………… 048
　第一节　问卷调查法 ………………………………………… 049
　第二节　文献分析法 ………………………………………… 057
　第三节　访谈法 ……………………………………………… 059
　第四节　案例分析法 ………………………………………… 060

第四章　新媒体与组织对外传播 ……………………………… 063
　第一节　我国公关行业的基本情况 ………………………… 065
　第二节　关于使用社交媒体的争论 ………………………… 070
　第三节　社交媒体与人际交往 ……………………………… 071
　第四节　社交媒体与组织的公关活动 ……………………… 074
　第五节　利用社交媒体从事公关活动的几点思考 ………… 077

第六节　案例分析：天猫双十一期间微博的危机公关 ………… 080

第七节　社交媒体吸引公众的几点原则 ………………… 086

第八节　我国目前使用社交媒体进行公关活动的挑战 ………… 088

第五章　新媒体与组织内部传播 ……………………… 093

第一节　组织内部传播中的社会化过程 ………………… 095

第二节　文化及社会环境对社会化过程的影响 ………… 096

第三节　降低不确定性因素的信息获取 ………………… 098

第四节　社会化过程研究现状 …………………………… 101

第五节　社会化信息处理理论及社会化过程 …………… 103

第六节　新媒体对社会化过程的影响 …………………… 105

第七节　文化在社会化过程中的作用 …………………… 108

第八节　员工的组织身份认同 …………………………… 110

第九节　组织成员使用新媒体的频率和模式 …………… 114

第十节　文化对信息搜寻模式的影响 …………………… 117

第十一节　组织身份认同与新媒体及文化 ……………… 118

第十二节　新媒体使用频率影响组织身份认同 ………… 120

第六章　新媒体的负面影响及应对策略 ……………… 124

第一节　新媒体与隐私和监控的问题 …………………… 124

第二节　新媒体与员工的招聘过程 ……………………… 133

第三节　新媒体运用的负面作用及应对策略 …………… 135

第四节　社交媒体上的负面评论与道德问题 …………… 139

第五节　社交媒体对危机公关的危害及应对 …………… 143

第七章　本研究对组织传播活动的现实意义 ………… 146

第一节　社会属性决定新媒体的使用 …………………… 146

第二节　新媒体使用效用的决定因素 …………………… 149

第三节　发展中国特色的新媒体理论的关注点 ………… 150

第四节　本研究对组织内部传播的理论启示 …………… 152

第五节　社交媒体公关活动面临的挑战 …………………… 157

第六节　对网络危机公关中幽默策略的思考 ……………… 159

第七节　关于组织社交媒体运用问题的建议 ……………… 162

第八节　关于应对网上负面评论的思考 …………………… 163

附　　录 …………………………………………………… 167

参考文献 …………………………………………………… 175

第一章　关注新媒体的必要性

新媒体在当今社会已经无可争议地成了一个热点话题。当这一话题的重要性已不需要再过多强调时，"为什么需要关注新媒体"这个最基本的问题，就值得我们思考了。问题的答案可以有很多：新媒体是现在的新趋势，新媒体改变了社会，新媒体创造了新经济，新媒体带来了新问题，新媒体带来了碎片化思考，新媒体引发了电商大战，新媒体威胁到了旧媒体的生存，新媒体催生了公民记者，等等。这些答案揭示了新媒体在社会、经济、文化、教育、道德和新闻等各方面所带来的影响。总之，新媒体是一枚重磅炸弹，其爆炸性影响波及了社会生活的各个层面。

在对新媒体狂热关注的同时，让我们先冷静一下，退后一步，仔细思考一下以上问题的答案。当我们仔细思考这些答案时，值得反思的是，我们是否夸大了新媒体的技术力量而忽视了人在新媒体浪潮中的作用。换句话说，我们是否过于倾向科技决定论而忽视了人在科技创造、发明及使用中的作用。

第一节　新技术是社会变革的推动力

一、人类与科技的关系

科技决定论（technological determinism）是凡伯伦（Thorstein Veblen）于20世纪20年代在美国提出的。该理论认为，科技的发展，包括技术媒体等，是推进社会发展变化的全部力量，并且是社会变革的本源。换言之，该理论认为科学技术是有独立自主性的，即科技的更新换代是导致社会更新换代的根本原因。当科技发生变化时，人们无能为力，只能改变自身来顺应和适应新的科技。人们在科技面前除了接受它外，毫无自主选择权。遵从这一逻辑，从科技决定论的角度来看，新媒体的出现是导致我们社会发生如此翻天覆地变化的根本原因。从表面上看，这一论点无疑是非常正确的，因为确实在新媒体出现之前，我们的社会并没有出现以上提到的这些新变化。科技决定论看上去也是毫无破绽的完美理论，正如达尔文的进化论一样。达尔文进化论阐述的观点是生物必须适应它们所处的外在环境而生存，反之，那些无法调整自身适应环境的生物便会迎来灭顶之灾。以此类推，我们人类现在所处的环境被各种各样的科学技术所包围，小到我们日常使用的电灯、微波炉，大到为 GPS 提供定位系统支持的外太空人造卫星。如果不主动适时地调整自身来顺应科技的发展，人们就无法生活下去，就像达尔文进化论中那些不能适应环境变化而灭绝的生物一样。

但是，这里我要强调的是进化论与科技决定论的区别：进化论中的环境是客观的，而环境的变化取决于大自然——一种我们人类，或者整个生物种群都无法控制的客观环境；而科技决定论的科技环境却是我们人类真真实实可以掌控的。科技是由人类所发明的，而科技的使用方向又是由人们后天的一些社会契约所决定的。也就是说，科技是由人类控制的。而最能说明人类控制科技的例子便是人类对核能的使用。核能，又被称为原子能，是人类历史上最伟大的科学发现之一。早在 19 世纪末，德国物理学家伦琴就发现了 X 射线，一种穿透力极强却对人体有危害的射线。在此基础上，19 世纪末 20 世纪初包括法国物理学家贝克勒尔和居里夫人发现了物质的放射性和放射性元素镭。1905 年爱因斯坦提出了质能转换公式，为放射性元素提供了理论基础。直至 1942 年美国芝加哥大学成功地启动了世界上第一座核反应堆。随之而来的关于核能的大事件便是 1945 年的"第二次世界大战"末期，美国向日本的广岛和长崎投放了两颗原子弹，造成了人类历史上最大的悲剧之一。但是在九年之后的 1954 年，当时的苏联建成了第一座核电站——奥布灵斯克核电站。

这里我们的目的当然不是回顾核能的发展历史，而是借由这段历史引出问题，即"人类究竟是应该适应新科技还是积极掌控新科技"。从上文所述的核能发展历史不难看出，答案应该是后者。从核能被发现的起点即 X 射线被发现时，这一科技的固有特点"对人体有害"就已经被强调了。如果依据科技决定论的观点，人类应该做的是如何加强自身的抵抗能力以免于被这种新兴科技所伤害。但回顾历史，我们看到的却是人类积极主动地去掌握使用这一科技的方法，尽管它被用作武器发挥它的摧毁性效果，对日本进行了致命的打击。但是人类也趋利避害地使用了这一门技术，建成了核电站。因此技术没有善良邪恶之分，有的只是人们秉持的是善良还是邪恶的意念来使用这些技术。因此，并不是科技决定着人类的方向、社会的发展，而是人们使用科技的方式决定了未来人类社会的走向。

二、科技对人类社会的改变

在人类历史上造成社会大改变，从而引起知识更新换代的科技变革为数并不多。那么接下去让我们来回忆一下历史，看看有哪些科技变革引起了社会大改变。从历史的角度看人们怎样把科技变革当作契机来更新知识。这样的回顾更有利于我们思考如何看待新媒体问题。正如古语所说，"以史为镜，可以知兴替"，虽然古语指的是历史朝代的兴替，但是知识的更新换代又何尝不是另外一种兴替呢？下面我们将回顾历史上的重大科技变革，从这些历史当中希望可以得到一些启发，思考如何在这一次新媒体的科技变革中衍生出新的知识来使我们现有的社会更加美好。

1. 工业革命是人类社会改变的重要动力

近代历史上最著名的社会变革是源于欧洲的第一次工业革命。第一次工业革命（1750—1850）是以蒸汽机的出现为代表，这一时期，蒸汽机的广泛应用极大地改变了人类社会（Dewey，1927）。

它的出现改变了人们制造货品的方式（Behringer，2006）。人们再也不是单独地在家中独自一人工作。相反，他们聚集到大型制造中心——制造工厂——作为工人一起从事劳动工作。大型工厂替代了手工作坊，机器运转代替了手工劳动。大工厂的出现使整个社会从小作坊式的个人劳动社会变成了机械化的集体劳作社会。人与机器产生了复杂而又矛盾的关系：机器使农业和小手工业者流离失所，但是他们又不得不依靠机器来赚钱以满足生活所需。一个显而易见的新矛盾就此产生。而随着机器的广泛运用和工厂的大量涌现，工业资产阶级（那些拥有大工厂的人）和工业无产阶级作为新兴的两个社会阶级也在逐渐壮大，他们之间深刻的不可调和的矛盾也随着阶级的壮大而日益明显。这些新的社会矛盾、社会变化刺激着这个时代最伟大的学者和实践者们。他们积极地分析这些社会现象，努力地思考着解决办法。由此而产生的就是作为他们智慧结晶的传世巨作。亚当·斯密的《国富论》，马克思的《资本论》及马克思与恩格斯的《共产党宣言》，这些伟大的思想理论都是在这个由于新科技的发明使用而动荡的社会时期产生的。

同时，这一现象的结果导致了大量城市的产生及农业从业者的大幅度减少。一个全新的社会环境在这个时候产生了。而随着这个全新的农业环境所产生的是一些新的问题与矛盾，例如：资本主义与劳工的矛盾，人口快速增长，以及有限的资源之间的矛盾，效率问题，以及工人的工作环境问题。这些问题的产生，促使人们去追求新的知识以解决这些新的政治、经济及文化上出现的问题。在这次工业革命当中涌现出来的新兴知识与学科有科学管理学、现代资本主义经济学等。

同样是在第一次工业革命时期，火车出现了，轮船出现了，世界被慢慢地连接在一起。一个"大社会"（Dewey，1927）产生了。在发明这些交通工具之前，人们一辈子都难以走出自己生活的小村庄小城镇，因为马车没有办法承担如此遥远的旅行。可是有了靠机器运转的这两样大家伙，几百上千公理的路途不再遥远，海洋也不再是人们交往的大障碍。人们不必再受限于他们所生活的"小社会"中，他们可以把自己的生活延伸到一个更大更广阔的社会中，世界可以任人们行走。在这个"大社会"中，小聚居的现象越来越少，取而代之的是群居大聚居，人们（从地理上）被牢牢地连接在了一起，而大量物资的流动也促进了人与人之间的联系。

第一次工业革命是科技发明改变人类社会最典型的例子之一。并不是因为蒸汽机的出现，人们才聚拢在一起，而是因为人们利用了这一科技开设大型工厂，发明交通工具，正是蒸汽机的应用使社会发生了变革。人类是群居动物，社会性是人类的本性，人类渴望与他人产生联系并共同居住。在蒸汽机出现之前，遥远的路途、分散的资源、固有的生产模式都是人类的"大社会"理想的障碍，而蒸汽机的出现仅仅是为扫平这些障碍提供了技术支持。

紧随着第一次工业革命而来的便是第二次工业革命。如果说第一次工业革命把人们带入了"蒸汽时代"，结束了小作坊时代而进入了大工厂时代的话，那么第二次工业革命则是引领人们进入了"电气时代"，从轻纺工业时代走进了重工业时代。在这一次的科技变革中，由于电力、发电机、电动机的广泛应用，电灯被发明和广泛应用。这一小小的技术革新在现代看起来并没多大的影响，环顾我们现在所处的社会，电灯是一个不能再普通的日常用品。小到每家每户，大到各种工厂政府机构，都有无数电灯的存在。但是，再一次，让我们的思维回到200多年前，在电灯被发明并且广泛运用之前。人们的日常工作生产与大自然密切联系，人们日出而作、日落而息，因为在晚上缺乏必需的光源，即使有蜡烛，或者煤油灯这些人造光源，但是它们微小的光芒难以维持人们在夜间作业的照明需求，因此它们的出现及存在仅仅只是在非常小的程度上改变了人们日出而作、日落而息的基本生存状态。直到电灯的出现，它的强大照明能力才真正赋予了人类能够与大自然光线相抗衡的能力,把黑夜也变成了人们可以工作的时间。

　　随着两次工业革命而发生的社会变革,人们开始感到彷徨,因为他们以前所拥有的知识不足以应付这个新世界。例如,以前人们的生产方式是小作坊式个人劳作,而当蒸汽机带来了大工厂后,人们似乎对该如何与数以千计的工人一起工作并保持协同性和效率方面感到无助。这个时刻管理学便产生了,它作为一门新兴的知识,教导人们面对工业革命后的新世界,如何扩大生产力,如何有效监管集体劳动的人们。而新兴的知识又会催生新一轮的科技进步。这三者之间的关系就如下图(图 1-1)所示,在人类社会中产生了一个无限的循环。

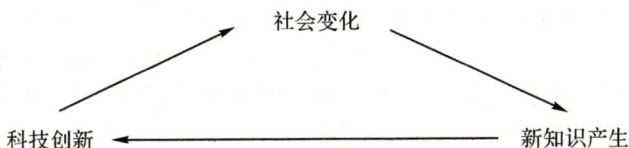

图 1-1　创新、知识、社会的促动关系

　　2.战争为社会变革提供了时机

　　第二次引起较大社会变革的时机便是第一次和第二次世界大战了。在两次大规模的世界战争中,为了保证国家利益和战争胜利,无数新兴科技涌现,包括海战技术、航空技术、无线电传播、信息技术,以及原子能技术;而且这些技术从战争时代传承下来,在当今和平年代仍然起着不可小看的作用。而在这些技术被发明并广泛运用的时候,人类社会又一次被改变了。例如:由于海战技术航空技术的发展,长距离的旅行变得并不困难了,由此人与人之间的距离便被拉近了。当传真机、电话被广泛运用到人们的日常生活中,国际贸易商务也变得简单多了。这些人类社会的变化,再一次唤起了人们追求新知识的欲望。

　　随着战后世界格局的发展变化,美国变成了超级大国,并且在联合国中占有举足轻重的地位。为了巩固战后和平的局面,联合国和美国政府鼓励各国居民和国家之间多多交流理解。因此,一个新的学科:跨文化传播便产生了。这一学科旨在帮助人们理解如何与来自不同国家文化背景的人们进行相互交流。其他在这两次世界大战期间逐渐形成与完善的学科,还包括商业管理、发展传播学、经济学等。

　　在历史上由于新兴科技变化引起社会变革最终迎来新兴知识的例子还有很多,但是我们不需要停留在历史上,放眼看看现在的时代,我们还处在变化的核心：以新媒体技术为标志的另一波技术改革正在悄悄地改变我们的社会。

事实上，伴随着每一次新的技术变革出现的都是新的社会变化。虽然新的技术总是被高科技行业员工或者计算机专家最先采用的，例如计算机技术最早是被用在美国军方的军事策略分析上，但是它们现在早已经超出了学术界和企业圈而深深地深入到普通民众的日常社会生活中。人们的日常生活正是由于这些新媒体的出现，发生了极大的变化。这些社会变化催生了一大批学者和实践者创造出新的知识来应对这一全新的世界。正如美国实用主义哲学家杜威所说，"被应用于生产和商业的新技术往往会带来社会变革"（Dewey，1927，p.98）。而随着这些变革应运而生的就是新的知识。

科技变革是人类社会一个恒久不变的现象，正如我们经常说的"改变才是唯一不变的"。因此，我们不应该仅仅停步于历史上的科技变革，我们只需抬起头环顾四周就会发现，最新一轮的科技变革——新媒体——就发生在当时当下。蒸汽机已经不再是新鲜的科技，新媒体又一次带来了社会变革的浪潮。这些变革带来了机会，使我们能够再一次地更新知识，重新认识我们所生活着的世界。在审视这些新科技带来变革的时候，一方面新科技本身对社会的冲击应该被强调（科技决定论），但是更需要被研究的是在变革的社会环境下，人们如何创造新知识（新兴学科、新兴理论等）和如何定义新的社会规则（新的法律法规、社会章程等）。通过对这些社会变化的研究，新的知识就能够被创造。美国实用主义哲学认识到每一次科技的变革可能（注意：仅仅是可能并不是绝对可以，因为就如我们前面所探讨的，人类是否积极使用这一新科技才是决定变革的重要因素）带来社会变化，人们作为科技的创造者和使用者对这些变化有着终极的控制权。这一哲学理念反对前文所提到的"科技绝对主义"而倡导"科技以人为本"。此书正是从这一哲学角度出发，来解读新媒体的广泛使用给我们这个社会所带来的变化，以及我们可以抓住这一机遇再一次更新现有的知识来面对这些社会变化。

第二节　实用主义哲学的科技创新观点

实用主义哲学（pragmatism）是产生于 19 世纪 70 年代的哲学概念。它发源于美国哈佛大学的一个名叫"形而上学俱乐部"的阅读兴趣小组，该小组的成员均具有法学或者科学的专业背景,并且他们都想要研究达尔文理论。许多美国先锋的实用主义学社都是来自此俱乐部。然而,实用主义哲学并不是一个全新的被美国人创造出来的哲学。事实上,实用主义哲学可以被追溯到古希腊时代的亚里士多德。他在著作中写道,在这个世界上存在着三种知识:(1)理论知识,(2)技术知识,(3)实践知识。对于亚里士多德来说,理论知识是来源于思考和因哲学思辨而存在的纯粹知识。技术知识是用于生产产品的技术理性行为的总结。而实践知识则是对于现实世界的反映,是人们对想要追求更好的生活而总结出来的一系列关于什么应该做什么应该采取何种行为的知识总结。这里亚里士多德所说的实践知识便是后来实用主义的前身。

一、科技创新的哲学基础——实用主义

在 20 世纪初期,人们对自然科学充满着狂热,他们甚至认为"每一个婴儿都是科学地诞生的"。大多数精力被放在了发展所谓的"硬科学"上。随着科学的发展,人们渐渐意识到虽然数字、数据及预测的力量是庞大的,但是政治、宗教、道德的力量并没有消退。人们始终相信道德价值和人性中的善良。这一困境呼唤着一种新的哲学的产生,这种哲学需要兼顾硬性自然科学和软性人文精神。在这种情况下,实用主义便诞生了。

1. 实用主义哲学的产生

实用主义一方面坚信事实和实证主义证据,另一方面,它又兼顾道德、政治及宗教等人文力量。实用主义的流行源自它提供了一个新的视角来看待在本质上相冲突的自然科学和人文精神,而这两者却又都是人类社会的精华。实用主义既是一种哲学思想,也是一种方法论。就哲学思想而言,实用主义强调知识是控制现实的工具,并且现实是可以改变的。正因为现实可以改变,作为理解和预测现实的工具——人类的知识也是可以改变的。而正是因为现实时时刻刻在改变(由于科技的变革),人类的知识也应该不断被更新。所以实用主义哲学反对形而上的认识论,反对以偏概全的知识,强调我们应该根据所处的不同社会环境来更新知识,即为什么每一次的科技变革都为知识的更新提供了客观条件。作为一门方法论,实用主义强调先看事物的最后收效和结果,而不是先去审查事物的原则、范畴等一些虚无缥缈的东西。实用主义注重实践,在它看来面向事实解决实际问题才是最重要的。而我们自身处在新媒体变革的浪潮中,很难站在全面的历史角度去考虑虚无的范畴定义等问题,我们急需解决的是如何在新媒体环境下的新社会生存，以及如何去切实解决一些新媒体使用而带来的问题。

2. 实用主义哲学的关注点

实用主义最关心的问题是多样化（Plurality）和不可协调性（Incompatibility）的问题。因此实用主义把人类的知识和实际的社会活动联系在一起。实用主义坚信知识的探求是与时间和空间紧紧相连的；也就是说，实用主义相信人类社会是一个开放与前进的社会，那么我们所拥有的知识也应该随着世界的变化而不断更新。但是这并不意味着实用主义是反对系统理论的，正如著名的社会心理学教授莱文（Levin）所说，"好理论必然是具有实用效用的。"自然科学理论能够帮助人们更好地了解自然界，社会科学理论（政治、法学、宗教、道德等）能够帮助我们知道如何正确地使用科学理论来创造一个更好的社会。

实用主义志在解决人类社会中的多样化和不可协调性的问题，它把知识的追求放在了实践的社会活动中，并且关注知识所带来的实际效用。因此，对于研究新媒体问题，没有比实用主义更加适合的哲学指导思想了。在新媒体被广泛使用的今天，许许多多的社会变化和问题不断产生。例如：网络欺凌，信息过剩，网络盯梢，网络营销，信息大爆炸，碎片化阅读等等。这些问题在人们广泛地使用新媒体之前并没有出现，因此我们也没有相关的知识理论存在。但是现在是 21 世纪，新媒体被广泛使用的年代，我们急需能够处理相关问题的知识。这也就是实用主义所说的知识探求应与时间空间紧紧相连，因为时间空间的转换，人类永远面临着一些未知的新现象新问题，从而敦促人们去追求新的知识。而由此产生的新的社会知识能够更好地引导人们去使用科学知识。这就是上文所提到的实用主义能够兼顾硬性自然科学和软性人文精神。

二、实用主义关于科技创新的观点

对于实用主义来说，每一次的科技革新都是一次更新知识的潜在机会（James,1997）。但是并不是每一次微小的科技革新都意味着知识的更新换代（Dewey,2004）。正如詹姆斯所坚持的，只有当科技变革能够使世界变得不同时，这些科技变革才值得被人们重视。他说道，"这些科技变革改变了社会的哪些方面？如果我找不到任何的不同点，那么这些科技变革便是没有意义的"（James,1991,p.24）。在这里我们来谈一下音乐的例子，流行音乐是一个巨大的产业，人们买磁带买 CD 买 DVD 来欣赏他们所喜欢的艺人的歌曲。在 MP3 这一项技术流行起来之前，对于一个受欢迎的歌手来说，虽然受着盗版的影响，卖掉上百万的专辑并不是一个非常困难的事。而现在对于一个歌手来说，只要专辑能够卖上十万张，这就是一个极大的成功。因为现在买 CD 的人越来越少，随着 MP3 的流行，人们更愿意去网上下载唾手可得的免费音源，或者，如果他们懒得下载，他们可以直接在线免费收听。这些网上音乐的流行直接威胁到了流行音乐业。现在我们经常可以看到或者听到相关业内人士对这一产业发展的深深担忧，他们时不时地抛出这样的问题："在现在这个媒体时代，流行音乐到底应该怎样发展？"可是，在音乐发展史上，在 CD 和 MP3 之间，有一门技术——MD 却被淹没了。MD 指的是 MiniDisc，它是由索尼公司于 1992 年发明上市的一种音乐储存媒体，它采用 ACRAC 压缩储存模式在一个直径 6.4 厘米的 MD 上存放音乐。你需要专门的 MD 机来播放 MD 碟，就如同你需要 CD 机来播放 CD 一样。但是与 CD 相比，MD 小巧，具有编辑功能（MD 碟可实现数百次擦写重录），价格低廉（通常你只需要 2 至 3 张 MD 碟），这样一款技术在当时来说对音乐界应该是一种冲击。但是很遗憾的是，由于某些原因，当时的人们并没有广泛地接受这一新技术。换句话说，使用 MD 来播放音乐的人并不多，因此它没有能够在流行音乐产业上引起人们的重视，更不用说整个产业因为它的出现而改变一些既定的行业模式。MD 便是没有引起足够的社会变革的科技更新，以至于如果现在去网上搜索关于它的信息，也只有寥寥数笔而已。这也就是杜威（Dewey，2004）所指的并不足以引起知识更新换代的微小的科技革新。

第三节　新媒体的内涵与作用

　　最近一股强劲的科技浪潮所带来的变革衍生出了新媒体，并促使其繁荣，这发生于我们所处的这个时代。我们所处的时代由于计算机与网络技术的出现，正在进行一场所谓的新媒体变革。这些"新媒体"改变着我们生活的方方面面，我们收集信息的模式、社交的模式、购物的模式及工作的模式，都因为这些"新媒体"的出现而产生了革命性的变化。但是，到底什么是新媒体？这一根本性的定义问题至今没有十分明确的答案。

一、新媒体的内涵

最早关于"新媒体"这一概念的定义出现于 1987 年，库兰及马库斯认为新媒体是一种互动性的，以电脑为中介的，促进多人交互性交流的媒介。这种媒介通过文字、声音、图片及图像等来完成交流过程。但是这个早期的定义并不能使专家学者们满意，随着"新媒体"的发展，不断有新的定义涌现出来。例如，姆贝等（Mumby，2012）认为，新媒体是一切与包括广播、电视、报纸、杂志、书本等的旧媒体不同的事物。虽然定义"新媒体"这一概念在学术界范围内一直是一个难题，但是总体来说，新媒体的特点可以概括为：它们能够为人们的互动及虚拟活动创造机会，它们能够突破时间和空间的限制，并且能够帮助几乎每一位用户去散播它们自己创造的内容。总结上文的两个定义及提到的上述特点，本书所指的新媒体是指那些促进沟通交流和社会活动的电脑及移动技术。这些技术促进公开的交流，因此几乎任何人都可以参与，并且这些沟通与交流活动最大程度上跨越了时间和空间的障碍。新媒体为人们的沟通交流带来了互动性、多元化及灵活性的特点。新媒体技术包括电子邮件、社交网络、内部局域网、小组合作软件等。

二、新媒体的作用

我们生活在这样一个新媒体变革的时代，虽然身处其中的好处是我们可以切身体会到每天的变化。例如，我们从网站上获取新闻，我们在微信上与同事交流工作，但是这样身处其中的状态也在一定程度上阻碍了我们对这一新兴科技的认识，正如古语所说的"不识庐山真面目，只缘身在此山中"。总体来说，专家们一致认为，电脑计算机技术是这一场变革的核心技术。随着"新媒体"的变革，产生了一系列的新兴事物：新的经济，新的政治舞台，新的世界秩序，甚至新的男人与女人。但是，需要再一次提醒的是，我们不想再犯科技决定论的错误，因此对于这一变革更加确切的提法应该是：新媒体为人类社会的变革提供了机会，它们为人类根本的需求（社交需求，获得信息的需求等）提供了更加广阔的发展平台，创造了更多的机会。

因特网与计算机技术为网络经济搭建平台，创造虚拟网上组织。这些技术也创造出了一个全新的网络世界——另一个公众空间，在这一空间里每个人都是网络公民并且有能力执行他们的公民义务。这些仅仅就是一小部分新媒体为人类的沟通交流组织创造的新的机会。人们持续地使用新媒体,并且把这个技术逐渐融入他们每天的日常生活中去,并且超越了时间与空间的界限。总而言之,继印刷术之后,新媒体为更为广泛的、影响深远的社会变化铺平了道路。

毋庸置疑,新媒体为社会变化带来了更多的机会,而这些变革几乎是存在于社会的各个层面。这些变革正是启发人们探求新知识的触点。从人文社科到自然科学,对于新的知识的渴求都在引导着学者们发现新的问题,提出新的解决方法,以及总结出新的理论。而传播学,作为一门关注人类沟通交流互动的学科,长久以来都有关于科学技术如何影响人类交流过程的历史,在这个时刻更应该投身于新媒体的研究当中去,积极揭示在新媒体大环境下,人类互动是怎样改变的。

为了响应这最新一波的社会变革潮流,需要全方位地更新我们现有的知识,而这是一个也许会花上几十年甚至上百年时间去实现的宏伟目标。本书仅从一个微小的角度来审视新媒体。但是希望仅此微小的角度也能够揭露和发现一些新的知识,为在新媒体浪潮下引发的知识更新起到推动作用。因此,本书以浙商企业为依托,侧重于研究人们在工作场合使用新媒体的模式及由于新媒体的使用,人们在工作场合所受到的影响。本书在新媒体的环境下重新审视工作场合,提出对于在工作场合使用新媒体的疑问,意在探求新媒体的出现是促进了人与人之间对于工作问题的交流还是影响了人们在工作场合的一些工作效率。如果说前面的章节从宏观历史的角度来解读新媒体在当今社会的状况,以及应该如何看待这些由于人们使用新媒体而带来的社会变革,那么下面的一节将从微观的角度来详细具体阐述本书的研究内容。

第四节　新媒体对人类生活的改变

在上文的基础上,我们来关注并探求"为什么需要关注新媒体"这一问题的答案。在总结这些答案时,我们关注的并不是新媒体自身的变化。因为回答"为什么需要关注新媒体"时,没有人会第一时间抛出以下这些技术化层面的答案:因为新媒体拥有先进的 web 2.0 技术,因为新媒体实现了最大化的用户互动,因为新媒体打破了时间和空间的限制,因为新媒体创造了前所未有的信息传输速度等。回顾新媒体之所以是时下社会热点的答案,不难发现,所有答案均围绕着人们使用新媒体后生活所发生的变化。

一、新媒体促使社会发生改变

毕竟，新媒体无论如何新，它们仅仅只是媒体和技术，而真正使用它们、消费它们的是我们这个社会。如果新媒体未得到广泛的运用，它只是一个客观存在的技术，并不能使我们的生活产生任何变化，那么人类社会就没有必要去关注它的存在。被称为是"互联网革命最伟大的思考者"舍基对这一逻辑进行了深刻的阐述。他在书（Shirky，2012）中谈到，互联网的出现并没有在根本上改变人类固有的交流沟通模式，而更好地理解互联网革命的角度则是由于互联网的出现，它向人们提供了一个新的平台，而通过这一平台人们充分地发挥了本已存在于他们本性中的乐于沟通交流的特质。

具体的例子我们可以参照人人网。人人网的口号是"找到老同学，结识新朋友"，由此可见它是一个专门服务于寻找各种各样社会联系的网络平台。而现实中这个网络平台以个人的教育背景为线索帮助人们拓展社会关系。如果我们从科技决定论的角度来看人人网，我们所得到的逻辑应该是，人们在人人网出现以前并非那么热衷于社交活动——所谓的"找到老同学，认识新朋友"。但是由于人人网的出现，人们才开始慢慢地为了适应这一网络平台而开始交朋友。这一逻辑显然不成立。早在互联网产生之前，人类就表现出了极其旺盛的社交欲望，而基于教育背景的社交形式最明显的便是同学会了。随着教育经历的不断累积，一个人便拥有了许多形式的同学会——小学同学会、初中同学会、高中同学会和大学同学会等等。人的一生中有许多同学会，并且最初的组织者和参与者都是那么兴致勃勃。但是组织过同学会的人一定有这样的感受：同学会的成功举办需要付出极大的时间和精力。首先，你得搜集每一个同学的联系方式，然后逐一告知他们举办同学会的想法，并且征求他们关于时间和地点方面的意见，同时你需要确定一个尽量让大家都能满意的时间和地点。确定后你又要联系所有人，告知他们时间、地点，在此过程中也许会有人提出反对意见，而你为了这些反对意见又需要对时间、地点做一些改变，最后把这些改变再次通知同学。经过几轮的协调工作，你终于确定了时间、地点和相关人员。但是到了聚会的当天，你又会发现由于某些客观原因（天气太差，道路太堵，或者同学临时有事），并未出现如你想象般的老朋友大集会盛况，于是你开始变得沮丧，心想第二年的聚会也许就不举办了吧。

但是这一现象并不意味着人们不想联系老同学，只是联系老同学的成本太高。第一,需要一个愿意花大量时间精力的联系人,而联系人的角色往往是缺乏的——人们由于被自己的工作家庭所需要,并没有太多的时间去做额外的事情。第二,参与的每一个人都需要花费一定的时间和精力:有人也许需要赶很远的路程,有人也许需要推却一些其他重要的聚会,有人也许担心由于长久不见而面临无话可说的尴尬境界,有人也许需要牺牲睡眠时间。这些"成本"花费都在人们的考量权衡范围内。但是人人网的出现,却使这些联系老同学的成本几乎归于零。在人人网上只要你想要找到老同学,不需要联系人,只要根据自己的教育背景进行搜索就可以了。你不用担心赶路问题,互联网把世界上每一个有电脑和网络的地方都联系了起来。你不用担心没有时间,你可以自己控制联系老朋友的时间。你也不必担心尴尬问题,你可以浏览老同学的相册日记,了解他们近几年所做的事情;你不必马上开口问候讲话;甚至如果你不想真正面对老朋友,你可以偷偷关注。

所以,我们看到的并不是人人网创造了"联系老同学,认识新朋友"这一社会现象,它所做的只是创建了一个低成本的联系平台。除了可以帮助人们突破时间空间的限制,以及最大限度地消除社交成本(指面对陌生人的交流尴尬,或者由于面对面说错话而产生的一些后果、负面情绪和感受)外,人人网更棒的地方在于,它搭建了结识新朋友的平台:人们再也不用为见陌生人而脸红尴尬,不用为追女孩子被拒绝而担心。正如网络名言所说,"在网上没人知道你是一条狗"。所以在人人网上人们可以不必太担心别人对他们的一些负面看法,而最终结果便是人人网上的社交活动变得更加容易了。人人网变成了基于教育背景而产生的社交大本营。所以,换句话说,人人网并没有创造人类乐于社交的本性,它只是消除了人类在社交方面所可能碰到的一些障碍而已。如果人类本身没有社交方面的需求,那么人人网的出现也是没有意义的,人们并不会去真正地使用它。

二、新媒体给人类带来的挑战

真正使社会发生变化的却还是我们——社会中的每一个个体。新媒体只是一个媒介,并不应该被神化,所以在这里让我们把关注点转换一下,真正需要关注的问题应该是:通过使用新媒介人们改变现有世界的状态,或者说人们被使用新媒体的他人改变的状况。因此这本书并非站在科技决定论的立场来看待新媒体。本书所关注的并不是新媒体在技术层面上的革新(当然技术革新是重要的,但是恰好不是本书的关注点),以及新媒

体本身能否为社会带来变化。相反，本书所关注的是人们如何使用新媒体
来改变我们现在的社会，或者说，因为使用新媒体，我们的社会有了哪些前
所未有的新现象。

　　那么，接下去的问题便是"为何要关注新媒体所带来的各种新变化"。
对于这一问题，答案就会简略很多：因为我们拥有的旧知识不足以解释这
个围绕着新媒体而旋转的新世界。所以，新的知识必须被发掘以解释和预
测这个正在发生巨大变化的新世界。互联网出现之前，人们虽然内心渴望
社交，渴望知道老同学的近况或者认识新朋友，但是缺少类似于人人网这
样的网络平台通道。但是在新媒体的环境之下，人们有了这一渠道，随之
而来的可能是人们社交方面的需求由于成本的急速降低而被无限扩大，那
么另一些新问题便随之产生，即人们所说的网上欺凌、网络偷窥，以及网络
隐私。例如，最近发生在英国的一则关于网络欺凌的案件。英国女孩汉
娜·史密斯在当地社交网站上上传了一张自己的照片，却无故引来各种网
络暴徒的各种谩骂，包括"帮帮忙你去死吧，你这可怜的家伙""你太丑了"
"你很肥"等等。如果没有社交网络平台，也许汉娜在现实生活中也会听到
同学说类似的话，但是她绝对不会遭遇数以千计万计的陌生人对她说出那
么多仇恨的话。是社交网络这一平台方便了那些叛逆期青少年将仇恨发
泄到一个无辜的女孩身上。而正是这令人难以承受的大量辱骂使汉娜不
堪重负。汉娜的父亲大卫，在为女儿的死悲痛的同时，也展现了极大的爱。
他没有仅仅为汉娜悲伤，他同时也想到了那些和汉娜一样身受网络欺凌的
孩子。大卫书写了一份请愿书，公开呼吁首相卡梅伦直视网络欺凌，设立
相应的规章制度。随着互联网技术的发展和新媒体的产生，社会发生着各
种各样的变化，这些变化有好有坏。变化来得太迅速太猛烈，人们的知识
却还停留在变化以前，所以亟须学者实践者们迅速地认识这些变化而适时
地更新人类知识，以便适应变化了的新社会。大卫所要求的设立相应的网
络规章制度便是对于新知识的一种变相诉求。这个例子也告诉我们，在现
代社会我们缺少如何应对网络欺凌的相关知识，这些知识包括在何种情况
下网络欺凌会发生，我们应该如何去对抗网络欺凌，对网络欺凌的施害者
我们应该给予怎样的处罚等。所以汉娜的父亲才会如此痛心疾首地向广
大民众征集签名，号召政府尽快建立相应的法律法规。解决类似汉娜的父
亲所提问题的关键便是我们应该如何正确地使用新媒体这一学科技术。

第五节　新媒体与组织的沟通与交流

组织是一个特殊的社会群体,该群体的成员使用各种不用的科技工具共同构建一个专门属于他们的文化。例如,美国俄亥俄大学的吉祥物为鲍勃猫,每一个在读的学生都会明白"我是一只鲍勃猫"的意思是"我是俄亥俄大学的学生"。这一校园文化是由所有在这所学校工作学习的人共同创造的,并且这一文化被在校学生和教职员工在日常的交流沟通中更广泛地运用和推广:学校的网站上会挂上鲍勃猫的标志;学生会穿印有鲍勃猫图案的衣服;教授上课的时候会问候学生,"鲍勃猫你们好吗?"相反,在其他大学就读的学生和工作的教职员工绝对不会参与到这样的日常对话和活动中去,因为他们不属于鲍勃猫的组织;换句话说,他们并不是俄亥俄大学的成员。这仅仅是一个最简单最常见的组织成员利用各种科技工具在日常生活中共同创造专属于该组织的文化。

一、新媒体对组织成员沟通交流的影响

新媒体的出现,提供了一个新的沟通交流平台,供组织中的个体进行交流沟通(Rainie & Wellman, 2012)。以电脑技术为核心的沟通技术已经成为组织沟通中不可缺少的重要环节(Abdul—Gader, 1996;Straus & McGrath, 1994)。在工作中,组织成员通过使用新媒体技术能够提高个人的工作效率(Arvanitis & Loukis, 2009;Daft & Lewin, 1993;Santra & Giri, 2009),并且新媒体技术能够将在不同工作地点的组织成员更加紧密地联系在一起(Marwick, 2001;Rainie & Wellman, 2012)。新媒体提供除了面对面的交流之外的另一个沟通渠道,以增强组织成员个人对于该组织的认同感(organizational identification)(Jian, 2008;Larson & Pepper, 2011);同时也能够在一定程度上影响外部人员对于该组织的了解(Coman & Paun, 2010)。使用新媒体有助于帮助组织解决有关问题。如解决方案流程方面的问题(Gibbs,2009;Mangrum, Fairley,& Wieder, 2001);有助于帮助组织打破固有的集权化等级体制的结构,从而创造一个更灵活的组织体制(Rice & Gattiker,2001)。新媒体所提供的广阔的网络平台空间及随之而来的更加廉价的沟通成本,有利于那些非营利性组织的发展与壮大(Gable, 2001;Zorn, Flanagin, & Shoham,2011)。

当然，新媒体的到来对于组织来说并不是有百利而无一害的，正如任何事物都有两面性一样，新媒体也给组织带来了一些相关的问题。最明显的问题之一就是组织内成员的隐私问题和道德性问题（Drake，Yuthas，& Dillard，2000）。具体表现形式为，组织成员是否应该被强制向所有工作伙伴公开其社交网络，组织成员在社交网络上的一些不当行为是否会影响其上司及工作伙伴对其工作的评价等。

二、运用新媒体的人应是被关注的重点

这些改变都使组织作为工作场所发生了巨大的变化，顺应这些变化的便是对于知识更新换代的要求。在这里需要强调的一点是，新媒体在工作场合出现和应用仅仅是一个契机，而使用它们的人或者说是组织成员才是造成改变的主题。因为任何媒体，它们本身只能是"静止的死物"（Poole & DeSanctis，1990）。因此，仅仅只关注新媒体本身是没有意义的，如果在知识的探求中忽略了人作为一个具有主观能动性的机体，作为一个改变的本体，那就失去了洞察变化本质的机会。为了防范出现这一个巨大的错误，本书不仅仅关注科技对于组织的影响，更注重于关注个体在组织中怎样使用新媒体来创造和加深企业文化，构建共同文化来达到他们个人的一些目标。

新媒体的到来为现代化组织带来了各种各样的变化，创造了各种各样的新机会。基于实践主义的哲学逻辑与反科技决定论的角度，本书探究了组织中的个体在工作场景下使用新媒体的一些行为模式，以及这些行为模式所带来的一些相应的影响。在前面的小节中，已经提到了实践主义学者认为社会变革是知识更新换代的契机，因为人们需要不断地更新自己的知识来适应已经变化了的新的社会环境。当组织中的个体在工作中遇到了不能够确定的难题时，他们会向自己周围的同事、同伴或者是他们所处的社会环境寻找信息以求得到帮助。在这一过程中，组织中的个体同样也在不断更新他们自身对于该组织的现有知识。

本书就这一细微过程进行探讨，想要解决以下问题：组织当中的个体如何使用新媒体来寻求信息，以达到适时更新他们对该工作组织了解的目的，并且最后帮助他们提高在组织中的工作效率。本书将在以后的章节详细介绍组织中的个体使用新媒体来寻求信息的实证性研究。

第二章　新媒体与组织传播的关系

　　在第一章中,我们通过详细梳理新媒体在我们人类社会生活中各个方面所造成的影响,了解了其在我们社会中的地位。这一章,我们将截取人类社会生活的重要部分——工作场景,来具体描述新媒体在我们的工作生活中所起到的影响作用,即新媒体与组织传播的关系。这一章中,我们将首先厘清组织传播这一学科概念,发展历史,以及该学科在中国目前的发展现状。同时我们将新媒体对组织传播的影响分成两个部分来论述:其一,新媒体对组织内部传播的影响;其二,新媒体对组织对外传播的影响。

第一节　组织传播学在中国的发展

　　组织传播学(Organizational Communication)发源于美国,被认为是传播学大学科中的一个分支学科。组织传播学作为一门学科专门研究传播过程在组织中的作用。在组织传播中,传播可分为对内传播和对外传播两个方面,正式传播和非正式传播两种方式。正式传播专门指在组织中自上而下地通过正式传播渠道的传播模式,而非正式传播则指的是平级之间或者是自下而上的各种传播模式。组织传播学的发展可追溯到20世纪30年代至50年代间发表的各类关于商业信息、商业传播及大众传播的各类期刊文献。在这一时期,研究组织传播的只有少数的专家学者。而这些专家学者多散落在各个美国高校的演说学院(Speech Departments),他们对在商业环境中个人应该如何说话和写作有着浓厚的兴趣。这些学者的文献著作为组织传播学的初期发展奠定了基础。

一、组织传播学的诞生

1947年,诺贝尔·劳伦特(Nobel Laureate)和赫伯特·西门(Herbert

Simon)在他们的文章中首次提出"组织传播系统"(organizational communication system)的概念并且强调传播是一个组织中非常重要的组成部分。自此,组织传播学在美国学术界开始正式崭露头角。查尔斯·里德(Charles Redding)在美国被誉为组织传播学之父。里德在其早期的从教生涯中认识到把演讲技能和说话沟通技能融入各类组织中去的重要性,因此开始致力于研究传播在组织中的作用。在 20 世纪 50 年代,里德致力于把组织传播学发展成大学校园内的一门研究学科和一个独立的专业。里德的专著《组织中的传播:理论与研究的演绎性视角》(Communication within an Organization: The Interpretive Review of Theory and Research)被认为是组织传播学第一本真正意义上的教科书。在这本书中,里德对组织传播学的学科提出了十个基本假定:

(1)信息中的意义是不能够转移的。

这个假定重在强调信息接受者的接受能力。这一假定认为,信息发送者认为信息被成功发送仅仅是因为其认为信息被发送了,而实际上的可能性则是信息的内容本身就使得接受者难以理解。

(2)任何事物都是潜在的信息。

这一假定包括了语言信息和非语言信息,以及被认为是信息的各类事物。

(3)聆听的重要性。

里德认为聆听也是信息传播的重要组成部分。他认为仔细聆听可以被用作一种管理者策略。

(4)信息接收的重要性。

信息只有被接收到才能被作为日后行为的一个起因。里德认为在接收者收到信息后,他们会根据自己的亲身经历来阐释信息,并作为日后相关行为的参考。

(5)反馈的重要性。

里德认为,在组织中存在着两种反馈:接受能力与响应能力。接受能力指的是管理层在多大程度上欢迎来自被管理层的信息反馈,响应能力指的是管理层能够给予被管理层的信息反馈。

(6)成本因素:传播需要成本。

对于传播所需要的成本,里德给出了一个公式:效率＝效力/成本。因此组织内的传播并不是越多越好。

(7)信息冗余。

这一假定针对信息重复问题,并且讨论信息有效性的问题。

（8）传播超负荷。

这一假定研究单独个体对于信息处理量的极限，认为如果信息超量或者有噪音干扰，信息就很难被接收及理解。

（9）信息的系列传送。

这一假定认为信息内容会因为传播的渠道而改变，传播的过程偏长等将导致信息本身内容产生扭曲和变化。

（10）组织氛围。

里德认为一个组织的氛围是比该组织所拥有的技术和技能更重要的部分。他认为一个理想的组织氛围要具有以下几大要素：支持力、参与性决策、信任、自信与可信度、公开与坦白、对于高绩效目标的强调。

二、组织传播学的研究重点与方法

下面我们在前人研究的基础上，分析组织传播学的研究重点和方法。

1.组织传播学的研究重点

20世纪50年代到80年代，组织传播学的研究主要注重于探讨利用传播作为一个工具来促进员工在组织内生活及扩大组织的产出。在20世纪80年代，组织传播的研究重点逐渐偏离了商业目的而转向以传播构建为中心的研究。这一期间的研究主要探讨在组织形成发展过程中传播所起到的建设性作用。从20世纪90年代起，批判理论（critical theory）开始影响组织传播学，学者们开始从传播沟通的视角来关注组织中的弱势群体及受压迫群体的生活。时至今日，组织传播学的研究话题集中在以下几个方面：

（1）组成结构。

这一话题的研究包括：传播行为是如何构建或影响组织的形成过程或者其生成产品；沟通传播的过程在组织中如何起到建设性作用；人们所在的组织是如何影响人们的传播沟通活动，从而进一步影响人们的自我认识的；传播沟通行为除了能够构建组织外，还能够构建哪些结构（市场、部落、政治团体等）等。

（2）叙事。

这一话题的研究包括：小组成员或者组织成员如何通过叙事（讲故事）来帮助新成员融入组织和团队；组织内代代相传的故事是如何发生改变的，而这些改变是否有实际的作用意义；同样的故事如何被不同的组织成员解读，如解读发生不同，这些不同产生的原因又是什么等。

（3）身份。

这一话题的研究包括：人们是如何定义自我与组织的关系；组织中的传播沟通行为是如何改变组织中成员对自己身份的自我认同的；组织中身份认同的不同表现（职位身份认同，职业身份认同，以及组织中地位身份认同）；人们是否能够抗拒自我的组织身份等。

（4）组织中的归一化问题。

这一话题的研究包括：人们在一个组织中的传播沟通行为能产生跨组织的影响；组织中的成员地位发生巨大变化（升职，开除等）对他们的组织传播沟通行为及其他的附属身份产生的影响；在未来商业与社会之间关系的发展走向。

（5）权势/权利。

这一话题研究的内容包括：组织传播是如何加强或者削弱组织中存在的权力关系的；人们在组织中地位的改变是否会影响他们在组织中的传播沟通模式，若产生影响，那么集体表现形式是怎样的；"成功"这一概念在组织中如何被定义；组织中的一系列规章制度和行为准则是谁来制定的，组织中的成员是否有挑战或者反对这些规定的行为，这些行为如何产生的等。

2.组织传播学的研究方法

从传统上来说，组织传播学的主要研究方法为定量分析，包括问卷调查、文本检索、网络构建，以及行为模型等方法。在 20 世纪 80 年代，解析性（Interpretive）分析方法开始在组织传播学中掀起一场关于方法论的革命。学者们开始探讨把定量（Qualitative）分析方法引入到组织传播学的研究中去。其中帕特姆（Putnam）和帕卡诺斯基（Pacanowsky）的文章《传播与组织：一个解析性的视角》（Communication and Organizations: An Interpretive Approach）起到了重要作用。他们提倡把故事分析、参与性观察、座谈、修辞分析等不同定性研究的方法论运用到组织传播的研究中去。随着 20 世纪 90 年代批判性组织传播学的兴起，组织传播学的研究视角拓展到了性别、种族、阶层、权利，以及知识等话题上。同时在研究方法论上面也更为开放。总体来说，至此开始，组织传播学使用的各种方法论包括定量研究、定性研究和批判性研究，而理论范例也包括了后实证主义、解析主义、批判主义和后现代主义等各种理论范式。

组织传播学在美国经历了近 70 年的发展，已经成为一门较为成熟的学科。它拥有属于自己的学术年会和学术期刊。每年秋季举行的组织传播学年会（Organizational Communication Conference）是美国组织传播学者的盛会；组织传播学的领军期刊——《管理传播学季刊》（*Management Communication Quarterly*）上发表的研究文章是这一学科方面最高水平的学术论文代表。同时，关于组织传播学各类型的研究文献频频在以下各大类传播学期刊上发表：《应用传播学研究》（*Journal of Applied Communication Research*），《传播学专论》（*Communication Monograph*），《传播学研究》（*Communication Studies*），《西部传播学期刊》（*Western Journal of Communication*），与其他各类型传播学的分支学科平分秋色。与之相比，组织传播学在中国的发展仍然处于初级阶段。

三、组织传播学在中国的发展历程

组织传播学作为一门专门的学科起源于美国，并于 20 世纪末在美国经历了飞速的发展和巨大的变化（Putnum & Mumby, 2014；Tompkins & Wanca-Thibault, 2001）。但是与美国或者西方国家对于组织传播学的研究和学习相比，组织传播学这一门学科在中国仍然处于发展的初级阶段（Huang, 2001）。虽然说在中国五千年浩瀚无垠的历史长河中，我们能够追溯一些星星点点关于组织传播的研究，例如《孙子兵法》中对于鼓舞官兵士气的策略阐述，但是在中国学科发展的历史上还是难以找到存在关于组织传播学的系统性、科学性的研究证据。一直到 20 世纪 80 年代，"组织传播"这一概念才被正式引入到中国。然而，在这个时候，"组织传播"并不被看成一个完整的独立的学科，而是被看待成新闻学或者管理学的一个小分支学科。

中国著名的研究组织传播的学者胡河宁认为，从 20 世纪末到现在，组织传播在中国的发展大致可以分为三个阶段：引进阶段，1988—1999 年；形成阶段，2000—2004 年；初级发展阶段，2005 年以后。接下去的段落将详细阐释在每一个阶段，组织传播学在中国的具体发展历程。

1. 引进阶段

在这一阶段，所有关于组织传播的文献专著均来自西方国家。这些文献与专著主要集中于介绍概念、理论、学科历史等，鲜有将这些概念理论与实际联系的案例，或者是与中国本土文化相结合的情况。在 1988 年，"组织传播"这一概念首先由一位叫林瑞基的管理学学者引进，其在一本学术期刊上发表了一篇关于组织传播的文章，这便是组织传播在中国的首次亮相。在 1991 年，林瑞基撰写并发表了中国第一本组织传播的专著，名为《组织传播学》。在 1992 年，组织传播被认可为传播学大专业下的一分支

学科,同时被写入中国国家学科目录中,其学科代码为 860.6040（Hu,
2007；Huang,2001）。这便是组织传播在中国最初期的发展。

2. 形成阶段

在形成阶段,中国学者开始探索组织传播的学科边界。他们开始探索
该学科的模式、结构、核心理论、研究话题等,以期进一步推动组织传播这
一学科发展。例如,黄孝俊在其《组织传播学的研究模式及思考》（2001）一
文中回顾了组织传播在西方的发展历史,介绍了组织传播的各种范例及视
角,同时探讨了这一学科在中国的发展潜力。他同时也致力于推广和介绍
美国的知名组织传播学者及他们的研究成果,这些美国学者包括睿丁
（Redding）、汤普金斯（Tompkins）和帕特南（Putnam）。在同一时期,另一位
致力于中国组织传播学的学者胡河宁也为组织传播在中国的发展贡献了
巨大力量。胡河宁发表了一系列关于介绍组织传播的理论文章,同时介绍
了组织传播这一学科的不同发展方向及各种不同的研究方法。胡河宁及
其同僚也同时研究了组织传播在美国及中国台湾地区的发展历程,阐释了
中国大陆各类型商业及非营利组织的复杂属性,他们提出组织传播是一门
"不可被替代"的重要学科,该学科是促进各类型组织发展的"财富与武器"
（He & Ye,2004b）。他们呼吁中国学者应该致力于发展这一学科,并且结
合中国国情来发展有中国特色的组织传播学。同时,在这一阶段,两本西
方的组织传播学专著被翻译成中文并引进到中国。这两本专著分别为米
勒（Miller）的《组织传播学》和姆贝（Mumby）的《组织中的传播与权利:话
语,意识形态和统治》。而在这一时期,中国高校的一些变化也能够反映出
该时期的组织传播的发展历程。在 2001 年,中国科技大学首次在传播学
硕士的项目中设立了组织传播的课程。不久之后,厦门大学和复旦大学也
相继开设了关于组织传播的本科生选修课课程。以上的种种努力都为组
织传播学在中国的近代发展打下了坚实的基础。

3. 初级发展阶段

在这一阶段（2005 年以后）,关于组织传播的中文文献开始了飞速发
展。从 2005 年开始,中国的学者们开始逐渐把中国的实际情况融入组织
传播的发展中,并利用组织传播的视角来审视中国存在的各类型问题,而
不再是单纯地介绍和引进西方的思维和研究方式。在这一阶段,涌现出了
大量的关于结合中国实际情况的组织传播方面相关的期刊文章。在这一
阶段,学者们至少在两个不同的方向尝试着用中国的文化和思维来发展组
织传播。首先,学者们借用西方的组织传播的思想及模式,但是把一些中

国文化的传统思维融入研究当中。例如,在一篇研究组织中员工"沉默问题"的文章,作者就借用了孔子的中庸思维,以此作为变量,来检测中庸思维是否在组织的公平程度及员工的沉默表现中起制衡作用。其次,在一些介绍西方组织传播的期刊文章中,作者开始提出各种把中国文化国情融入其中,以期最后生成有中国特色的组织传播学的一些意见和建议。

到目前为止,组织传播学在中国已经经历了数十载的发展,大量专家学者为这一学科的发展做出了不可磨灭的贡献。

四、组织传播学在中国的发展现状

了解一门学科的发展现状,最直观的方法是分析这一门学科在近一时间段中发表的各类期刊学术文章,这些学术文章代表着这一科学的最新最全面的发展。因此在这一章节中我们将通过分析近 20 年间,在国内各大学术期刊上发表的各类与组织传播主题相关联的学术文章,管中窥豹,总结呈现出该学科在中国目前的发展现状。在中国知网上以"组织传播""组织交流"和"组织沟通"为关键词进行搜索,共得到了 129 篇关于组织传播学方面的期刊。我们通过对这 129 篇期刊文章的理论基础、发表年代、研究话题,以及研究方法的分析,得出了以下关于组织传播学在中国的发展现状的结论。

1.理论基础方面

组织传播学在中国的发展还是处于非常基础的萌芽期。大多数学术文章把组织和传播学看成是两个不同的概念,认为组织传播学就是研究在组织中传播过程的一门学科。这一单一的理论理解与美国 20 世纪 50 年代的组织传播学发展初期时的理论基础相似。在 129 篇文章当中,63 篇文章明确地或者间接地提出了关于组织传播学的理论或者定义,而在这 63 篇文章当中,绝大多数研究文章(57 篇)借用了管理学的文献来定义"组织"这一概念,然后借用传播学中的"传播"概念,把这两个概念进行简单的组合,机械化地认定组织仅仅是传播的一个载体和发生的场所。

其中少数文章进一步解析了组织传播的概念,把其升华到了系统化及构建化的层面。在这一些少数的学术文章中,传播被看作是有后果的一种组织行为,传播的方式方法不同,会导致不同的组织层面上的变化。同时传播被认为是一个构建组织的过程,通过传播行为,组织被不断地更新,构建再重建。这一小部分文献对组织传播的理解与美国的系统学派(system theory)和构建学派(constitutive perspective)的观点相同,并且更趋近于目前美国对于组织传播学这一科学的定义与理解。

2. 文献发表数量

以 2005 年为分界点，组织传播学的文章发表开始呈现上升趋势。
2005 年以后中国组织传播学方面专题文章的发表达到了一个历史高度。
2005—2016 年，每一年平均有 10 篇相关的文献发表，而在此之前，每一年
的相关文章发表数量仅为 3 篇。这一分水岭的形成，极有可能是由于两本
传播学专著的翻译与引进：米勒（Miller）的《组织传播学：方法与过程》与艾
森伯格（Eisenberg）等的《组织传播学：创造与限制之间的平衡》。这一年份
的分界点与上文所提到的初级发展阶段相符合。由此可见，自 2005 年以
后，中国的组织传播学开始得到长足的发展。

3. 研究话题涉足

通过总结这 129 篇文章，可以看出目前中国组织传播学的发展主要集
中在五个不同的话题研究方面。工作场所关系是目前研究的重点，共有 48
篇文章涉及这一话题。这一话题主要通过组织传播学的角度来看待在正
规工作中的各种关系，例如员工的沉默行为，工作中上下级关系的调整等。
组织传播学学科建设是研究的第二个重点，有 30 篇的学术文章围绕这一
话题进行展开。这些文章积极介绍西方组织传播学的发展近况，介绍这一
学科的理论基础，强调这一学科在当今社会中的重要作用等，通过以上一
系列的努力，志在推动组织传播学在中国的发展。除以上两点之外，媒体
与信息技术是研究的第三个重点，有 21 篇文章围绕这一话题展开。这些
文章就媒体、技术等在组织中的作用进行研究探讨，涉及传统的大众媒体，
如内刊、电视，同时也涉及了新兴的社交媒体，包括网络、微博等。值得注
意的是，在这一话题中出现了一些比较有中国特色的研究话题，例如党报
或者官方媒体在高校的影响作用等。这些研究文献的出现，标志着组织传
播学的研究开始涉及本土化的话题。而最后有 19 篇文章主要聚焦中国的
具体社会和历史问题，从组织传播学的视角来看待本土化的问题。在这些
研究文章中，出现了农民工问题，农业政策推行问题，也涉及了中国历史上
的一些组织传播问题，例如春秋时期的管理系统策略调查，清末学生运动
的组织分析等。这一类型的研究文献的出现，标志着我国学者开始把组织
传播这一西方学科概念，融入中国文化历史的语境中。

4. 研究理论倾向

理论倾向指的是理论的来源和应用。一门外来学科是否能够真的在
一个国家扎根发展，取决于这一门学科的理论是否能够在该国家有一些本

土化的发展,是否能够被应用来解决该国家的一些本土化问题。在研究话题方面,我们已经看到了一些具有中国特色的话题研究,标志着本土化的进行时。在这一部分,我们将进一步分析目前组织传播学的理论方法是否在我国有本土化的发展。

129 篇用于分析的文章中,有 28 篇文章原封不动地套用了纯西方的组织传播学的概念和理论。这一批文章的主要目的在于介绍组织传播学这一学科领域,把组织传播相关的概念理论进行梳理和介绍,并没有任何的理论应用和本土化阐释。令人欣喜的是,除了这 28 篇文章以外的 101 篇文章,均在一定程度上对组织传播的各种理论和概念进行了本土化的演绎。这一批文章标志着组织传播学这一从西方引进的学科概念在我国本土的健康发展。在这 101 篇学术论文中,一共存在着 4 种不同的本土化发展模式。

第一种本土化发展模式借用组织传播学现有的理论为框架,研究我国各种与组织相关的问题。例如,万希的《员工沉默的问题及对策》,在总结了工作压力及应对机制的基础上,利用西方的理论和研究方法,对中国职员的工作压力现状及应对模式展开调查研究。

第二种本土化的研究,作者把中国本土的一些文化、社会因素作为一种考量因素,融入组织传播学的应用中。我国的儒家思想在这一类的研究文章中被广泛应用。在一篇研究员工沉默行为的文章中,孔子的中庸思想被提出来作为辅助研究的理论框架之一。这一文章的作者认为,不同于西方的沉默是一种组织传播的负面行为,在中国沉默行为源于中庸思想,有时候沉默是一种必要且顺应环境要求的正面行为。而另一篇关于上下级关系的研究文章也提出,在中国上下级关系受中国传统文化的影响,其中的权利关系与西方研究中所呈现的权利关系不同,因此上下级之间交流存在着的"模糊策略",是中国文化的一个具体表现形式。

第三种本土化发展仅借用或者提及西方的理论。这些研究以中国本土的案例现象为主,从案例现象出发分析组织传播中的各类问题,只是少量借用西方的理论来进行一部分阐释。例如,有的作者分析了某一时期的组织中存在的权利与控制之间的关系,在分析这一具体现象时,他借用了福柯(Foucault)的圆形监狱理论(Panopticon)来作为理论解析的一部分。

最后一种本土化发展研究以中国的理论文化为基础,跳出了纯西方的理论框架,以中国的基础理论为理论框架来研究各类与组织传播学相关的问题。这一类型的研究可以说是致力于发展有中国特色的组织传播学的研究。在这些研究当中,法家学说被应用于研究中国组织管理层面的管理策略。有的作者指出在中国组织中的自上而下的管理沟通模式，源于法家学派对社会各阶层的明确划分。《红楼梦》这一名著也被运用于中国特色的组织传播学研究。有的作者把王熙凤的各种沟通传播技巧与工作场景中的上下级关系，矛盾冲突管理，以及危机管理等概念联系起来。这一类型的研究均显示了我国的历史文化基础对于组织传播学的本土化发展具有十分积极的作用。

　　5.研究方法倾向

　　从西方组织传播学的发展来看，组织传播学的研究方法包含了定性研究、定量研究，以及批判性研究三种不同的研究方法，还包括这三种方法的混合。在西方，除了旨在推动这一学科理论发展的理论型研究文章以外，大部分的研究文献均有具体叙述研究方法的章节。然而，这一情况在中国并不适用。在中国近20年来的关于组织传播学研究的文献中，大部分文章并没有明确的方法论章节详细描述研究方法，大部分的研究文章采取了说理或者论述的方法来进行学科研究。这一部分的研究文章主要包括了一些介绍性文章及理论发展文章。剩下的为数不多的带有明确介绍研究方法的文献中，定性研究占大多数，此类型研究多借用问卷调查收集数据，然后进行数据分析以得出结论。定量研究的方法极少被运用，研究者多采用访谈或具体的案例分析来进行定量研究。仅有一篇研究论文运用了混合研究法，即定量加定性分析。

　　这一研究方法的倾向与西方的研究方法倾向大相径庭，差别的原因可以追溯到中国传统思想文化中关于知识形成的概念。在中国古老的传统文化中，知识的形成和传承多来源于个人的领悟及导师的言传身教。而在西方，知识的发展和传承多来源于对于客观事物的科学性的论证以及纠错。在我国的组织传播学研究中可以看到中国式知识产生和传承的影子，即多用说理性、辩论性的研究方法而较少运用"科学性"的论证方法。另一方面，我们也看到了西方的定性研究和定量研究被使用，这标志着中国学者也在着力引进西方的方法论来为本土的组织传播学发展所用。

　　上文中我们描绘了组织传播学在中国的发展现状的蓝图，而未来组织传播学的发展离不开对新媒体的研究。现存的组织传播文献有相当一部分专门研究媒体与信息技术，而新媒体作为媒体与信息技术在这一时代的最典型代表对组织传播的方方面面存在着不容小觑的影响。在下面的章节中，我们将详细叙述新媒体对组织外部传播和组织内部传播所造成的影响。

第二节　新媒体与组织传播研究成果综述

　　组织外部传播（External Organizational Communication）专门指一个组织对该机构以外的个人或者团体的一些沟通交流的行为。组织外部传播主要集中于向公众、投资者、利益相关者、合作机构与政府等公布关于该组织的新闻信息，而这些新闻信息可以是正面的也可以是负面的。组织外部传播的例子包括新闻发布会、年度财政报表、新闻通讯稿、致公众的公开信等。

　　虽然大多数的组织以其盈利状况作为衡量组织成功与否的一个关键指数，但是公众对该组织的认知及组织美誉度也是衡量组织成功与否的重要组成部分。而组织对外传播行为则是提高组织知名度，树立组织美誉度，吸引潜在投资者等的重要手段之一。传统意义上的传播手段，例如印刷媒体、大众媒体等在当今组织的对外传播行为中仍然被广泛应用，但是现代技术也在改变着组织对外传播的风貌，而网络媒体或者说是新媒体则是最有力的武器之一。公司企业纷纷建立网站使消费者和大众能够得到最新的关于产品和服务的信息。社交网站使得接触目标客户群体变得简单易行且廉价。但是新媒体技术并非有百利而无一害，它也可能为企业带来公众抵制、名誉损害等负面效果。这一章节将总结组织传播学科邻域内对新媒体与组织对外传播这一话题的研究，为读者呈现新媒体对组织对外传播带来的影响。

　　虽然新媒体的发展速度迅猛，各类型组织也在积极地适应这一媒体环境，但是新媒体与组织对外传播的理论发展速度却较为缓慢。2001—2003年这段时间是新媒体与组织对外传播理论发展的一个历史高峰期，但是在2003年以后发展开始减缓。直至2007年，新媒体在组织对外传播中的理论发展又达到了一个新的高潮，而在2010—2013年间，这一发展达到了顶峰状态。

一、新媒体与组织对外传播关系的研究

　　新媒体的影响最初表现形式为相关组织的互联网网站，通过这些网站，组织的特定公众能够随时随地地查看组织的相关信息，与组织进行一定程度的互动。最初的关于新媒体与组织对外传播的研究文献也是始于这

些网站的调查。在这一阶段，文献研究主要集中于分析网站作为组织对外传播的一种媒介的优越性，研究如何使用网站进行对外传播，接触目标公众，以达到最佳的传播效果。在这一研究阶段，新媒体的"互动性"和"对话性"被重点突出。

随着科技的进一步发展，网站逐渐成为人们日常生活的一部分，网站有限的互动性也逐渐显现其弊端。因此博客取而代之，成为新媒体的最流行表现形式。博客由于其短小易读，高互动性和高自主性，被认为是优于网站的组织对外交流的媒介。因此学术界的研究热点从 2000 年开始逐渐由网站转入博客的研究。对于博客的研究主要分为两大类：企业组织本身自有的博客和能够对企业组织产生影响的博客。在研究企业组织如何利用博客进行对外传播的过程中，研究文献沿袭了对于网站的研究，进一步突出博客媒体的"对话性"和"互动性"。这一部分研究博客媒体的文献和理论指出博客比网站具有更加优越的性能，能够进一步和目标公众形成人性化的亲密关系。因此这一阶段的新媒体与组织对外传播的研究中，个性化关系和亲密性关系被作为研究重点。

博客的出现带来了一个新的网络空间，被称为"博客空间"。在这一空间中，人与人、组织与企业、各大知名博主都是互相连通的，这一连通性导致了信息的网状多层级传播。因此关于博客的第二类型研究专注于网状层级信息传播对组织对外传播带来的影响。而这些影响最显著的方面无疑是在企业组织发生危机时，博客媒体的作用。这一方面的文献主要叙述了在组织发生危机时，各大平时看似不相关的博客都有可能起到推波助澜的作用，对企业组织的名誉造成二次伤害。因此在关于博客的信息网状层级传播这一话题中，文献研究主要着重于企业组织的危机传播/公关。这些文献主要研究在危机发生时，各类型的博客如何发挥不同的作用影响企业组织的危机公关策略，同时也给出相应的策略和建议，指导企业组织在遭遇危机时如何利用博客为自己进行有效的补救。

新媒体对从事组织对外传播工作的专业人员的工作方式也产生了巨大影响，从而使这些专业人员开始逐渐改变传统的工作方式。总体来说，组织对外传播工作囊括两大类专业人员：媒体从业者及组织内负责对外公关活动的组织员工。媒体从业者通常希望能够挖掘到一些有关组织企业的新鲜信息，以用在相关的新闻报道上。而组织员工通常需要寻求可靠的传播率高的媒体出口来散播与组织相关的正面信息来帮助组织提高其知名度和美誉度。在传统的工作方式下，这两类从业人员之间通常存在着一个缺口，即媒体从业人员很难深入企业挖掘到他们所感兴趣的信息，而组织从业人员也很难接触到合适的媒体，从而能够帮助它们来散播相关的组织信息。新媒体的出现提供了一个巨大的网络空间。在该空间内，陌生人能够轻易地建立起关系，信息的传播呈几何级数发散，这样的一个网络空间，逐渐把这两类从业人员的关系拉近，并且开始能够填平上文所述的缺口。

在接下去的内容中，我们将进一步阐释新媒体对组织对外传播的几种不同的影响，并列举每一种影响产生的理论，以及在此影响话题范围内的研究成果。

1. 网站推动组织开展积极对外传播的条件

在所有有关新媒体与组织对外传播的理论中，肯特（Kent）和泰勒（Taylor）在 1998 年提出的"对话型网站设计五要素"理论（Ubiquitous five-point framework for dialogic website design）占据着十分重要的地位。他们的这一理论首次提出了新媒体的出现，带来了"对话"型的组织对外传播。肯特和泰勒认为，在网络技术横行的时代，每一个商业组织、非营利组织或者政府组织都想利用互联网来宣传自己的产品、服务，以及组织本身。因此如何利用互联网这一技术来为组织的自我宣传进行服务，就成了那个时代传播学学者研究的主要课题之一。肯特和泰勒认为，互联网与以往大众媒体和印刷媒体的最主要区别，在于互联网是一种充满对话性的媒体。由于互联网的特殊性质，传播在互联网上再也不是单向性的由组织到个人或者其他组织的传播。在互联网上，人们和组织之间能够进行同时或者是不同时的对话，而这一特性则对组织对外传播过程起到了根本性的改变。肯特和泰勒的理论提出了五种原则，帮助各类组织更好地应用互联网的对话性，以建立起与各类组织外部的个人和团体的积极正面的关系。这五种原则包括：对话机制（Dialogic Loop），信息有效（Usefulness of Information），用户回访（The Generation of Return Visits），简易操作（Intuitiveness/Ease of the Interface），以及保留用户（Rule of Conservation of Visitors）。

（1）对话机制。

正如前文所述，新媒体技术具有对话性的特点，它允许观众/听众在整个传播过程中能够自我发声，与传播信息者发起对话。因此建立反馈循环是建立新媒体组织对外传播的重要环节之一。对话循环能够给公众机会与组织企业进行直面交流；同时，这一循环也给企业提供了机会，使它们能够对公众的疑问给出适时的回答。因此，在利用新媒体进行组织对外传播的过程中，单方面的发送信息是不够的，各类型企业组织应该利用新媒体建立对话机制，以达到和公众双向交流的目的。建立起对话机制需要注意以下两点：

①人员专业化。

必须对相关负责人进行培训。组织企业应该有专人负责与大众的新媒体交流，并且需要对该人员进行全面的培训。建立网站和维护网站的专业人员，并不一定能够胜任在网络上对大众的问询和对话进行有效管理的职责。因此，企业需要培养或者雇佣专业的公关人员来负责新媒体交流的管理和维护。这一专业人员应该具有以下资质：能够有效及时地对大众的问询进行解答，能够清楚详细地向大众阐释该组织的各项规章政策和制度，能够合理应对疑难问题及能够及时了解和排遣大众的主要担忧问题。

②信息有效原则。

信息有效原则注重网站或者网络上关于该组织的信息内容问题。这一原则指出真正能够吸引公众访问网站并且关注网站的核心还是该网站提供的内容。因此网站上除了囊括所有关于组织相关的大致信息以外，网站建立和维护者还应该仔细分析该组织的特殊群众主体。通过分析特定公众的关注点，来提供相应的受欢迎的信息。该原则指出，相对于花哨的图片和动画效果等，真正有价值的平实的信息才是吸引公众的核心所在。与内容原则相关的是关于网站的层级制度及结构，但是这一问题被许多人误解为网站需要有酷炫的标题和绚丽的动画。相反，层级和结构应该以公众的使用习惯为指导，网站的层级和结构构建应该考虑到该组织特定受众的信息使用习惯。唯一的一个关于网站层级构建的不变原则是永远需要把最新的、最受关注的信息放在最显眼和易得的位置。这样的做法能够有效保证网站的活力性，通过网站使企业组织和公众保持一种长期的关系，让公众时刻看到和感受到该组织的成长，从而加深该组织和特定目标公众之间的关系。

（2）用户回访。

这一原则明确了网站或者网络信息平台的目的是需要不断地吸引公众的重复访问。单纯的信息更新和发布只能够促进单向交流和传播，这一传播模式仍然停留在传统的对外组织传播层面上。网络媒体所能够提供的对话性的交流或者双向的交流模式应该是新媒体与组织对外传播发展的重点。因此肯特和泰勒在这一原则中指出，网站的建立或者网络媒体的使用应该积极朝着双向交流的目标发展。具体来说，这一原则建议积极利用问答题板块、论坛板块和邮件列表等促进双向交流。而在信息发布方面，这一原则建议信息的发布应该注重人性化。例如，固定一个时间段，比如一个月一次，或者一个季度一次，网站上可以发布一些关于组织的 CEO、经理，以及杰出员工的故事，或者是企业的管理人员与公众的对话形式的信息等。通过这一人性化的信息发布也将进一步促进组织及其公众之间的亲密关系。

（3）简易操作。

简易操作原则要求访问网站的用户能够十分便捷有效地使用网站。这一原则应该与第二项原则有效信息相对应。网站不仅应该提供有效的即时信息，同时网站也应该有助于使用者，特别是让受好奇心驱使来访问网站的用户以最方便最简洁的方式快速找到他们感兴趣的有效信息。这一原则指出，网站或者是互联网媒体的设计不应该仅仅追求最新最酷炫的技术展现；相反，网络媒体的信息设计构架应该以最初级的网络用户水平为基准来设计。组织的对外网站的功能不是炫耀该组织对电脑网络技术的掌握，而是应该以提供信息、培养关系及与公众交流为目的，因此网站的信息内容和更新速度不应该重于形式和花哨的图片。因此总体来说，一个成熟的起到对外交流与沟通的组织网站应该具有以下的特性：有足够的潜力能够鼓励用户不断地在网络中探索，有足够的信息能够满足不同层面的公众对于该组织的信息需求，以及有足够的互动性以帮助组织和公众形成一种长期的建设性的关系。

（4）保留用户。

这一原则建议在组织网络的构建中，构建者应该对超链接的加载慎重考虑。虽然在网络构建中，加入超链接已经成为一个行为准则，并且被认为是一种对于其他同类型网站的友好行为，但超链接的使用还是应该被慎重考虑。保留用户原则指出，用户在点击超链接的同时，就会离开原来所在网站，并且有可能从此一去不复返。所以必须谨记组织网站的功能是留住公众，培养关系，而并不是介绍公众去浏览别的网站。另一条有关保留用户的原则是广告量的多少。在网站中，广告的出现会吸引公众的注意力，同时也会引起公众的反感情绪，因此建议在广告的投放上，网站的构建者应该采取战略性的摆放或者采取软广告的形式，以期能够保留用户。

基于肯特和泰勒的"对话性"理论模型，莫讯（Motion）提出了新媒体组织对外传播同时具有"互动性"的特征。盖斯塔文森（Gustavsen）和提利（Tilley）列举了互动性的六大组成部分：用户掌控度（User control），个性化（Personalization），响应能力（responsiveness），连通性（Connectedness），实时互动（Real time interaction），以及趣味性（Playfullness）。

①用户掌控度。

用户掌控度指的是个人/用户对于接受信息的时间、信息的内容，以及浏览信息顺序的掌握程度。基于新媒体本身自带的属性，用户可以突破时间和空间的限制，随意浏览信息。因此这一条原则几乎是所有新媒体组织传播不费吹灰之力就能够达到的。唯一需要指出的是，对于那些对新媒体技术并不熟悉的客户群，特别是老年群体，他们应该被给予简单操作页面的选择，以此来帮助他们更加方便地接受信息。

②个性化。

个性化指的是信息能够满足个体用户的独特需求的程度，这一互动性的部分来源于肯特和泰勒的第二原则：信息有效性。做到信息个性化需要组织能够清楚地定义它所面对的目标受众，对这些受众进行详细的受众分析，厘清该受众群体的喜恶。而在这里，简单地利用问卷调查，笼统地了解受众的基本信息是远远不够的。在这里所谓的详细的受众分析应该包括深入访谈、互动观察等。通过这些方法，组织能够深入地了解目标受众中的各类不同群体，而在其对外的新媒体窗口中，对这些不同群体提供不同的信息入口，以做到高度的个性化。亚马逊、淘宝等均是高度个性化网站，这些网站能够细致到用户个人，通过用户过去浏览的信息，针对个人提出购买建议。

③响应能力。

响应能力指的是对用户/受众反馈信息的回复/响应能力。这里的回复/响应能力并不单纯地指能够对用户提出的问题和意见给予文字回答或者回复，而是指能够在什么程度上做出相应的改变。实现响应能力的首要条件是组织中需要有明确的组织成员负责回答/响应在新媒体上用户所提出的问题和建议，回复的适时性是影响响应能力的先决条件。其次，对于用户提出的实质性的意见，组织应该有一套响应的应对系统，对于有利的有建设性的意见，组织应该考虑采纳应用，同时把这一采纳应用的决定、过程公布在新媒体上，以此来促进与受众之间的关系。但是需要注意的是，考察新媒体的响应能力是一个长久的过程，有时候需要以年为单位来进行观察。

④连通性。

连通性指的是新媒体平台与周边世界的关联感。连通性的具体例子表现为一个网站能够帮助用户与不同的人们沟通交流。当用户能够通过新媒体平台与其他同时使用这一平台的用户进行沟通交流时，那么所有用户之间的关系就会形成和加深。而这些用户之间的联系则能进一步促进用户群与组织之间的关系健康积极的发展。而最简单的连通性的构建可以是在用户提问的区域允许用户对彼此的留言进行评论和转发。

　　⑤适时互动。

　　适时互动指的是沟通交流发生的速度,特别是指对用户的评论、留言回复的速度。一个组织的新媒体平台对用户回复速度的快慢与用户对该组织的好感度成正比。最普遍的增加适时互动性的方法是利用适时聊天室功能,在聊天室中,用户的回答能够得到迅速的回应,从而最大化地利用新媒体互动性的特征。

　　⑥趣味性。

　　趣味性指的是新媒体平台的娱乐价值。虽然组织的新媒体平台应该以提供信息为主要目标,但是盖斯塔文森和提利提出这些平台也应该兼顾娱乐性。趣味性体现在小游戏、图片展示、动画效果等功能上,这些功能无疑能够增强娱乐性并且在一定程度上吸引受众,并促进回访;但是一个新媒体的娱乐程度需要精准把握。总体来说,首先,受众应该被赋予选择的能力,他们可以选择浏览新媒体平台上的娱乐部分,也可以选择忽视。同时娱乐性的功能应该紧紧围绕该组织的特征和想要传播的信息,不要仅仅为娱乐而娱乐。最后,娱乐性的功能应该被视为辅助功能,在总量上不要超过有效的信息,同时也要控制用户在娱乐性功能上可能花费的时间。

　　对话理论模型和互动性的六大组成部分理论出现于20世纪90年代末至21世纪初,这两个新媒体理论的中心着重于研究网站与组织对外传播的关系。而随着时间的推移和技术的成熟,越来越多的社交新媒体出现,而学者们的研究对象也开始逐渐偏向于社交型新媒体。在这一时期,国外的推特(Twitter)网站开始成为研究的热点对象。众多学者指出,推特具有极佳的互动性,能够帮助组织就一具体活动/话题与特定受众形成互动,通过实证性研究,学者们证明了组织的网站和各类型的社交媒体的互动性程度与受众对组织的正面印象成正比。至此,新媒体的对话性和互动性的特点对组织的对外传播所起到的积极正面作用已十分明确。

　　2.博客对组织对外传播的影响及作用衡量

　　在各类社交型新媒体中,博客对于组织对外传播的作用不容小觑。这里我们所指的博客是一个大的范畴概念,它包含了传统博客,微博(Twitter,新浪微博等),新兴文字图片载体(Instagram,Facebook)等一系列以图片文字为主要传播手段,进行一对一和一对多宣传交流的媒体。

　　(1)博客影响组织对外传播的关键因素。

　　对博客的对话性潜力的研究首先出现于2007年赛尔滋(Seltzer)和米楚克(Mitrook)的研究,他们指出博客这一媒体形式比网站更具有对话性潜力，因此能够进一步帮助组织企业与公众形成人性化的关系。但遗憾的是，对于博客的写作和利用，大多数公关专家和组织传播专家都缺乏这一方面的经验。针对这一现象，尹（Yang）和林（Lim）在2009年提出的博客公关理论模型帮助厘清了在利用博客进行组织对外传播时需要注意的要点。他们的理论模型指出博客账号的可信性与公众对该组织的信任成正比关系。因此在博客写作期间，专业负责人员需要时刻体现出该博客账号的可信度。可信度由以下几方面组成：博客内容的确实性（切忌夸张，捏造事实），写作者的专业性（体现于对一些专业现象、术语，以及行业数据的熟悉），博客的可靠性（受众能否依赖博客找到需要的信息），以及经验性（对于该组织从事的行业专业，博客需要表现出极丰富的行业经验）。他们同时指出虽然博客这一新媒体形式已经具有对话性的本质，但是在博客写作中，仍然需要把对话性这一本质充分体现以起到互动性的效果，最后达到与公众建立积极关系的目的。具体来说，在写作中做到对话性需包括：表现出对博客受众留言的重视；积极采纳受众留言中与博客写作者不同的观点；写作风格应该谦逊友好，避免过于强硬和专家化；能够与当前时事热点相结合，以及时刻注意受众对于不同博客信息的反应，从而做出相应变化。

为了进一步直观地判定某一博客是否真的能够为组织的对外传播起到积极作用，尹尚恩（Sung-Un Yang）和康敏俊（Minjeong Kang）在2009年发明了检测博客互动性的量表：四维量表（Four-dimensional scale）（表2-1）。在这一量表中，他们提出一个博客与受众的互动性应该从四个不同方面来检测：接触交互性（Contingency interactivity），自我与组织关联性（Self-company connection），组织态度（Company attitude）；以及口口相传意愿（Word-of-mouth intentions）。该量表由20个不同的问题组成，具体量表如下。

表 2-1　四维量表

1. 接触交互性（请选择符合您情况的一个选项）
（1）您对浏览该博客中的信息有多大的兴趣？ 　　A. 非常感兴趣　B. 一般感兴趣　C. 中立　D. 不是很感兴趣　E. 没有兴趣
（2）如果让您与博主进行交流，您是否感到有压力？ 　　A. 完全没有压力　B. 没有压力　C. 一般　D. 有些压力　E. 压力很大
（3）您认为在多大程度上您与博主的意见和思维一致？ 　　A. 非常一致　B. 一致　C. 一般　D. 不是很一致　E. 完全不一致

(4)在多大程度上您愿意将该博客的链接转发给他人？
　　A.非常愿意　B.愿意　C.一般　D.不是很愿意　E.不愿意

2.自我与组织关联性(请选择符合您情况的一个选项)

(1)该组织能够反映出我是谁。
　　A.非常同意　B.同意　C.中立　D.不同意　E.非常不同意

(2)我能够把自己与该组织联系在一起。
　　A.非常同意　B.同意　C.中立　D.不同意　E.非常不同意

(3)我能够感受到我个人与该组织的联系。
　　A.非常同意　B.同意　C.中立　D.不同意　E.非常不同意

(4)我能够利用该组织向他人介绍我是谁。
　　A.非常同意　B.同意　C.中立　D.不同意　E.非常不同意

(5)我相信该组织能够帮助我成为我想要成为的人。
　　A.非常同意　B.同意　C.中立　D.不同意　E.非常不同意

(6)该组织能够代表我(该组织的形象与我想要呈现在他人面前的形象相符合)。
　　A.非常同意　B.同意　C.中立　D.不同意　E.非常不同意

(7)该组织很适合我。
　　A.非常同意　B.同意　C.中立　D.不同意　E.非常不同意

3.组织态度(请根据您的印象在相应的选项上打钩,如果中立,请在中间的＿＿上打钩)

(1)该组织是有信誉的＿＿＿＿＿＿无信誉的

(2)该组织是一个认真负责的组织＿＿＿＿＿＿一个不认真负责的组织

(3)该组织的财政发展稳健＿＿＿＿＿＿不稳健

(4)该组织已经发展完善＿＿＿＿＿＿面向长期发展　追求短期发展

4.口口相传意愿(请选择符合您情况的一个选项)

(1)我愿意介绍朋友来购买该组织的产品/服务。
　　A.非常同意　B.同意　C.中立　D.不同意　E.非常不同意

(2)我愿意介绍我的家人和亲戚来购买该组织的产品/服务。
　　A.非常同意　B.同意　C.中立　D.不同意　E.非常不同意

(3)我愿意把该组织介绍给向我寻求意见的人。
　　A.非常同意　B.同意　C.中立　D.不同意　E.非常不同意

(4)我会向周围的朋友和他人宣传该组织。
　　A.非常同意　B.同意　C.中立　D.不同意　E.非常不同意

　　该问卷适用于博客的目标公众。该问卷的使用方法是邀请已阅读过特定组织博客的公众完成该问卷，得分越高则表示该博客的互动性越低，得分越低则表示该博客的互动性越高。互动性的高低与该博客帮助组织与公众建立管理的能力成正比。通过该量表，我们便能够直观地对博客在企业组织对外传播的效果上进行评估和整改。

　　（2）博客影响组织的危机公关。

　　随着网络信息技术的快速更新换代，博客这一媒体发展迅速，被越来越多的人所使用，撰写博客和浏览他人的博客逐渐成为一种普遍社会现象。这一现象带来的结果之一是博客与组织的危机传播产生了碰撞。金燕（Jin Yan）和刘布鲁克（Brooke Liu）对博客现象和组织危机公关问题进行了研究，提出了首个关于博客危机公关的理论模型。

　　首先，该理论提出，组织企业应该积极关注具有社会影响力的博客账号，这些账号所发出的信息和意见，能够在很大程度上影响受众在某一危机事件中对组织的态度。他们指出，当组织发生危机事件时，各个不同的知名博客都有可能对此危机事件进行讨论和评述，即使这一危机事件与该博客一贯报道的内容并不相符。知名博客的博主均有参与时事的欲望，以及实现自我价值的欲望，出于以上两种欲望，各类型的知名博主都有可能参与到当前的热点危机事件的讨论中。但是，并不是所有的知名博客都能够对同一危机事件产生相同的影响。博客的影响力来源于博主的权威性和可信度。例如，美食博客对食品安全相关危机事件的讨论所产生的影响会大于时尚博客。因此在新媒体时代，当组织发生危机时，专门的负责人员不但需要管理组织本身的博客和网站内容，同时也要积极关注具有社会影响力的博客对组织危机事件的评述。

　　其次，组织应该注意具有影响力的博客对于他们的受众和大众媒体产生的影响，这些博客内容对危机事件产生的影响体现于两方面。第一，这些外部博客能够影响受众对危机事件的关注度和视角。通过对危机事件不同方面的信息阐述，这些知名博客起到了意见领袖的作用，他们能够左右其读者对特定事件的信息诉求，鼓动其读者去主动寻求与该危机事件相关的各类信息。第二，这些博客能够引导媒体报道倾向。同样，通过对特定危机事件的特定阐释和呈现，这些博客能够为大众媒体提供报道视角，从而指导大众媒体就特别的角度和方位来报道危机事件。例如，大众媒体总是会选择受欢迎程度高，被公众热烈讨论的博客内容进行深入挖掘，进一步跟着博客内容的指向来报道危机事件发展的内容和方向。

　　再次，外部博客对大众观点的影响力是通过层级传播的。首先，有影响力的外部博客会对大众媒体产生影响,为大众媒体(报纸、广播、电视等)提供有关危机的信息及内容。大众媒体会对这些博客提供的内容进行二次加工编辑,从而把相关的消息扩散到普通大众群体中。其次,有影响力的博客会对大众人群中的意见领袖产生影响。意见领袖往往会关注有影响力的微博,或者这些意见领袖本身就是知名博主。意见领袖会把在各大博客上的有关于危机的信息消化理解,同时通过线下的口口相传,或者线上的转发这两种形式,将有关组织危机的信息进行进一步的扩散。

最后,该理论模型提出了应对博客危机公关的策略。该策略主要分成两部分。首先,危机公关经理应该在日常生活中搜集观察和企业组织相关的有影响力的博客,以便在危机发生时,能够第一时间关注这些博客对于企业危机的态度。在危机发生时,危机经理应该关注以下三大类公众:关注该组织博客的粉丝,知名且相关的博主,以及这些博主的粉丝。同时危机经理也应该注意以下三大类型媒体:知名且相关的博客,组织本身的博客,以及大众媒体。其次,在危机发生时,危机公关经理应该采取迂回策略应对负面消息的传播。危机公关经理应该在负面信息传播的各个阶段,包括信息的产生、发展、扩大,以及消逝阶段均进行严密的博客监督和观察。同时,通过利用有影响力的博客在各个阶段对负面谣言进行反击和澄清。

3. 新媒体促成大众传媒与组织对接

虽然新媒体的日益发展为企业组织的对外传播开辟了一条新的道路,并且有相当一部分目标公众从各类不同的新媒体平台上获取和企业组织相关的信息,但是传统的大众媒体(广播、电视、报纸)并没有随着新媒体的出现而消亡。对于组织的对外传播来说,大众媒体仍然是发布信息的一个重要渠道,因为相对来说大众媒体通常具有较高的可信性和权威性。传统意义上的组织对外传播链条中,大众媒体从业人员会对各类型组织进行跟踪,并且寻找有利信息,进行传播发表。而企业组织也存在着向外界传播信息的需求以期能够推广其产品、服务,提升组织形象。而这两大需求通常会出现缺口,即媒体从业者想要挖掘企业组织形象却无门而入,组织内部人员想要找到大众媒体信息出口却不得法门。新媒体的出现在某种意义上填平了这一供需缺口,新媒体的互动性和网络性极强,因此它能够起到重新组织社会资源的作用,通过兴趣小组这一功能把信息需求者和信息提供者联系在一起。目前在脸书(Facebook)和推特(Twitter)上出现了各类传统媒体从业者兴趣小组,在这些小组中,记者们发布自己感兴趣或者要探索的有关组织的话题,而组织内部人员也可以在这些兴趣小组中发布该组织想要推送的信息主体;一旦信息供求两方面的需求能够对接,那么组织与大众传媒的关系就此建立起来。新媒体的出现填平了以前存在于组织对外传播和大众媒体之间的需求缺口，使得两方面的对接更加简易有效。

二、新媒体与组织内部传播的研究成果

组织内部传播（Internal Organizational Communication）指的是组织成员之间、各个部门之间信息传递的过程。组织内部传播可以发生在各个层面。组织内部传播包括各种不同的方式：水平信息传播、垂直信息传播、正式信息传播，以及非正式信息传播。水平信息传播指的是处于组织内同一层级水平的人员及部门之间的信息交换。例如，部门经理之间的会议，或者普通文员之间的文件交换。垂直信息传播指的是在一组织内部信息自上而下的传播过程。例如，某公司高层改变了员工的休假制度，这一关于休假制度的文件从董事长传达到总经理、部门经理和普通职员之间的过程。垂直信息传播通常是正式信息传播的一种表现形式。正式信息传播指的是利用组织所认可的信息传播渠道所进行的所有信息传播。例如：公司例会，员工内部培训，邮件信息通知等。而非正式信息传播指的是组织成员利用非官方的渠道进行有关于该组织的各种信息的传播。最典型的非正式信息传播的表现形式包括员工闲谈和流言蜚语。

1.新媒体对组织内部传播的促进作用

一个公司组织的传播效率是提高员工工作积极性的最大动力之一。当信息能够有效迅速地在组织中传播交流时，员工会更乐于去关注该组织内的各类型活动和各种管理方面的决定，对于这些信息的积极关注会帮助组织员工更加高效迅速地完成自己职责范围内的各项工作，甚至有可能会激发员工的动力而进一步去完成自己工作职责范围之外的任务。但是要做到通畅积极的组织内部传播并不容易。一般来说，组织内部传播会遭遇以下几方面的阻碍：

第一，员工乐于接受针对他们的日常生活中习惯和个人喜好所定制的信息。例如他们看的杂志报纸是他们所感兴趣的，他们阅读的广告也是基于他们的日常生活习惯所推送的，因此在工作场合中他们也期待工作信息能够最大程度"个人化"，但这通常是难以达到的。

第二，组织领导层在与员工沟通时通常难以描绘组织发展蓝图，也难以向员工解释组织的整体发展和员工个人的利益关系。

第三,管理层通常与普通员工缺乏沟通。

第四,组织内用于沟通联系的内网往往被荒废,没有起到其应该有的促进沟通作用。组织内部员工和管理层通常不清楚该如何真正地使用这些沟通工具。

第五,组织成员逐渐疏离组织,逐步减少自己与组织的沟通,而这一趋势在近几年里逐渐增强。

新媒体的出现和广泛运用,同样也对组织内部传播产生了巨大的影响。从某种程度来说,新媒体是促进组织内部传播的一剂良药。新媒体最显著的影响在于其为组织内部传播提供了新鲜的信息渠道。相对于传统的组织内部传播,即大部分依赖于面对面交流、纸质媒体、电话,以及传真,新媒体的出现大大地提高了组织内部传播的效率,同时也降低了组织内部传播的成本。越来越多的组织开始使用新媒体来帮助其促进内部交流传播和建立和加强组织与其员工之间的关系。总体来说,新媒体对于组织内部传播有以下几方面的促进作用:

首先,通过新媒体,组织能够真正实现即时传播,与员工展开真正的对话。传统的组织内部传播由于受到传播渠道等影响,即时传播花费巨大同时很难做到与每一位员工都进行接触。而新媒体具有跨时间、跨空间的优点,其网状的传播形式使得即时传播和员工对话成为可能。

其次,新媒体能够促进组织内自下而上的传播。在传统组织内部传播中,水平传播通常是自上而下的方向的,但是随着新媒体的出现,它的对话性的特征鼓励人人都参与到讨论中去。新媒体同时也为讨论的匿名性提供了可能,这两种特质促进了组织内自下而上的传播的可能。而通过自下而上的内部传播,组织内各个层级的员工都有发声的可能性,从而促进了成员的使命感和归属感。

再次,新媒体提供了文字以外的各种交流形式,包括图片、视频、声音,以及动态图片。丰富的交流形式使得信息传播更加丰富有趣,利于提高员工对组织相关信息的关注度和接受度。

2.新媒体与组织内部传播的研究方向与体系

目前针对新媒体与组织内部的传播沟通的研究方向、研究体系主要可分为两大类。第一类研究体系把新媒体看作是一个组织内部沟通传播的工具,这一工具和传统的纸质媒体,面对面传播等相同,均是为组织内部传播服务的媒介。在这一类理论体系下,研究主要关注新媒体这一新的信息传播形式能够为组织企业带来哪些方面的好处。其中,对领导力的影响和对普通员工的影响是两大研究重点。总体来说,研究认为使用新媒体有助于提高企业组织内领导层面的领导力,同时也有助于提高组织内成员之间的互相了解和人际关系。同时这一理论体系也致力于绘制组织内部成员使用新媒体状况的蓝图,用于呈现新媒体在当今工作领域中的表现。总体来说,新媒体在工作场所中被广泛运用,并且有相当一部分的组织企业制定了和新媒体相关的工作规章制度,而这些规章制度起到的作用也成了研究的一个重点。

新媒体与组织内部传播的第二类研究体系是较为宏观的视角。这一类型的研究并不简单地把新媒体看作是一个信息传播的渠道。这一类型的理论认为新媒体能够通过信息传播来对组织的结构形态产生一定的影响,即新媒体与组织不是使用和被使用的关系,而上升到了平行并存的关系。但是这一理论研究体系缺乏一些具体的实证性的证据说明,多以理论阐释和说理的形式进行,比较空泛和抽象。在接下去的段落中我们将对每一个理论体系进行一定的阐述,并且详细介绍该理论体系下的研究成果。

(1)新媒体对管理阶层领导力的影响。

领导能力(Leadership)一直以来是组织内部传播研究的重点。领导能力被认为是促进组织成员归属感,增强组织成员工作满意度,以及降低组织成员离职率的重要管理工具之一。但是领导组织力也通常是组织管理层的一个难点,一直以来组织传播学的学者们都致力于研究提高管理人员的领导能力。而新媒体的出现,被认为是提高管理人员领导力的一个契机。来自罗马尼亚的学者波斯(Paus)通过一系列的实证研究,总结了新媒体对管理阶层领导力所带来的影响。

①新媒体使得组织内部的信息传播和发散变得更加多元化,因此管理层面能够听到更多的声音。由于新媒体的网状传播特点,它几乎能够达到一个组织的各个层面。因此,理论上来说,它能够囊括一个组织中的所有成员。这样子的网状传播使得管理层能够更好地倾听来自组织各个不同组成部分的成员的声音,因此传播和沟通变得更加多元化。

②新媒体使得管理层的决定更加透明。新媒体具有多种表现形式:组织内网,组织互联网页,组织邮件,以及各类型的组织社交媒体,这些新媒体的表现形式都可以被用来传播关于管理层的一些行政决定。通过多渠道的传播,大多数的成员都能够接收到信息,因此信息变得更加透明化。

③通过新媒体,组织的管理层会变得更加"平易近人"。通过新媒体,特别是社交媒体,组织管理者能够分享他们的思想、他们的经历,同时能够在一定程度上与各类型的组织成员进行交流,这一现象把组织管理者的形象从高高在上不食人间烟火变成平易近人、易于交流。

④新媒体把组织中的交流逐渐变成了"扁平化交流"。新媒体即时、迅速及免费的特点能够把组织中的,特别是同属于一个部门中的人员都联系到一个特定的小型网络中。在这个小型网络里,组织成员几乎可以无拘无束地交流。同时在网络空间中,现实的职位和地位的概念变得模糊。因此信息传播和交流是网状扩散而不是由上而下的层级传播了。

⑤新媒体下的领导类型是集合型的领导类型。即领导会在更大程度上集合自己所管理的人员的主张意见,而一个团队中的成员也会有更大的自主权和参与度。领导和组织成员在更大程度上协同合作进而来管理组织。但是需要注意的是,在利用新媒体的时候,领导层也应该注意自己应有的对组织团队的掌控,而不要过分地进行所谓"民主化"领导。

⑥新媒体对领导权威会造成一定威胁。过度地在新媒体平台暴露自己,分享自己的内心思想会使得领导在一定程度上失去自己的威信。同时在使用新媒体进行组织内传播和交流时,领导也应该注意信息的分享度,即对于某些敏感信息或者高层信息,领导层面应该有一定的把控,切记不能因为强调"公开度"而失去了领导与被领导的明确界限。

⑦新媒体利于领导接收底层信息。由于新媒体的开放性、扁平性的特征,组织底层人员对领导层面的反馈信息从这一渠道较容易得到,从而使领导层面能够更加详细地了解该组织或企业底层的最多数人员对领导制度及风格的看法。

⑧新媒体的使用会使组织内出现非正式领导。在新媒体空间内,组织成员交换意见看法频繁,在这些频繁讨论中,会有特定的组织成员的意见和看法总是得到大多数人的赞同和跟随,这些人就逐渐成了组织内的"意见领袖"。这些"意见领袖"的意见、观点和行为会对组织内大多数成员产生一定的影响,从而这些"意见领袖"逐渐成长为组织内的非正式领导,即在组织内部没有正式的行政职位,但是他们的言行能够在很大程度上影响他人。

⑨新媒体鼓励更诚实的意见,但是也会促进谣言和负面信息的产生。这一结果均来源于新媒体的匿名性及扁平性。匿名性方便组织成员大胆地说出一些诚实的意见,特别是对管理层的负面的、批评性的意见。扁平性使得在新媒体空间交流的人抛去现实中的固有阶层、职位的顾虑,能够以平等的心态参与到信息的传播与讨论中。但是同时由于匿名性和扁平性,新媒体也能够鼓励一些负面信息的产生和传播,因为传播信息者不需要负担任何的现实责任,新媒体帮助他们隐藏了真实的身份。

⑩组织领导层在使用新媒体进行传播沟通时仍需要注意信息个人化。

虽然新媒体本身具有人性化的传播特质，但是这并不代表只要使用新媒体，组织领导的沟通就会显得个人化。一项研究表明，组织员工最反感的新媒体传播形式是每年来自 CEO 的新年问候邮件。据调查显示，仅有20％收到邮件的员工会点击打开邮件，而仅有 5％的收到邮件的员工会阅读邮件。这项结果的原因是员工们认为管理层的这一行为并没有照顾到员工个体，只不过是新瓶装旧酒的行为，这一问候和传统的新年讲话并无任何区别。虽然难以做到为每一位员工量身定制新年问候，员工仍然希望管理层在一定程度上做到个性化，例如为不同的部门撰写新年问候等。因此虽然新媒体这一沟通渠道具有个性化优势，但是新媒体中的内容也需要仔细斟酌。

⑪年轻领导层更倾向于使用新媒体进行沟通。由于年轻人能够更加容易地适应新科技，因此在目前状况下，一个组织企业中年轻领导人更倾向于使用新媒体进行交流。同时他们也对新媒体的各种特性和功能更加熟悉。相对来说老年领导层使用新媒体进行交流的程度并不高，同时年龄较大的领导层即使使用新媒体交流时，也容易犯上一条所提及的"新瓶装旧酒"的问题。

（2）组织员工使用新媒体的现状。

新媒体的出现无疑为组织内部的沟通和选择提供了新的信息渠道，但是新媒体的出现是否完全取代了传统媒体或沟通渠道在组织内部的作用呢？这一问题也是学者们的研究重点。总体来说，新媒体增加了组织内部沟通渠道的可能性，但是最传统的面对面传播和文件传播等传播方式在组织内仍然是必要的。以下的一些研究成果为我们展现了当代企业组织内部传播的蓝图。不同于组织对外传播，新媒体与组织对内传播的研究并不特别强调新媒体的正面作用，许多学者们提出了新媒体有可能是组织对内传播的一个干扰项。因为在使用新媒体时，特别是社交媒体时，组织管理者和领导者往往很难区别员工是在就工作相关的内容进行沟通交流还是就工作以外的事件进行交流，从而影响员工的工作效率。来自美国皮尤研究中心（Pew Institution）的一份关于美国员工在工作中使用新媒体进行沟通的研究报告，为我们呈现了美国当代工作环境中新媒体的使用状况。该研究调查了来自各行业的全职工作者和兼职工作者，就新媒体在工作场所中的使用展开了四大方面的调查。

①员工使用新媒体的原因。

该部分调查了员工为何在工作中使用新媒体，包括互联网、社交媒体、电子邮件等各种新媒体表现形式。令人感到遗憾的是，在工作场所中使用新媒体的首要原因并不与工作十分相关。34%的被调查者表示,他们在工作中使用新媒体是为了在工作中得到暂时的脑力休息。27%的被调查者表明,他们使用新媒体是为了在工作中能够与家人和朋友取得联系。24%的被调查者表明他们使用新媒体是为了与行业专家保持联系。20%的被调查者表明使用新媒体是为了能够帮助自己解决在工作当中遇到的问题。17%的被调查者使用新媒体是为了与同事建立和保持良好关系。同时也有17%的被调查者表示新媒体帮助他们更好地了解在工作中遇到的各类人群。最后12%的被调查者表明新媒体帮助他们寻求组织外部的人员来帮助自己解答工作中的疑难问题,同时也帮助他们寻找组织内的人员来帮助解答自己的疑难。

可以看出,在工作场合使用新媒体的八大原因中,其中六大原因是与工作息息相关的,并且新媒体确实可以起到帮助员工发展与组织内其他员工的人际关系,以及帮助他们解决工作中的疑难问题。但是需要注意的是,有两大新媒体的使用原因并不是和工作高度相关,但相对来说反而是这两大方面才是大部分员工在工作环境中使用新媒体的原因。这一现象给我们的启示是,新媒体在工作当中虽然有正面的影响,但是它也会具有相当一部分的分散注意力的负面影响。同时,虽然有17%的调查者表明使用新媒体能够帮助他们更好地了解自己的同事,但是这一了解并不都是正面的。其中,14%的被调查者表明通过新媒体,特别是社交媒体,他们对自己同事的印象得到了提高;但是同时也有16%的受访者表示通过社交媒体,他们对自己同事的印象变得不好,换言之,这些同事的形象通过自己的社交媒体受到了损害。而最典型的能够影响个人形象的新媒体信息包括酗酒照片,过于偏激的言论,对于他人的负面评价,以及粗鲁的语言。

年轻员工更加倾向于使用新媒体来寻找自己周围的同事,并且在网上发掘这些同事的相关信息。他们也更加倾向于使用新媒体来建立自己与同事之间的关系。调查表明,在18—29岁的年龄段中,51%的受访者表示他们会利用新媒体去发现同事的一些相关信息,并且与之建立关系。在30—49岁的年龄段中,这一百分比为28%,而在50—64岁的年龄段中,这一百分比仅为15%。

②工作场所中新媒体的使用规定。

员工在工作场合中使用新媒体已经成为一个普遍现象,随之产生的则是公司组织对员工和组织成员使用新媒体的一些规章制度。超过半数的受访者(51%)表示,他们工作的组织和企业有关于在工作中使用新媒体的明确的规章制度。有接近三分之一的受访者(32%)表示,他们工作的组织和企业也有明确具体的规定来规范员工在新媒体，特别是在社交媒体上的一些行为规范准则。例如：对于公司的一些消息应该如何规避或者回应，以及在社交媒体上应该避免出现哪些方面的信息等。

拥有明确的新媒体使用规定的管理意义在于，能够对员工使用新媒体开展一些和工作关联性低的活动进行限制。在表示使用社交媒体进行短暂休息的受访者中，有30％来自公司企业对新媒体的使用有明确规定的公司组织，而40％的使用者来自对新媒体的使用没有明确规定的公司组织。在表示使用新媒体在工作中与家人和朋友进行沟通交流的受访者中，20％的受访者表示自己所属的公司和企业有明确的新媒体使用规定，而35％的受访者表示自己所属的公司和企业没有这方面的严格规定。因此可以看出，新媒体使用的明确规定对工作中员工的使用行为还是起到一定的限制作用的。来自有明确规定限制的组织成员在使用新媒体进行工作之余的活动的百分比要远远少于那些来自没有明确规定的组织的成员。

在另一方面，不管公司或者组织是否有明确的关于新媒体使用的规定，组织成员一半都是使用新媒体来进行以下的活动：第一，与工作当中的各类专业人员保持联系以便开展工作；第二，搜索同事同僚相关的信息，以便更好地与他们合作；第三，与同事建立或者加强个人关系；第四，向组织公司内外的各种专家询问关于自身工作的各类型关系。

总而言之，目前的各类企业组织都在积极建立与工作场所中的新媒体使用原则相关的规定。超过一半的被调查企业组织中均有此类型的规定存在。这一相关规定在一定程度上能控制员工使用新媒体进行工作外活动的频率，而同时无论工作场所中有无相关规定，员工们都在积极使用新媒体帮助促进他们自身的工作和工作中的人际关系。

③新媒体于组织内部传播的优缺点。

新媒体在组织内部信息传播沟通和人际交往过程中有着不容置疑的优点。正如前文所述，新媒体能够降低沟通成本，能够跨越时间和空间的界限，但是除了这些固有的优点以外，新媒体在工作场合中有着它独特的优点。

首先，新媒体能够帮助工作人员扩大交际层面，能够提供各类关于工作的机会。新媒体的网状传播模式有利于使用者对整个行业内的人员进行沟通联系，而其迅速的信息传播形式也能够使得招聘信息等有利于工作机会的信息及时准确地到达需要的专业人员手中。

其次，新媒体能够帮助员工获得最前沿的工作相关的专业信息，以及与相关工作领域的专家保持联系。新媒体具有内容自产的特点，而行业专家学者乐于在自己的新媒体平台上适时发布各类与专业相关的信息，从业人员只需要关注这些新媒体便能够适时免费地获得信息。同时，新媒体的互动性也允许相关人员对专家进行提问、联系，使得从业人员与专家的距离贴近，更能进一步地保持联系。

第三，新媒体有利于工作中同事之间的人际关系。在新媒体，特别是社交媒体平台上，人们的形象往往更加贴近于真实生活。通过观察同事的新媒体平台，员工之间能够互相促进理解，交流能够更加人性化，从而促进人际关系。

另一方面，新媒体也有一些固有的缺点，能影响使用者在工作场合中的表现。

第一，新媒体是一个极大的诱惑，能够在很大程度上分散人们的注意力。由于新媒体信息发散性的特质，人们往往在搜索自己需要的相关信息的时候能够被一些无关的超链接所吸引。而当打开这些无关的网页内容后，人们便会被各种各样的无关信息牵引，从而远离自己真正的工作。

第二，新媒体虽然能够为人们提供各类同事的个人信息，但是这些信息并不一定都能够起到正面的作用。如前文所述，如果人们在社交媒体上发布的信息不恰当，这些信息会引起浏览者的反感，从而破坏了原本和谐的同事关系。

第三，由于新媒体信息量大，呈几何级数传播状态，接受者在一天内能够接受大量与工作专业相关的信息。但是由于人脑所能够处理的信息数量有限，这些大量的信息就可能造成信息冗余，为信息接受者带来不必要的负担。同时，由于网上信息的把关制度并不全面，工作者需要对与工作专业相关的信息进行仔细审查，而有时候错误的或者有偏见的与工作专业相关的信息反而会对接受者的工作产生负面影响，导致损失。

④新媒体有助于提高员工对企业的好感度。

组织内部传播的一方面作用是传达组织信息，使得相关的规章、制度、计划等能够顺利地达到组织的各个层面，从而促进组织企业的健康运行和发展。而组织内部传播的另一方面作用是加强员工的凝聚力，提高员工对组织的好感，从而留住员工。新媒体的使用对于提高员工对企业组织的好感度息息相关。目前的文献理论认为，新媒体有助于提高组织企业的透明度和可靠度。研究指出，双向的信息交流有助于提高企业的透明度。在传统的组织内部交流中，只有面对面的一对一的谈话，或者是小型的部门会议才能够真正做到信息的双向交流。而新媒体的出现，特别是电子邮件、社交媒体，为企业提供了另外一种双向交流的渠道。同时由于网络空间的虚拟性弱化了现实企业中的层级制度，员工在新媒体上的反馈信息事实上会多于传统的面对面谈话。因此，进一步增加企业组织的透明度。

同时新媒体能够容纳各种类型的信息，例如视频，图片等。通过多种类型的信息呈现，企业组织的相关信息能够以一个全视角多方位的形式呈现。这些360度的信息能够增加组织企业的真诚度。例如，在员工大会上所发布的信息，能够同时以文字、视频以及图片的形式呈现于新媒体平台上。这样的一个信息呈现形式，会使得企业组织显得真诚可靠。特别是相关人员的面部表情、肢体语言都能够通过图片视频等形式呈现。这些信息的呈现模式远远比印刷媒体等传统的渠道显得真诚可靠。因此，企业组织在员工心目中的可靠度也会倍增。

（3）针对新媒体与组织内部沟通的宏观研究。

最后关于新媒体与组织内部沟通的研究类型着眼于宏观变化。不同于前文所述的关于新媒体与组织内部沟通传播的研究，这一体系的研究和文献跳出了微观的因果关系，即新媒体的使用和效果的研究，而扩展到了宏观的研究层面。这类型的文献研究认为，新媒体不仅仅是一个被使用的，用于传播组织内部消息的媒体，新媒体更是一股不可阻挡的力量。在这一力量的影响下，组织的传统的垂直性、阶层性的特点被逐渐瓦解。

泰勒（Taylor）和艾瑞（Every）认为，从传播学的角度来看，任何的组织和团体都是文字和对话的结合休，组织和团体通过文字和对话产生。在一个组织当中，信息经由文字和对话传播，而后又经过文字和对话产生新的文字和对话，从而形成一些组织内部的规章、制度和文化。他们认为新媒体是这一过程的延续平台，通过新媒体、文字以及对话有了新的互动渠道，而这一互动渠道能够进一步地保存这些交流信息，在此基础上形成新的规章制度和新的信息。因此，泰勒和艾瑞认为不能够把新媒体和组织形态看作是两个独立的个体，更不应该仅仅把新媒体看作是为组织内部信息传播服务的工具。他们认为新媒体和组织是一个共同体，在新媒体系统中组织不断更新变强，而新媒体也凭借组织不断地履行信息传播输送的义务。

正因为在这一理论体系中，新媒体和组织的概念是平行的，因此新媒体具有影响和改变组织的力量。在这一理论模型下，新媒体的出现被认为是改变组织垂直性阶层性特点的力量。新媒体的网状传播模式允许组织当中的每一个人都参与到组织信息的共享、传播过程中。相对于以往的组织传播模式，往往处于组织底层的员工对于组织的结构、理念、发展方向没有太大的知情权和发言权；但是新媒体的出现重新定义了信息的传播方向，因此以往组织的结构也随着信息传播结构的变化变成了网络状。但是需要注意的是组织结构由垂直性阶层性转变为网络状扁平状并不一定是一件好事,对于某些组织,例如慈善组织,扁平状的结构能够最大程度上发挥组织成员的作用,尽可能地囊括各类型的资源。但是,对于某些组织来说,比如政府、军队,扁平化会使得组织的管理混乱,等级不分,造成组织运行上的困难。因此,这一理论体系也要求专家学者以辩证性的思路来看待新媒体与组织结构形态上的变化,不要一味地盲目赞扬和发展扁平化组织结构。

三、新媒体与组织传播相关研究的问题所在

这一章详细阐述了组织传播这一具体学科的发展源头和历史,介绍了这一学科的研究方向、话题、方法论等。随后,详细介绍了组织传播在中国的发展历程,梳理了从概念的初次引进到目前组织传播学这一学科在中国各大高校的发展状况,并详细阐述了新媒体与组织对外传播及组织对内传播方面的研究成果。详细列举了组织传播学科中针对新媒体的一些理论模型,同时介绍了最新的研究成果和数据。通过这一章的阅读,读者应该对组织传播这一概念有了深刻的理解,同时了解到新媒体与组织传播这一研究课题的最新进展情况。

通过以上的内容可以总结出,组织传播这一学科在中国尚处于初步发展阶段,对于中国的组织传播学者来说,首要的任务是进一步把这一发源于西方的理论进行本土化发展。可以借用中国的传统哲学,例如儒家思想、道家思想等与组织传播学的理论根源相结合,发展出适合中国国情的具有中国特色的组织传播学理论。

新媒体与组织传播学是目前组织传播研究的重点,通过对组织对内传播和组织对外传播中的新媒体研究的文献整理,可以看出,还是有相当一部分的研究是出于中国的学者之手的。这一现象表明中国的组织传播学研究开始逐渐走向世界舞台。但是需要注意的是,这些中国学者的研究大多数着重于组织对外传播,在组织对内传播中,则较少看到中国学者的研究成果。这一现象提醒我们,需要对组织对内传播这一研究领域进行更深一步的探索。同时,可以看到,大部分中国学者的研究侧重于微观性的因果性的研究,较少有比较宏观的理论探讨,这一现象与组织传播学在中国的发展状况相符合。因此同样地,在对新媒体与组织传播的研究中,中国学者应该注意宏观理论的发展,结合新媒体在中国工作环境中的使用现状,发展出一套有中国特色的理论模型,而这也是本书努力的方向。

第三章　新媒体与组织传播的研究方法

　　上一章回顾整理了组织对内传播和组织对外传播在中国的发展历程和研究现状，同时重点分析了在新媒体话题领域下，组织传播这两个不同方面所存在的问题。基于上一章对新媒体与组织传播的理论与研究的整理，这里，笔者将提出本书研究的大体方向及所采用的研究方法。

　　本书包含了组织传播的两部分研究重点：组织对内传播和组织对外传播。在上一章的整理中，可以看出在组织对内传播与新媒体的研究方面，人们知之甚少，因此这一方面的研究将以基础性研究为主。即重点探寻在工作场合中，特别是在中国文化背景下的工作场合中，人们是如何使用新媒体来开展和工作相关的各类型的信息搜集和交流活动的。这一研究结果将为大众展现新媒体在工作场合中的使用蓝图。其次，目前大众和学界亟须知道的内容还包括，新媒体在工作场合中的使用是否真的能够帮助人们顺利地开展工作。因此此次研究借用组织内成员的身份认同感来作为研究变量名，考察新媒体的使用与身份认同感之间的关系，由此来探究新媒体的使用是否真的能够对人们的日常工作起到正面积极的作用。为了达到这些研究目的，在开展的对组织对内传播的调查中，本研究采用网络问卷调查的研究方法。这一方法的步骤包括问卷设计、收集数据及数据分析。希望通过这一系列的定量分析的方法，使本次研究能够呈现新媒体使用的最基本的模式蓝图，以及新媒体使用与身份认同之间相互关系的数据。

　　在通过对组织对外传播及新媒体使用方面的文献理论进行分析后，不难看出这一部分目前的研究状况，即研究成果和理论成果要比组织对内传播这一方面的成果复杂和多样化。但是在这些复杂和多样化的成果中，公共关系方面的研究无疑是引人注目的。在组织对外传播与新媒体话题的领域中，虽然存在着大量的公关与网络方面的研究，但是这些研究的结果不甚相同，同时这一方面话题的研究也缺少在中国背景下的研究。因此本次研究将延续这一研究脉络，以公共关系学作为组织对外传播的表现形式,进行更加深入的探讨。同时,将细致地分析公共关系在中国的发展,中国网络环境和社交媒体环境的特点,以及这些特点对于公关活动的各类型的影响。为了达到以上的研究目的,在进行组织对外传播的研究调查中,本研究采取了多样的研究方法,包括文献分析法、案例分析法以及专家访谈法。

下文内容将详细叙述每一部分的研究方法和步骤,通过这些信息的呈现,读者对于本书所涵盖的研究内容可以有一个更加细致全面的了解。同时也希望这些研究方法能够为未来的此类型的研究提供启发借鉴意义。

第一节　问卷调查法

针对组织对内传播研究的部分,问卷调查是主要的信息数据收集模式,问卷调查收集了来自中国浙江和美国俄亥俄州全职工作人员的一些信息。这一节将详细描述数据收集的具体过程。问卷的第一步是量表的制作。在对内组织传播的研究中,本研究着眼于全体工作人员日常的新媒体使用的频率及模式,新媒体的使用对全体员工组织身份认同感的影响,以及文化背景对新媒体使用模式的影响。因此,在问卷中本研究将主要测量以上这三个变量。

一、新媒体使用频率及模式测量

为了准确地测量人们使用新媒体的频率及模式,问卷必须先明确定义何种沟通技术和渠道是能够被定义为新媒体的。新媒体作为一个宽泛的研究概念,具有比较模糊的界限,为了使得研究成果严谨准确,该次研究参考了两项关于新媒体及组织传播的前期研究,并以他们的研究结果,作为定义本次研究中新媒体类型的线索。这两项研究分别是度厄斯(D'Urso)与皮尔斯(Pierce)于2009年对于在组织中最常见的被运用的信息技术的研究及柯南(Culnan)与马科斯(Markus)于1987年对新媒体下定义的研究。结合这两项前期文献的研究成果,本次研究中定义的新媒体类型包括电子邮件、互联网络、组织内网。组织所有官方社交媒体账号,组织中个人的社交媒体账号及网络聊天工具。在确定工作场合中新媒体的定义类型以后,问卷需要明确测量人们每日使用新媒体的状态。新媒体使用的频率和模式在问卷中通过两个不同的问题来获得。第一个问题询问答卷者他们每天使用每一种不同的新媒体的频率。第二个问题询问参与者使用不同新媒体来寻求信息的不同目的。根据前人关于组织内部传播的研究文献，本研究得知，组织中的成员利用不同类型的交流渠道，来寻求不同信息（Jablin & Miller，1991），询问不同信息源（Teboul，1994），以及使用不同信息寻求策略（Berger，1979）。因此本研究把这一现象和新媒体的使用联合起来，探寻人们在使用新媒体进行信息搜索的时候在何种新媒体渠道获取何种特定类型的信息，在何种新媒体渠道与特定的信息源交流，以及在使用不同新媒体的时候人们是否也相应使用不同的信息寻求策略。为了达到以上的测量目的，问卷的第一部分分成了三大不同类型的板块。

第一板块中，为了获得参与者每天的新媒体使用频率，问卷采用了两个不同的量表。第一个量表要求答卷者回忆大致上他们每天使用新媒体来获得工作相关信息的频率是多高。第一个量表提供了以下几个选项：每小时查询，每天查询，每周查询，每月查询，以及不使用。为保证研究的科学性和严谨性，这几个回答选项来自一项前人关于个人在组织中使用新媒体的研究（Waldeck et al.，2004），而且出于研究者的自身经历。第二个量表要求参与者大致估算他们每天使用不同的新媒体来寻求信息的时间。如果参与者并不是每天都使用该新媒体，他们需要选择"非日常使用"选项，而如果参与者几乎不使用该新媒体，他们需要选择"不使用"选项。除了以上两种情况以外，参与者还需要以具体的时间（以小时为单位）来填满表格中的空白处。使用这一客观的时间衡量单位可以保证一个比较标准的答案（Morrison，1993a）来呈现参与者的新媒体使用形态。这一量表（表3-1)的表现形式如下。

表 3-1　新媒体使用频率测试量表

问题1：请选择您每天在工作环境中使用下列新媒体技术进行与工作相关问题的信息交流活动的频率，"不使用"代表您所在的工作单位没有此类型的新媒体或者您自身没有使用的经历。

1. 电子邮件（包括私人邮件、公司邮件、群发邮件等）
A. 每小时查询使用　B. 每天查询使用　C. 每周查询使用　D. 每月查询使用　E. 不使用

2. 公司内网（工作单位内部的局域网，只有员工能够进入。你可以从内网中获得信息，与同事交流。内网包括内部网页、数据库、内部交谈软件等）
A. 每小时查询使用　B. 每天查询使用　C. 每周查询使用　D. 每月查询使用　E. 不使用

续　表

3. 个人社交媒体(你个人的社交媒体账户、博客、微博、人人等)
A. 每小时查询使用　B. 每天查询使用　C. 每周查询使用　D. 每月查询使用　E. 不使用

4. 工作单位的社交媒体(工作单位的博客、微博、人人网页等)
A. 每小时查询使用　B. 每天查询使用　C. 每周查询使用　D. 每月查询使用　E. 不使用

5. 互联网络(其他一些网上资源,比如百度搜索引擎,其他的网站等)
A. 每小时查询使用　B. 每天查询使用　C. 每周查询使用　D. 每月查询使用　E. 不使用

6. 其他网上聊天工具(微信、QQ、Skype 等)
A. 每小时查询使用　B. 每天查询使用　C. 每周查询使用　D. 每月查询使用　E. 不使用

问题 2：请回想在一个典型的工作日,你在与他人交流工作相关问题的时候,使用各种媒体的时间是多少("不使用"表示您或者您所在的单位没有此媒体)?

1. 电子邮件(包括私人邮件、公司邮件、群发邮件等)
(　　)小时(　　)分钟,或者(　　)不使用

2. 公司内网(工作单位内部的局域网,只有员工能够进入。你可以从内网中获得信息,与同事交流。内网包括内部网页、数据库、内部交谈软件等)
(　　)小时(　　)分钟 ,或者(　　)不使用

3. 个人社交媒体(您个人的社交媒体账户,您的博客、微博、人人等)
(　　)小时(　　)分钟 ,或者(　　)不使用

4. 工作单位的社交媒体(工作单位的博客、微博、人人网页等)
(　　)小时(　　)分钟 ,或者(　　)不使用

5. 互联网络(其他一些网上资源,比如百度搜索引擎,其他的网站等)
(　　)小时(　　)分钟 ,或者(　　)不使用

6. 其他网上聊天工具(MSN、QQ、Skype 等)
(　　)小时(　　)分钟 ,或者(　　)不使用

　　为了了解答卷者的选择不同新媒体来寻求不同信息,实现不同目的使用模式有何不同,问卷采取了三个不同的量表形式,分别测量答卷者使用何种新媒体来获取何种信息,使用何种新媒体来向何种不同的信息源头求助,以及使用何种新媒体来进行何种不同的信息搜集策略。首先被测量的是使用新媒体来寻求不同的信息方面的使用形态。杰布林(Jablin)和米勒(Miller,1991)的关于组织成员寻求信息的研究表明,组织成员通常会注重寻求以下三种信息:任务信息、表扬信息和关系信息。问卷将提供一个 6

乘以3的表格（6代表6种不同类型的新媒体，3代表3种信息），参与者在此表格中对每一类型媒体的使用频率进行排序：1表示使用频率最高，而5表示使用频率最低，如果没有使用该媒体来寻求该信息，则参与者需要选择填写N/A。在表格的最开始，研究者会提供一段对于每种不同信息的说明，以帮助参与者更好地理解该问卷问题，并且提供尽量准确的答案。

接下来，问卷中将出现第二个表格，此表格测量的是参与者使用不同的新媒体向不同的信息源寻求信息的模式。特部尔（Teboul,1994）关于组织成员信息来源的研究表明，组织成员通常向以下信息源求助以获得信息：上级，同事，下级，朋友，伴侣，以及家庭成员。因此问卷提供了一个6乘以5的表格（6种不同的新媒体和5种不同的信息源）来获取相关信息。同样地，参与者被要求根据使用频率在此表格内对每一种新媒体来打分。

最后，问卷需要测量使用新媒体寻求信息时使用的不同策略。根据伯格（Berger,1979）的经典不确定性降低理论，该问卷选择3种不同的信息搜寻策略：主动策略，被动策略和互动策略。因此第三个表格为一个6乘以3的表格（6种不同的新媒体和3种不同的信息寻求策略）。在表格的开头，3种不同的策略都会被详细描述，以使参与者能够详细明白表格的意义。最后，参与者同样被要求在表格内对每一媒体的使用进行评分。

由于该部分量表复杂，在这里列出其中一个量表（表3-2）为例，其余量表请参考附件（见文末）。

表3-2　新媒体使用及不同信息源

您在工作中会向不同的人询问与工作相关的信息。请您回想您使用不同媒体与不同人的交流情况，对以下媒体的使用频率进行排序。1代表使用频率最高，6代表使用频率最低，"0"代表您没有使用这项媒体向特定信息源头寻求信息的经历。

	电子邮件	互联网	内网	工作单位社交媒体	个人社交媒体	其他聊天工具
上司与领导						
同事						
下属						
朋友						
家人和伴侣						

二、组织身份认同感的测量

在组织身份认同感这一问卷板块中,本研究着重测量两个变量因素:答卷人员的信息不确定性的系数和他们对于组织的身份认同感系数。传统意义上的传播学理论认为,人们寻求信息的最基本原因是消除他们对于周遭环境和事物的不确定感。在组织对内传播的语境下,本研究认为人们在工作场合中使用新媒体的最基本原因也是为了消除他们在工作环境中的不确定性。因此,本研究把不确定性因素归结为新媒体使用的最直接的和最基本的结果。基于米勒(Miller)和杰布林(Jablin,1991)对于组织成员所感到的不确定性的总结,特布尔(Teboul,1994)进行了一项定性调查研究,并从此研究中总结出组织成员会感受到的 3 种不确定性:指示不确定性,表扬不确定性和关系不确定性。基于特布尔的研究,一个李克特 5 分量表被构建起来并用于测量组织员工的不确定性感知程度。虽然特布尔的分类是基于组织新成员的不确定性,但是也有研究将此分类方法推广应用到测量所有组织成员的不确定性并获得成功(Gallagher& Sias,2009),以此证明了此分类方法可以被广泛运用。所以对于本研究的调查对象:拥有全职工作的组织成员,该分类法也具有可适应性。而基于此分类法的量表也是有效的。该量表中一些典型的问题包括"我不确定我该做什么工作"(指示不确定性),"我不确定我是否成功胜任工作"(表扬不确定性),以及"我不确定别人是否和我相处满意"(关系不确定性)。参与者需要对以上类似的问题在 5 个选项中做出选择,5 个选项分别为"十分同意""同意""中立""不同意"和"十分不同意"。该量表在现有参与研究的参与者中达到了阿尔法信度值为 0.83,这一数值表明该量表在本次研究中是具有信度和效度的。

这一板块的第二部分调查组织成员的身份认同感。在研究组织身份认同的文献中,来自切尼(cheney,1983)的关于组织身份认同的包含 25 个问题的量表是最常用的量表模式。但是在这次研究当中,本研究需要测量宏观组织身份认同和微观组织身份认同,因此包含 25 个问题的量表显得略微冗长。为代替切尼的经典量表,本研究采用了来自沙姆尔(Shamir)和卡克(Kark,2004)的图形量表,这一量表仅包含一个问题。此量表采用了图形测量的模式,以两个圆分别代表组织和个人,通过两个圆的不同的契合度来表示在何种程度上人们认同自己所处的工作组织,以及在何种程度上人们认为自己是组织中的一员。该量表的视觉图形如图 3-1 所示。

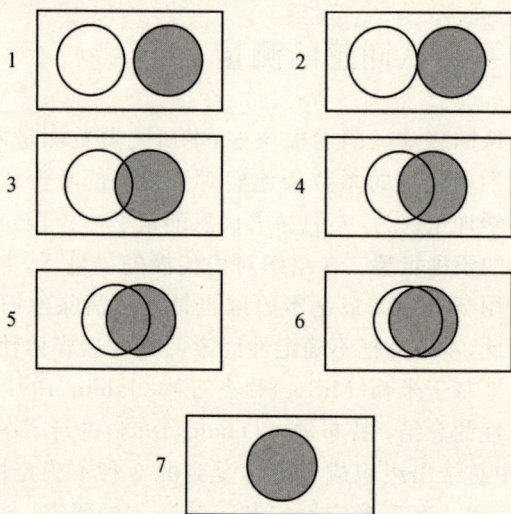

图 3-1　组织身份认同测量图

　　但是仅用一个问题的图形量表来测量参与调查人员的组织身份认同度还是具有一定风险的，因为该图形量表与切尼的文字量表的契合度处于中间数值。为了保证研究的准确性，来自米尔（Mill），艾伦（Allen），凯西（Casey），以及威翰森（Johnson，2000）的缩短版的文字身份认同量表也被同时使用。这一量表来源于切尼的传统的 25 个问题的量表。人们认为切尼的 25 个问题的量表有时候过于冗长，同时包含了一些与组织身份认同感相关，但是又不是准确的组织身份认同感的问题。出于这一考量，米尔等人对于这一传统量表进行进一步的研究，组织了一系列的问卷因素分析，把原来的 25 个问题缩减到了 12 个问题。在这一缩减过程中，他们去除了关于组织投入度、职业满意度等相关因素的问题，从而形成了更加精确的 12 个问题的组织身份认同感调查量表。这一量表在问卷中重复出现两次，以用来调查宏观身份认同感和微观身份认同感。在调查这两个不同的身份认同感概念的时候，所有问题的字句结构均一样，只是在调查宏观身份认同感时，量表中使用"组织/工作单位"这一字眼；而在调查微观组织身份认同的时候，量表中使用"所在部门/工作小组"这一字眼。该量表仍然使用李克特 5 分量表（表 3-3）结构，让参加调查者选择他们对于一个观点的认同程度。具体量表问题如下：

表 3-3　李克特 5 分量表

1. 我很骄傲我能够成为现在工作单位中的一员（宏观身份认同量表问题）
　　A. 非常不同意　B. 不同意　C. 中立　D. 同意　E. 非常同意

2. 我很骄傲我能够成为现在工作部门/工作小组中的一员（微观身份认同量表问题）
　　A. 非常不同意　B. 不同意　C. 中立　D. 同意　E. 非常同意

三、文化背景影响作用的测量

　　虽然此次研究的重点在于发掘有中国特色的新媒体使用及组织传播学的理论，但是某一特定的文化特色往往是通过比较才能够更加彰显。因此在此次调查中，本研究选取调查中国和美国两种不同的文化，以期望通过这两种截然不同的文化对比来进一步探究中国文化背景下的组织传播学及新媒体方面的理论。霍夫斯泰德（Hofstede, 2001）的关于各类型不同文化的调查研究表明中美文化存在着巨大的差异。中国文化以集体主义为主，而美国文化以个人主义为主。这里两种不同的文化倾向，造成了组织成员在组织中对自己及组织之间关系的不同看法。由于这一变量能够简单地通过询问就能够确定参与调查者是来自哪个国家，问卷中并没有专门针对文化背景不同的调查量表。

　　问卷的最后一部分询问了各种关于参与调查人员的人口信息。这些信息包括性别，年龄，工作性质（经理及管理人员、专业技术人员、销售人员、初级职员等），教育背景（高中以下、高中、大学、研究生或者博士生），工龄年限，在工作单位中的职位，对于在工作中使用高科技的适应度（从非常适应到非常不适应），种族（民族背景），所在公司组织的规模（总体员工人数），行业分类（制造业、零售业、IT 业、金融业等），以及大概年收入。

　　以上所有的问卷问题被同时翻译成英文和中文两个版本。两个问卷版本都经过多次校对，以保证两个版本问卷中的量表所问的问题都是一致的，以保证来自中美两个国家的数据统计能够在最大程度上保持一致，收集的数据准确性能够有所保证。

四、问卷的发放及小结

　　组织对内传播及新媒体使用的主要目标人群是所有全职的，在工作场合有运用新媒体经验的人们。由于人口数量较多，而本研究能够动用的资源有限,滚雪球抽样方法被采用为本研究的抽样调查方法。

1. 问卷的发放

主要参与研究的人员要从他们周围的熟人与朋友出发,挑选符合资格的潜在参与者,向他们发放电子邮件与网络问卷来收集数据。首轮被挑选中的参与者来自不同工作单位,以保证参加研究的人群的多样化。为了提高参与者的回复率,3封有关该研究问卷的电子邮件在不同时间点被发送给目标人群。第一封电子邮件向目标人群解释了本研究的具体目的,并且附上了网络问卷的网址,参与者只要点击该网址就能达到问卷页面。同时在这封电子邮件的最后一个段落,鼓励参与调查的人员及完成了电子问卷调查的人员,把此电子邮件转发给他们认为同样符合资格的潜在目标人群。通过该方式,力求达到最大范围内发放该问卷的效果,以来征召尽可能多的参与者。随后,在相隔一定的时间后,两封后续邮件也在不同时段分发给收到第一封邮件的参与者,以提醒他们尽快完成问卷。同样地,在这两封邮件的最后也提醒这些接受者把邮件转发给他们第一次转发邮件的潜在参与者,也提醒他们尽快完成问卷。

2. 问卷调查小结

在通过不停地转发和提醒之后,问卷调查收集数据的过程结束。在这里本研究将简要地总结一下此次问卷调查所涵盖的人口类型,而具体的数据分析结果将在后面的章节具体提及。

(1)中国部分数据总结。

本研究在中国一共收到了来自332人的较为完整的问卷回复。在这些参与调查者中,43.3%是女性员工,51.2%是男性员工,5.5%表示不愿意透露自己的性别。接受调查者的平均年龄为31岁,最小的为20岁,最年长的为58岁。大部分(87.1%)的参与调查者拥有大学及以上学历(包括研究生、博士生)。参与调查者来自各种不同规模的组织,5%来自拥有10人及以下员工的组织,16.9%来自员工介于11—50人的组织,21.4%的人来自员工介于51—200人的组织,22.9%来自员工介于201—500人的组织,而21%的调查者来自员工超过500人的组织。同样地,这些参与调查者也来自各行各业,包括信息业(25.4%),服务业(20.9%),教育业(16.4%),政府部门(7.5%),制造业(6%),贸易业(6%),交通运输业(3%),金融保险业(6.5%),房地产业(2.5%),以及健康业(1.5%),而剩下的参与者没有回答这一问题。

(2)美国部分数据总结。

在美国部分,本研究一共收集到了 289 份较为完整的问卷回复。60.4％的参与调查者为女性,38.7％的参与调查者为男性,0.9％的参与者选择不透露自己的性别。参与者的平均年龄为 34 岁,最小的参与者为 18 岁,而最年长的参与者为 66 岁。77.5％的参与调查者拥有大学本科及以上的学历。参与调查者来自不同规模的组织:12.2％来自员工少于 10 人的组织,28.8％来自员工介于 11—50 人的公司,21.6％来自员工介于 51—200 人的组织,7.2％来自员工介于 201—500 人的组织,而 30.2％来自员工超过 500 人的公司。参加调查的人的行业属性分布如下,4.1％的来自信息业,23.9％的来自服务业,24％的来自教育业,5％来自政府机构,5.9％来自制造业,13.1％来自贸易业,2.3％来自交通运输业,5.9％来自金融保险业,2.3％来自房地产业,13.5％来自健康业。

根据此次调查问卷收集来的数据,将用来作为数据分析的基础数据,来解答在下面章节中提出的各类型与组织内部传播及新媒体使用方面的各类型的问题。数据分析的方法将涵盖最基础的频率统计分析、交互作用分析、回归方程分析等。通过这一系列的数据分析过程,这些基础数据能够为本研究提供各类型的问题的答案。

第二节　文献分析法

关于组织对外传播及新媒体方面的研究,本文主要采用了 3 种不同的研究方法:文献分析法、访谈法及案例分析法。在接下的章节中,将对这 3 种不同的研究方法进行详细说明。

由于组织对外传播及新媒体方面的前期研究内容丰富复杂,因此首先采用了文献分析的方法对所有现存的相关话题进行一些研究,以求了解目前对于该话题的研究的发展现状。文献研究的对象包括目前在组织对外传播领域,特别是公共关系领域中较为知名的国内外期刊。其中,国外的知名期刊主要包括《亚太公共关系学研究》(*Asia Pacific Publication Relations Journal*),《策略传播的案例分析》(*Case studies in Strategic Communication*),《企业传播研究:国际期刊》(*Corporation Communications:An International Journal*),《策略传播国际期刊》(*International Journal of Strategic Communication*),《传播管理期刊》(*Journal of Communication Management*),《公共关系研究期刊》(*Journal of Public Relations Research*),《公共关系》(*PRism*),《公共关系探究》

（*Public Relations Inquiry*），《公共关系期刊》（*Public Relations Journal*），《公共关系季刊》（*Public Relations Quarterly*），《公共关系评论》（*Public Relations Review*），《公共关系教学》（*Teaching Public Relations*）。而国内的知名期刊主要包括《公关世界》《国际公馆》《浙江大学学报（人文社科版）》《浙江师范大学学报（人文社科版）》《现代传播》《新闻大学》《国际新闻界》《新闻与传播研究》《国际关系学院学报》《社会科学研究》《新闻界》《新闻记者》《广告研究》《新闻前哨》，以及各类重点大学的学报。对于英文研究的搜索主要在 Ebsco 这一学术搜索引擎中进行搜索，而对于中文研究的搜索主要在中国知网期刊数据库中进行搜索。前期的文献搜索和收集主要包括以下几个步骤：首先在不同类型的文献的数据库中输入"公共关系""公关""新媒体""社交媒体"为主要搜索关键词。在搜索引擎罗列出各类型的相关文献后，通过研究者专业角度的判断，选取和搜索内容主题高度相关的文献，剔除由搜索引擎带来的多余的文献。第三，在产生了缩小范围的文献库以后，研究者自己审查文献的来源期刊和发表年限，以确保文献来自较为有威信的、具有较高学术水平的期刊，同时文献的发表年限应该不超过 15 年。

在完成以上的初步搜索之后，此次研究拥有了自己的组织外部传播及新媒体的文献数据库。基于这一数据库中的信息，本研究开始进行最基本的文献分析。文献分析的第一步是审查所有数据库内的期刊文献的摘要部分，通过摘要部分，本研究进行进一步的剔除工作，删除了一些与主题并无太大关系的研究期刊。同时，通过对摘要的阅读，本研究把数据库中的文献分为两大类型：理论型文献及实证性文献。理论性文献指的是没有通过任何的实证性数据为依托而单纯就理论与逻辑进行探讨的文献文章。实证性文献指的是该研究通过实际的数据收集（定性类数据及定量类数据），数据分析得出的研究成果。对于这两类型不同的研究成果，本研究分别进行不同的分析和整理。对于理论型文献的整理和分析，回答以下几个方面的问题：（1）该文献的基础理论是哪一/几个？（2）该文献在理论上所做出的突破有哪些？（3）该文献对于新媒体与公共关系的理论发展有何贡献？（4）该文献提出了哪些前人没有涉及的观点或者前人忽略的观点。对于实证性研究的整理和分析，以下几个问题会被重点考虑：（1）该文章提出的研究问题是哪些？（2）这些研究问题主要是基于哪些现存理论的？（3）该研究使用何种研究方法？（4）该研究得出的结论的新颖之处在哪里？（5）该研究是否有不足之处？（6）该研究的结果是否与数据库中其他研究的结果有冲突？如果有，冲突在何处。

　　对于每一篇期刊文章进行阅读分析的时候,研究者均保存完整的笔记,根据文章的不同性质选取不同的研究问题进行回答。在完成了对所有数据库中文章的阅读和分析之后,研究者对自己的阅读笔记进行整理,从而得出关于新媒体与公共关系这一话题的最前沿的研究成果。这些成果将在后面的章节进行详细的叙述。

第三节　访谈法

　　由于公共关系学科是一门实践性较强的学科,而新媒体的发展日新月异。因此,对于这一相关话题的研究仅仅停留在书本或者期刊的层面是不够的。为了进一步探究这一话题在公关从业者眼中的理解,以及了解最新最实际的问题所在,访谈公共关系从业人员、业界精英也是获取有利信息的方法之一。在选取访谈人员的方法上,本研究采取了名单式及滚雪球式。研究人员利用自己的个人人际关系,选取了自己所熟悉的并且可以联系上的,公共关系界的从业精英,向他们发出邀请,希望他们能够抽时间进行访谈。同时研究者也表明了此次研究的目的,希望被邀请的业界精英能够通过自己行业中的关系和人脉进一步介绍公关行业从业人员,从而帮助研究者扩大研究人群范围。通过名单式及滚雪球式的搜索,最后有 15 名专业人员参加了此次的访谈。此次访谈中有 9 名受访人员为女性,其余 6 名为男性,在这 15 名受访专业人士中其中 7 位具有硕士学位,剩下的为大学本科学历。所有的访谈均通过视频通话或者面谈形式进行,每一次的访谈时间长度为 60 分钟至 90 分钟,所有访谈内容在受访者知晓的情况下都被录音记录。访谈过程中主要想要了解以下几方面的内容:(1)中国社交媒体公关活动的现状是怎样的?(2)从业人员对于社交媒体在公关活动中所起到的作用是如何理解的?(3)现阶段如何测量社交媒体公关活动的效果?(4)这样的测量方式具有哪些弊端?(5)如何改进社交媒体公关活动的测量方式?(6)在未来社交媒体公关活动中有哪些发展方向?(7)对于中国目前的网络环境,特别是社交媒体环境来说,进行公关活动的利弊各有哪些? 在访谈开始的时候,访问者会向受访者介绍自己及此次研究的基本目的,同时会询问受访者是否可以对此次访谈进行录音。在访谈过程中,访问者根据以上的采访大纲向受访者提出疑问,并同时记录笔记。当受访者提出超出访谈大纲中的话题时,访问者根据现场情况进行及时的纠正和引导。在访问结束以后,访问者向受访者表示感谢,并且邀请受访者在对受访问题产生新想法和意见时，可以随时联系访问者。

在访谈结束以后，研究者对收集到的访谈数据进行了分析整理。数据分析的方法采用了迈尔斯(Miles)和哈勃门(Huberman)在 1994 年提出的访谈数据整理方法。每一次的访谈录音都被记录编写成文字文档，在通过对所有文字文档的阅读之后，本次研究整理出了在这些文档中重复出现的主题和关键字。这些关键主题和关键字被归纳成为独立的不同目录。然后研究者对所有的文字文档进行二次阅读，在这次阅读中，研究者利用目录进行研究，记录相应目录下各个不同受访者的观点、意见及建议。最后研究者整理了这两次阅读研究的笔记，得出相关方面的理论结论。

第四节　案例分析法

对于组织对外传播的分析，特别是网络危机公关，本研究采取了案例分析的方法。阿里巴巴是浙商企业最典型代表，同时，作为国内最大的电商平台，这一组织在网络上的各种行为和策略也是值得本研究关注的。因此本研究选取阿里巴巴的一个特殊的网络公关案例为代表，研究其应对策略，把这一案例列为典型，希望从这一案例分析中得出一些经验和总结。

本次案例研究选取的是 2013 年天猫在微博平台上遭遇的网络公关危机事件。在 2013 年双十一期间，天猫微博的官方账号发布了一条失实的官方信息，扩大了其在双十一期间的销售额。这一信息受到了广大网友的质疑，阿里巴巴当时的副主席陶然在第一时间内在网上给出了回应，但是这一回应并没有平息网民的质疑，反而起到了火上浇油的作用。而随后，官方微博借用阿里巴巴主席马云的说话口吻进行了相关的回应，最后平息了这一场风波。关于这一事件的具体过程在下一章的相应内容中将会进行详细描述。

针对这一网络公关危机，本研究采用内容分析法进行研究。此次的内容分析分为定性内容分析及定量内容分析。定性内容分析法用来帮助和理解具体的网络信息内容的意义、传播交流方式、信息所带有的情绪、信息的结构，以及比喻性隐喻性语言。定性内容分析的方法主要应用于分析来自天猫官方微博在这次危机事件中所发送的各类型的信息。同时，定性内容分析法也关注来自网民的回应，但是在网民回应中，定性内容分析法主要关注于网民情绪，捕捉在不同的天猫官方信息发送之后，网民中产生各种不同的情绪反应。

　　定量内容分析法主要用来分析网民在官方微博账号下留下的各类型评论。此次研究共收集了上千条网民的评论。这些评论的收集采取了随机抽取的方法,在天猫所发布的每一条信息的评论部分中,研究者根据回应时间段来区分,从最初回应时间段,中间回应时间段及晚期回应时间段中各抽取 60 条网民回应信息,然后把这些网民回应的文本信息整理成一个单独的文档,最后用于定量研究分析。

　　为了进行科学的定量内容分析,本研究制作了一张分析量表(表 3—4),研究人员根据量表中的内容对个条信息进行分析。首先,量表中需要测量回应的信息源,信息源 1 代表陶然,阿里巴巴集团副主席,信息源 2 代表马云,即以马云口吻所发送的各类型信息。其次,量表对于回应信息所对应的信息策略也进行了测量,策略 1 代表传统危机公关策略,策略 2 代表自嘲回应策略,策略 3 代表嘲讽发难者策略。最后量表测量回应信息中所带有的各种来自公众的反应:反应 1 代表对天猫的不满,反应 2 代表对回应信息的不满,反应 3 代表对此次危机事件的负面情绪,反应 4 代表对天猫数据的不信任。具体的量表表现形式如表 3-4 所示。

表 3-4　网民回应信息分析量表

1. 该回应针对哪一个信息源 　　(1)(陶然)＿＿＿＿＿＿　　　　　　(2)(马云)＿＿＿＿＿＿
2. 该回应针对的信息所采用的信息策略为 　　(1)(传统危机公关策略)＿＿＿＿＿＿ 　　(2)(自嘲回应策略)＿＿＿＿＿＿ 　　(3)(嘲讽发难者策略)＿＿＿＿＿＿
3. 该回应信息中所带有的反应有 　　(1) 对天猫的不满＿＿＿＿＿＿ 　　(2) 对回应信息的不满＿＿＿＿＿＿ 　　(3) 对此次危机事件的负面情绪＿＿＿＿＿＿ 　　(4) 对天猫数据的不信任＿＿＿＿＿＿

　　每一条回应信息都会经过以上的分析和测量,最后的数据结果被输入到数据分析软件中形成一个独立的数据库,被用以进行数据的分析。

　　这一章节主要简述了在进行组织对内传播研究和组织对外传播研究两个板块研究时所采用的不同研究方法。由于组织对内传播研究主要着重于新媒体的运用模式和组织社会化,身份认同感的具体话题研究,因此组织对内传播研究的方法以定量分析为主。通过问卷中的各类型量表,收集相关的数据,最后以数据为依托建立起一个比较严谨的理论模型。而在组织对外研究的板块中，由于问题涉及的面比较广，因此采用了各类型的不同的研究方法，包括文献分析、访谈法以及案例分析法。这一板块中所采用的研究方法以定性研究为主，意在深挖组织对外传播中的深层次的问题，通过定性研究为这一话题寻找具体而又详细的答案。本次研究以定性和定量分析相结合，力求全方位地理解关于中国组织传播和新媒体这一研究课题。在接下去的章节中将对以上研究的结果做出详细的阐释，以解开在前面章节中，对于组织传播与新媒体各方面的疑问。

第四章　新媒体与组织对外传播

在组织对外传播中,公共关系是至关重要的一个环节。虽然公关这一个名词概念被人们频繁使用,但是人们对于这一概念还是有一定程度上的误解。因此在研究新媒体与组织对外传播之前,需要首先厘清这一名词概念的深刻内涵。

公共关系指的是管理信息传播与发送的一种专业行为,而信息与信息之间的传播和发送是处于组织或者个人(特指公众人物)与大众之间。公共关系的实践包括组织和个人通过利用公众的兴趣关注点及一些其他的媒体渠道来获得曝光率,这些行为通常都不需要直接付费。这一行为的免费特性是公共关系与广告、营销的重要区分点之一。公共关系的主要目的是通过创造免费的曝光率来使客户获益。公关活动的目标是将客户所想要传达的信息发送到公众、潜在客户、投资者、合伙人、员工,以及其他与客户相关的利益共享者中,以期待达到说服他们的目的同时使这些公众能够保持对于客户的一定正面积极的看法。

公共关系的从业人员的工作内容是帮助组织与目标大众、媒体,以及其他意见领袖保持联系。他们的职责包括制定传播计划和宣传活动计划,撰写新闻稿件,与各类型媒体合作,安排媒体访谈,训练组织中的发言人,撰写演讲稿,组织安排新闻发布会,管理组织的网站,社交媒体内容,以及处理组织及产品所遭遇的公共危机等。公共关系专家是代表组织形象的个体,通常代表组织在相关事件上发表言论和看法。公关活动往往影响着普通大众对该组织的看法和观点。公关活动的具体工作方向可以分为以下几大类:

(1)财经公关。专门负责向公众发布关于组织的财经方面的消息,包括年度财政报表、盈利状况、财政计划及商业发展计划。此类型的公关人员主要为财经组织服务,例如上市公司、商业银行、投资银行、证券公司等。

(2)消费者公关。这一类型的公关人员主要为某一类型的产品或者服务进行各种相关的公关活动,负责向消费者植入特定的生活习惯或者思想以促成消费者对该特定产品或者服务的好感。

（3）危机公关。专门负责处理危及个人及组织团体声誉的危机事件。这一类型的公关行为主要负责保护及维护相应受损组织和个人的名望，以及处理相关的各类后续事件。

（4）内部公关。主要指的是负责在组织团体内部进行各种活动行为，包括组织内部信息的制造和传递，管理层面的一些革新活动，以及促进组织内部的交流气氛等。

（5）政府公关。主要指的是联合各级别各类型的政府工作部门，以促成相应的一些法律法规的生成或者改变，而这些法律法规有助于行业或者组织团体的发展。

（6）媒体公关。这一类型的公关活动包括建立和维持与媒体之间的关系，因此在需要的时候可以利用各类型的媒体渠道和平台为组织团体或者个人进行造势。

（7）名人公关。这一类型的公关活动的服务对象是各类型的名人，包括演艺界人士、体育明星、政治领袖及商业成功人士，而日前随着网络文化的兴起，各类新兴的网络名人也逐渐成为这一类公关活动的服务对象。这一类型的活动主要利用各类媒体平台为名人提高声望，以及报道其各类型的相关活动。

（8）食物公关。这一类型的公关活动主要服务于我们日常生活中最常见的各类饮食，包括米、面、油、各类酒精饮料、软饮料等。这一类型的公关活动的内容往往包括通过倡导某种生活方式，来提高特定产品的名望及销售量。这类公关活动往往与政府公关和媒体公关相结合。

在新媒体时代，公共关系的活动范围也逐渐由大众媒体转向了网络世界。如浙商资源网就是浙商群体的全新媒体平台，旨在"凝聚浙商资源，传递浙商力量"，介绍浙商人物、浙商企业，展现浙商投资创业的最新动态，是浙商第一资源聚合门户网站。而很多浙商企业通过此平台宣传企业的发展动态和方向、企业文化等。网络平台上可供使用的资源丰富多样，包括互联网页、搜索引擎、社交媒体、网页弹出广告等。在这些新媒体形式中，社交媒体无疑在近十年来占尽风光。但是在审视新媒体对于公关活动这特殊的组织对外传播行为之前，我们需要详细地了解"公共关系"这一行业在中国语境下的定义。然后，来审视社交媒体对公共关系这一组织对外传播模式所造成的影响。

第一节　我国公关行业的基本情况

中国公关行业的发展和兴盛被外国学者誉为"独一无二的经历"（Ovaitt，2011）。学者认为中国本土化的公关行业的发展和迅速增长的公关从业人员的数量都使得中国成为一块独特的现代公关行业发展的肥沃土壤。并且在这块土壤上，公关从业者也积极渴望得到来自各学科专家的意见和建议，以促使自己的公关活动行为能够更进一步地发展。

综观目前所存在的关于中国公关的各类型文献，鲜有大型的数据统计类型的研究来从宏观上概括公关行业的现存态势。而在中国，是否存在着"公共关系"这一专门职业也是困扰各个学者和从业者的根本问题。因此关于公关活动与社交媒体研究的首要步骤，是厘清中国公共关系在团体组织的各类型活动中到底占有怎样的地位，起到了什么作用，以及人们是如何定义公关关系这一行业标准的。为了回答这两个问题，本节将着重探讨三个问题：第一，在中国公关行业的行业标准是什么？第二，在中国，人们是如何看待公关从业者所扮演的角色的？第三，公关从业者的性别及从业范围是否影响其公关活动的方法范围及标准。

一、我国公关活动的行业标准

第一，接受调查的公关从业人员表示，公关活动的主要角色和作用是在整个组织范围内制定策略性计划。中国公关从业者表明，他们的角色最大程度上是扮演位于组织团体与目标公众之间的"联络员"。作为个体的从业人员，他们需要不断地接受关于各个领域新科技技术方面的培训。作为一个公关团队，它们需要进行各种各样的研究、调查、评估，以使得这个团队所做出的策略方案能够切实地满足组织团体长期的发展目标。

第二，中国的公关从业者对各类型的培训抱有很高的热情。在中国公关行业，文科类型的学位是被十分看重的，强大的写作能力是公关从业者必须具有的能力之一。同时，一定程度上的商业管理、商业运营能力也能够有效地帮助从业者。这样的背景利于他们更好地理解公关活动是作为传播管理的一个形式而存在的。在中国企业的发展中，"社会责任感"逐渐成为一个发展新方向，企业开始注重自己在社会上应有的责任，自己在所处的社区中所应担当的角色。因此对于公关从业者来说，他们也需要有相应的"社区联系"能力，能够在一定程度上把自己所服务的企业团体与当地的社区居民联系起来。同时在专业工作时间以外进行一定程度上的社区服务，慈善活动也是当代中国公关从业者的附加工作之一。

第三，相对于别的国家而言，中国的公关行业几乎不存在性别方面的不公。相对于韩国及美国而言，中国的公关行业从业者基本上没有在性别上的限制。一个人的性别与其在公关行业的地位、升职及进行各类活动的可能性并没有重要的直接联系。而在韩国及美国，女性则多数被认为缺乏灵活性、变通性，难以为多个不同组织或者团体进行服务。

第四，在中国进行专业的公关活动面临着两方面的压力。一方面的压力来自上层的管理阶层。这一阶层往往视公关活动为一个机械性的重复性的内容制造活动。认为公关从业人员是一个技术工种而非管理性和策略性的工种。这样的误解导致了公关从业者在进行长期策略性的活动时，由于短期效果不显著而受到来自管理层的压力，从而被迫中断或者改变原有的方案计划。另一方面的压力来自公关部门本身。由于公关活动涉及企业的方方面面，因此一个公关部门所要处理的琐碎事务是极其繁杂的。由于这些琐事缠身，公关部门很多时候会处于没有多余的精力来发展长期的战略性的公关计划，由此使得公关活动变得琐碎而收效甚微。

第五，中国专业的公关从业人员没有相应的资格认证和组织范围内的支持。在许多西方国家，公关从业人员都需要通过一定程度上的资格认证，这些认证范围包括职业资格考试，同行推荐，加入专门的公关协会成为会员等。而在中国，公关行业缺乏相应的资格认证，而这一专业资格认证的缺乏也就导致了在许多情况下，公关人员的专业性受到质疑，从而使得其在组织中能够发挥的作用和所能调动的资源十分有限。在那些具有公关行业资格认证系统的国家里，拥有资格认证的从业者和没有资格认证的从业人员之间存在着巨大的差异。这些差异包括薪酬、从业单位、教育程度、年龄以及专业程度等。因此在中国建立起一个专业的公关人员资格认证系统能够帮助公关人员提高自己在组织团体中的地位，也能够使这一职业更加专业化。

第六，中国公关人员参与组织层面的策略性决定的机会较少。这一现象和上述第四点中提到的压力有关。公关人员缺席组织层面的策略性会议或者决定使得公关人员的专业性受到质疑。这一质疑不利于公关活动长期而策略性地发展，也很难使公关活动人员能够从长期的角度来为他们所服务的组织制定策略性的长期公关活动计划。

二、我国公关从业人员的多面化管理角色

通过对公关行业从业者的调查,我们总结出在中国公关行业从业者扮演着以下四方面的角色,因此我们称公关行业从业者是多面化的角色。

第一,成为一个合格的公关行业从业者,需要具有制作声频视频内容的职位能力,同时也需要对平面媒体、传统媒体内容的制作流程熟悉。需要具有相当水平的语言能力,如果可能的话也需要具有一定程度的英语或者是第二语言的能力。对于专业人士来说,策划和执行活动的能力是必备的,同时需要能够在娱乐产业建立起一定的人脉关系。最后公关从业者需要有超凡的社区联系能力,能够帮助组织团体迅速建立起他们与所在的社区的人性化的关系,要能够积极洞悉社区及社会大环境的需要,同时能够迅速策划相应的有创造性的活动来满足这些需求。

第二,公关从业人员扮演着公众信息专员的角色。在对内的公关活动中,他们应该时刻保持着和团体组织内部成员之间的交流,洞悉他们的需要。专家指出(Men,2011),尤其在中国,团体组织内领导者和下属之间的关系是极其重要的,而这一关系的质量需要得到提高。团体组织应该使员工或者组织成员感受到被重视、被尊重,同时使他们具有归属感及自主权。在对外方面,基于客户要求和客户关系维护的需求,公关行业的从业者需要有能力应对各类型的公众互动的传播交流平台,包括新媒体平台及传统媒体平台。在这些平台上公关人员既需要代表组织发言,帮助组织团体建立正面的形象,同时也需要满足大众想要从组织团体中获得他们所想要获得信息的欲望。

第三,公关从业者扮演着媒体关系顾问的角色。与这一角色紧紧相连的活动范围包括,危机公关、媒体关系、研究性质的危机及具有争议的信息发送和关于道德方面的来自媒体的询问。在掌握与传统的大众媒体及口口相传的基本媒体交流的基础上,现代的从业者应该着重掌握新媒体在公关活动中的使用原则,同时也应该了解在国际范围内,新媒体对整个公关行业的影响和作用。同时,组织团体要为服务于本组织的公关从业者提供关于应对媒体询问的一些回答技巧,以及帮助团体组织人员熟悉和了解如何组织各类型的新闻发布会。

最后,公关从业者扮演着危机管理者的角色。这一角色的责任涉及策略性地对于危机事件的管理,同时也包括对于团体组织的名誉上的恢复和管理。这一角色体现了公关人员在一个团体组织当中起到的关于传播枢

纽中心的作用(Lietal.,2010)。这一角色并不简单地意味着在组织和公众之间扮演协调者的角色,这一角色更多的是指在策略上,长远的发展上为组织团体提供交流沟通和信息传播上的意见和指导。在危机管理活动中,公关活动人员不仅仅是强迫大众接受其所服务的组织的观点,更是要起到教育引导的作用。

下列表格(表 4-1,表 4-2)将以上的结论总结成小点,便于读者参考。

表 4-1　中国公关行业标准

1.在组织策略性计划中的角色和作用

- 公关从业人员扮演着公众和组织之间协调者的角色
- 从业者个人应该积极接受各类培训学习新的科学技能(新媒体技能)
- 一个成功有效的公关部门应该设计可测量的工作目标
- 日常公关活动应该时刻以达到部门的可测量目标为目的
- 一个公司或者组织的公关部门人员应该具有不需要预约时间就可以要求与公司CEO或者是主席见面的权利
- 公关从业者所进行的各类活动应该对于他/她所服务的公司具有帮助性效果
- 一个行之有效的公关部门应该是一个全面质量控制系统,来保证每一次的公关活动质量
- 公关行业从业人员应该具有行业道德准则,这些道德准则应该与社会责任相挂钩

2.专业的培训与准备

- 公关从业人员应该具有文科类型相关的学位
- 写作能力是从事公关工作的最重要的能力
- 大多数公关从业人员应该具有一定的管理组织能力及相关的培训经历
- 在做公关活动的决定时,很多时候依靠从业者的直觉,而正确的直觉是从经验中培养出来的
- 公关行业不仅仅是一个专业的工作职位,这一职位同时也为所在的社区服务

3.性别及种族平等

- 在中国,公关行业并不存在种族问题或者是种族不公平待遇,无论来自哪一个民族,基本上所有人的工资薪酬收入都是平等的
- 男性与女性在这一行业中所获得的薪酬待遇也是平等的

4.行业限制

- 管理层大多视公关行业为一个技术工种而非管理职能的工种
- 通常中国的公关部门忙于琐碎的公关微小活动,以致没有时间发展长期的策略性计划

5.职业资格和组织支持

- 公关行业在中国应该建立起认证体系和职业资格体系

续　表

6.参与组织层面的策略性决定
·公关部门在大多数组织和团体内应该属于决策层的一部分

表 4-2　公关从业人员的角色

1.品牌推广角色
·声频视频制作
·翻译
·出版(年度报告,实事通讯等)
·组织活动
·娱乐
·社区关系
·社交活动
2.公众信息专家
·员工成员沟通
·客户服务
·客户关系
·处理公众问询
3.媒体关系顾问
·危机公关
·开展调查和评估
·媒体培训
·组织新闻发布会
·处理媒体询问
4.危机冲突管理专家
·扮演组织与公众之间的协调者
·说服大众接受组织角度的观点
·管理危机和竞争

　　在了解了公关行业在中国现代的发展态势和生存现状后,我们把目光聚焦到社交媒体。在接下去的几个小节中,我们将通过文献整理来阐述社交媒体在中国公关行业中所扮演的角色、起到的影响作用以及公关行业在利用社交媒体进行活动时应注意的事项。

第二节　关于使用社交媒体的争论

在众多数字技术当中，独有社交媒体在公关领域获得了极大的欢迎，不仅仅是因为社交媒体可以帮助发送信息，更是因为社交媒体能够帮助人们和团体组织与大众培养和维系关系。运用社交媒体进行公关活动逐渐被认为是现代公关活动的主要职责之一。通常专业的公关活动人员会同时帮助团体组织同时管理其几个不通的社交媒体平台，例如微博、微信、脸书、推特等。

近十年来，关于社交媒体与公关活动的科学研究逐渐成为学科的研究热点。而这些研究结合起来，得出的最普遍的结论就是"使用社交媒体是好的"，因为社交媒体能够帮助组织团体达到以下几个有利的目标：避开信息守门人直接与目标大众或者是利益相关受众进行直接的信息交流，与目标公众进行对话从而建立起一种长期的关系，为组织团体增加曝光度赢得好感度以及影响消费者对于品牌的好感度。

社交媒体受欢迎的另外一大优势在于它能够促进实时的、双向的信息交流，而这一种交流模式被认为是十分有利于帮助组织团体与大众建立起长期稳定关系的前提。需要注意的是，在网络世界中，双向信息交流的前提是大众和组织之间的相互认可，单一的信息发送或者是信息展示并不能促进对话。大众必须对组织团体所发送的信息进行评价、讨论，转发才能形成真正意义上的双向交流。如果仅仅是单纯地在社交媒体上不断地发送信息，并不能够足以证明社交媒体能够帮助人们建立起有效的对话，从而促进关系的形成。当一个组织团体本着要与公众建立对话及联系的目的，在社交媒体发布信息的时候也并不意味着这一行为能够有效制造对话，发展和形成关系。毕竟对话及关系的形成和发展是取决于双方的。一方的意愿和目的仅仅是对话和关系发展的第一步。而在公关活动中，更重要的是目标大众的意愿和行为。那么真正把社交媒体与其他类型的数字媒体区分开来的是社交媒体上无处不在的个体之间对话的关系形成的现象。人与人之间的合作和交流在社交媒体上是非常常见的现象，这一现象的唯一前提条件就是人们互相认可和接纳对方。在社交媒体的世界当中，通过信息的交换，人与人能够互相认识和接触。在社交媒体的世界中对话的唯一要求就是社交媒体用户双方的互动及双向的信息交换。

近五年中，社交媒体用户的数量由于组织团体的加入而猛增，这些组织团体的加入是出于想要向公众输出信息的需求。但是这些组织团体忽略了双向交流的重要性，大部分的组织团体仅仅利用社交媒体发送信息而非促成对话和关系。多项研究成果表明，在目前阶段，大多数的公关活动仅仅只是利用社交媒体作为信息发送的另外一个附加渠道，而忽略了这一媒体独有的对话性和互动性。学术界对于社交媒体能够带给企业组织何种具体的益处的研究还是十分稀少的。并且在理论与实践之间存在着巨大的鸿沟：专家学者提出的该如何使用社交媒体为公关活动服务的建议与公关从业者之间的理念相差甚大。

　　学术研究提供了非常有限的关于社交媒体对于公关活动的正面影响。大多数研究往往是从组织团体的角度出发，描写它们该如何使用社交媒体来做公关活动，但是恰恰缺少了从公众角度出发的研究，从而缺少了社交媒体能够为公关活动带来真正的利益或者社交媒体在公关活动中所带来的挑战。

　　另一方面，有一些学者发出了反对的声音，他们开始质疑是否所有的组织团体都应该在社交媒体上占有一席之地，或者说在社交媒体上的各类行为，是否真的能够帮助这些组织团体达到与大众建立关系、促进交流的目的？我们需要更进一步考虑组织团体在利用社交媒体发送信息、建立关系的时候，这一行为是否会被大众认为是侵略性的行为，这些行为是否影响了大众对于社交媒体这一平台的认知，从而引起大众的厌恶感。毕竟人们使用社交媒体的目的是发展人际间的沟通和交流，并不是寻求与特定组织、产品或者服务之间的交流。公关从业人员和学者似乎对社交媒体的使用过于乐观，而忽视了社交媒体真正使用者的感受。因此如果要切实地了解社交媒体与公关活动之间的关系，我们必须清晰地审视社交媒体对人际交往的影响，对组织团体和公众之间交流的影响，以及组织团体对社交媒体的使用现状。

第三节　社交媒体与人际交往

　　近十年以来，信息技术的发展，特别是社交媒体技术的发展为社会的进步带来了巨大变化。社交媒体本身故有的对话型及互动性使得人们之间的交流和沟通的成本大大降低，从而促进了世界各地人们之间的交流和联系。社交媒体被认为是一种快速的、低成本的、能够帮助组织团体或者是个人接触到他们的目标公众的渠道。在公共关系领域中，社交媒体能够实时地进行信息传递，分享用户生成信息。这一媒体平台广受欢迎的另外一个原因则是它能够帮助组织团体直接接触到目标公众，同时跳过包括记者在内的各类型的信息看门人。社交媒体作为公关活动渠道的优点无须赘述，在本书的第一章节中就对这一媒体新形式进行了详细的说明。在这一章节中我们采用批判的观点来进一步详细剖析针对公关活动，特别是我国的公关活动，社交媒体所扮演的角色和所产生的一些影响。

一、社交媒体对人际交往模式的影响

总体来说，在我国，大家对于社交媒体的存在都是持正面积极的态度，认为社交媒体为社会带来了形形色色的各类益处。从人际传播和关系来看，电子媒体毫无疑问地为人类之间的交往和关系的建立做出了极大的贡献，但同时它们也改变了社会传统的人际交往的模式。传统的社交场合，例如咖啡馆、火车站、各类广场公园等渐渐地失去了它们原有的社交功能和社交属性，因为人们即使出现在这些地点中，他们也通常会使用各类通信设备连接上网，参与到网络上的社交世界。例如在饭店中，人们往往在吃饭之前拍照上传朋友圈，而在进餐的同时，频频与朋友圈中的朋友们互动。在社交媒体的时代，独自一人恰恰是不孤独的体现，因为往往当人们独处时，他们才能够更加专注地在屏幕上与网络另一端的人们交流。这一独特的现象完美地体现出了社交媒体的矛盾点：这一类媒体在帮助人们扩展自己的社会交际网络的同时，也限制了直接面对面的人类交往活动。这一媒体形式把个人从社会中的实际团体中剥离开来的同时，利用虚拟的网络来帮助人们互相联系，这一现象被称为"联系中的个人主义"。在这种现象下，人们既具有个人主义的特征同时又是通过潜在的互联网络与其他个体相互联系。

二、社交媒体对建立自我形象的影响

人们使用社交媒体来达到各种各样不同的目的，尽管最原始的目的始终是通过社交媒体来寻求与他人的联系，或者与他人建立关系。通过社交媒体，人们只需要轻轻点击相应模块，就可以看到自己的朋友阅读的内容、观看的内容，甚至是购买过的货品。社交媒体促进了全球化的市场经济，同时鼓励自我表现、自我展示，但是这些社交媒体同时也促进了"虚荣行为"的产生。社交媒体为人们提供了一个展示自我的空间，在这一个空间中人们可以极尽所能地创造出一个理想的自己,而这一理想中的自己往往是和人们现实中的自己具有一定差距的。为了能够创造出理想中的自我形象,人们往往会夸大一些事实,炫耀一些财物。通过虚荣行为创造出的自我形象能够帮助人们融入他们理想当中的交际圈,虽然这些交际圈也都只是在网络虚拟中存在。互联网络和社交媒体能够帮助人们满足最基本的需求:被接纳的需求和归属感需求。自拍行为在近年来成为社交媒体中最受欢迎的互动模式,但是自拍模式同时也会促进"自恋"思维的形成。而自恋行为的最终后果可以导致人们对于外表的极端重视和依赖,而更有甚者会导致一定精神上的疾病。人们在寻求自我表达和自我归属感的时候,开始过度依赖于社交媒体,他们极尽所能地与社交媒体上面的各类朋友保持联系,同时也近乎强迫地记录生活中的每一个瞬间,似乎每一个生活瞬间都值得被放到社交媒体平台上去放大曝光。

三、大众对社交媒体的依赖

当我们日益依赖于数字技术和社交媒体的时候,我们对于他人的期盼越来越少。社交媒体和网络技术在很大程度上改变了我们与他人建立关系的模式,改变了我们对于亲密度的感受,以及整个的社交交往经验。即使在找寻最亲密伴侣的时候,人们也开始倾向于通过社交网络。大部分的年轻人通过各类型的相亲网站、手机软件等来寻找自己的伴侣、爱人。来自皮由中心(Pew Center)的一项调查表明,25%的已婚夫妻即使在双方同时在家的情况下也会通过短信或者网上聊天系统来和对方联系。21%的手机或者网络使用者表明,通过网络的交流他们能够感到与自己的伴侣更加亲密,他们之间的关系更加牢固。而9%的成年人表示他们通过手机信息或者各类社交网络技术在网络中解决他们双方之间存在的问题,并且表示在面对面的交流中,他们对解决双方之间的问题感到无从下手。这一系列的数据证明,社交媒体已经不仅仅是一个单纯的聊天工具了,这一媒体形式对于我们的日常社会交往和社交活动具有极大的影响。它影响了人们之间的关系发展,对于人们之间的交流和联系的方式产生了巨大的影响。

社交媒体的不当使用会造成使用者的社会疏离感增加,丧失社会性,以及对他人产生不信任感。那么这些社交媒体是如何影响组织团体与个人的互动呢?接下来的章节将把社交媒体对于人类社会关系形成及互动模式的影响带到组织团体与大众互动的层面来进行讨论。

第四节　社交媒体与组织的公关活动

在现代社会中人们利用社交媒体寻求娱乐、信息、社交信息、个人归属感及社会地位。在社交媒体世界中，内容占有至关重要的地位，它决定着人们是否愿意加入某一特定的社交网络中。在过去五年中，由于社会中人们对于社交网络的日益依赖，人们对于网络内容的渴求逐渐增长，社交网络上的内容制作逐渐趋于专业化。

一、组织社交媒体的内容制作模式

在考察了现存的组织团体所拥有的社交媒体的账户后，本研究发现，在社交媒体内容的制作上呈现出了三种主要潮流模式。而遗憾的是，这三种内容模式或多或少地都具有一定的自我夸大趋势。

第一种社交媒体内容模式针对现存的或者是潜在的组织公众发布特别制作的信息。这一类信息的表现形式为向定点用户发送电子邮件，或者在社交网站内容邮箱发表内容。第二种内容模式广泛地向大众散发娱乐性信息或者是一些相关的网络经历。这一类型的内容表现形式多为在官网账号上发布一些迎合当前热点话题的内容，包括文字、图片、视频等。第三种内容模式为搜集大众对于某组织或其产品或者服务内容的相关观点进行发布。这一类型的内容可以理解成官方社交媒体转发意见领袖的言论，或者转发普通网民的言论。

二、组织利用社交媒体的方法

数字信息技术或者是应用软件能够利用大数据的优势，通过用户每天的活动行为或者其自身社交网站上的内容来对用户进行分析，从而保证这些用户得到的信息都是量身定做的。同时，高质量的信息能够增加口口相传的可能性，以及在社交网络中的转发量。而口口相传这一现象已经被前人证明为是提高品牌知名度和曝光率的最有效方法之一（Furguson，2008）。

公关从业人员在近年来积极利用社交媒体来帮助组织团体传达信息，扩大口口相传的交流范围，用来吸引品牌的追随者们与社交网络上的其他人分享和转发信息。但是由于简单的信息传递或者是内容分享并不能够充分保证大众的参与与讨论，公关从业者在发布信息的同时也开始考虑在网络世界中利用感情诉求来吸引大众注意力。他们开始利用视频网站或者是视频的传播形式制作一些精良的视频信息来帮助公众创造非凡的网络体验，通过一系列新型信息的形式为广大公众创造与品牌相关的话题点，同时更大程度上把公共留在话题圈。同时公关活动也积极利用社交媒体进行公众意见统计及消费者调查，以帮助品牌和组织更好地了解自己的目标公众。在上一节我们提到社交媒体在某种程度上促进了个体的"虚荣行为"以导致用户过度地分享关于自身的信息，而公关活动恰恰能够运用这些行为来获取和公众相关的各种信息，例如公众的个人喜好、朋友圈、日常生活行为、兴趣爱好等。在这些信息当中，和公关活动最密切相关的信息种类包括人们的关注热点，崇拜的偶像明星，以及特定群体的兴趣爱好。密切关注公众的社交网络行为能够帮助组织团体窥探各类利益相关团体的关注点、需求点和喜好。最为重要的是，人们的社交网络行为能够揭示在当今社会中具有极大影响力的个人、团体和事件。这些个人、团体和事件能够为公关活动所利用，他们能够为组织团体提供潜在的曝光度，为产品或者服务进行背书，以及在团体组织遭遇危机时可以联合利用这些影响力团体为品牌和团体发声寻求保护。

三、组织对新媒体利用不当的影响

虽然社交媒体在理论上对于公关活动的影响是巨大的，并且这些影响多为积极正面的，但是并没有直接的数据或证据能够说明前文所提到的利用社交媒体来进行公关活动的三大策略能够在实际上为组织团体招揽更多的公众，建立更加紧密的关系及提升公众对于品牌的忠诚度和辨识度。纵览目前国内外所存在的关于新媒体与公关的文献，我们始终不能找到确切的关于新媒体能够切实帮助组织团体实现其目标的答案。因为大多数研究的范围仅仅停留在新媒体的表面现象，多为统计公众的点赞次数或者转发次数，这一类型的定量研究没有能够深入地探讨新媒体公关具体对于公众的思想或者行为具有何种影响。虽然使用新媒体来进行公关活动是否能够切实地给组织团体带来积极影响仍待讨论，但是现实生活中的一些具体实例却能够证明不当使用新媒体能够给组织团体带来公共危机。

我们首先来看国际大型企业在使用新媒体时的不当案例。沃尔玛、索尼以及欧莱雅集团都被发现使用各类型的"马甲"写手，在各大网站及社交媒体上发布不真实的或者是虚假和夸大的新闻，以此来引诱和迷惑消费者，来提高自己公司的形象。同时，各类型的组织团体打着吸引大众目光和注意力的旗号，经常会在社交网络上发布一些引起负面效果而非正面效果的内容，这些内容往往是不恰当或者是冒犯性的。2014年的丹麦国会发布的视频内容及丹麦航空公司的推特内容就是一个非常典型的例子。2014年丹麦国会在 Youtube 网站上发布了一个视频内容以期望吸引年轻人参与到政治投票活动当中。虽然这一视频在广大公众当中引发了极大的关注和广泛的讨论，但是这一视频内容被很快地移除了，因为其内容被认为是充满极度性别歧视和暴力的。而丹麦航空公司在推特上发布的内容也同样被认为是不恰当的。在世界杯期间，墨西哥在对丹麦的比赛中败北，而丹麦航空公司则利用这一契机，模仿墨西哥队员在比赛失败后的口吻以来吸引公众对于其社交媒体公众号的关注。这一行为虽然引起了大众的注意力，但是被公众批评是一次"低品位"的宣传，同时也对公司的形象产生了极大的影响。

而关于社交媒体公关的另外一个负面因素来源于公众对于社交媒体平台的不信任感。在国际上，斯诺登爆料美国政府利用各类型的信息技术在网络上监视国民的及盟国公民的各类型的活动；脸书利用其自身优势，向相关组织团体售卖用户的个人信息；脸书利用平台之便操纵大众的态度，以进行一些信息研究活动。而在我国，新浪微博和微信平台频频利用平台进行广告宣传，而有很大一部分的广告并不是用户想要看到的；网络上网红丛生，导致畸形审美观；社交媒体诈骗案件层出不穷。这一类型的丑闻已经严重影响了公众对于新媒体平台的信任度，因此人们对于新媒体上面的信息还是具有一定程度的怀疑。据调查表明，86％的网民都会试图在一定程度上掩盖其真实的身份，55％的网民会在一定程度上刻意回避或者避免接受一些相关人士、团体组织及政府的相关信息。

四、组织利用社交媒体进行公关活动的反思

毫无疑问，社交媒体在当今社会对于人们的日常社交活动起到了重大的影响。人们在日常生活中对社交媒体的依赖日益增加，对于社交媒体的内容需求也日益增长，这样的需求形式催生了各类型的信息生产源头，包括各类组织团体，甚至是社交媒体平台自身。这种趋势把网络2.0世界转变成了一个大丛林，在这个丛林里面充斥着各种各样的信息内容，既有好的也有坏的，既有真实的也有虚假的，既有无私的也有利己的。公关从业

人员在为他们的公司或企业服务的时候,为这一个大丛林提供了大量的信息,这些信息有时候的确是公众所需要和喜闻乐见的,有时候又是并不需要的,同时也会引起一些负面的社会效果。公关从业者固然注意到了新媒体在他们的工作中强大的作用,但是他们需要进行反思的则是他们自己所创造的信息,到底是促进了网络社交媒体环境的发展还是对这一环境造成了污染。

综观目前存在的社交媒体公关活动,大部分的活动内容是以促销产品,夸大公司形象为主的单方面传播信息为主。这一类的信息降低了社交媒体的可信度,并且忽略了社交媒体的对话性和互动性,没有能够帮助组织团体与关键的公众建立起一种互相信任互相交流的关系。换句话说,目前所存在的社交媒体公关活动为社交媒体社区贡献了大量的信息,但是这些信息质量令人担忧,鲜有以公众角度出发的,造成积极正面影响的信息。同时,过多的信息,包括公关从业人员制造的信息造成了网络的信息冗余,引起公众的反感。针对这样一个已受到"污染"的社交网络环境,公关从业人员没有做出正确的反应,没有适时地调整其公关策略来面对这样一个已经畸形的环境。那么在社交媒体时代,公关从业人员究竟该如何制作和调整自己的策略呢?

第五节　利用社交媒体从事公关活动的几点思考

正如前面几个小节指出的,社交媒体及其他的信息技术为公关活动带来了无限的机遇,但是同时利用这些新技术进行公关活动也会带来一定程度上的风险。这些风险的形成与社会上人与人之间关系的形成过程,以及社交媒体在这一过程中起到的影响作用具有极大的关系。

一、社交媒体运用方面的研究盲点

随着社交媒体在人们日常生活中被使用的频率越来越高,人们对于在社交媒体上隐私问题的关注度也逐渐提高。同时人们对于社交媒体环境的不信任感也逐渐使人们意识到社交媒体对于人们的日常生活来说并不是永远提供便利的。目前并没有具体的研究和数据表明商业团体或者是其他各类型的组织使用社交媒体进行公关活动能够切实地为其带来效益(Kent,2013)。而目前所存在的对于社交媒体运用的研究的关注点常常在探讨社交媒体的对话性、网络的互动性及关系形成的过程。这一研究倾向并没有进一步发掘出社交媒体在公关活动领域的潜力和各种其他的可能性。这一研究的倾向仅仅向人们阐释了社交媒体的现状，向人们阐释了他们已知的内容。目前的研究仅仅向人们展示了公关从业人员是如何利用社交媒体作为一种信息交流的工具，利用其来实现直线的、信息转换的交流过程。但是目前公共关系与社交媒体的使用还存在着许多盲点，例如：目标公众及与组织利益相关者他们是如何看待组织团体利用新媒体进行公关活动这一现象的。

二、公关从业人员热衷于新媒体的原因

既然社交媒体与公关活动之间的关系还存在着这么多的盲点，那么为什么公关从业人员还如此热衷于利用该社交媒体进行宣传活动呢？正是因为我们前几个小节一直在谈论的关于社交媒体的过于正面的评价。这些过于乐观和正面的评价为公关行业使用新媒体提供了天然而强大的逻辑基础：使用社交媒体是好的。因此各类型的公关活动盲目地使用社交媒体进行各类活动，不是因为他们真正看到社交媒体的益处或者是确定了适合社交媒体的宣传策略；而是因为"社交媒体就是好的"，如果不使用社交媒体，就变成了不合潮流的举动。社交媒体之所以在表面上吸引从业者和专家学者的目光是因为它看似能够调节在公关活动中内容和关系之间的矛盾。在公关发展历史上，内容和关系是两个不同的学派。内容学派认为公关活动的主要目的是为大众和公关服务对象创造内容，包括口号、标语、故事等。而关系学派认为公关活动的主要目的是帮助被服务的组织与公众建立并且维护一种互惠互利的长远关系。社交媒体的出现在表面上解决了这两个派系之间的矛盾。创造内容是社交媒体存在的核心价值，如果失去了内容，社交媒体将不复存在。而内容被创造出来以后，内容的传播、分享和评论能够直接引发话题，引起人与人之间的互动，以及大众与各类组织之间的活动。

社交媒体是对话性质的媒体，它要求用户自主参与到对话和互动的过程中以保持用户自身的活跃性。社交媒体上的对话产生于信息及内容的分享，同时也产生于大众对于同一个话题的兴趣程度，或者它也可产生于人们对于某一种信息的需求度。在社交媒体上的信息以多种形式出现，包括视频、音频或者文字。公关从业者可以一直创造新的信息以供大众分享，从而进一步推动和保持与大众之间的互动。

　　内容分享是维持关系和保持对话的重要元素，而这些关系和对话的形成过程导致了网络对话的形成和发展。对话是组织团体与各方面利益相关者形成和保持关系的最重要组成部分之一。通过内容的制作和分享，对话能够帮助组织形成一些特定的网上的关系，尽管这些关系和普通传统意义上的公关行为所指的关系有所不同。

三、社交媒体应用于公关活动存在的潜在问题

　　在回顾了社交媒体为公关领域所带来的利弊之后，在这一节里将最后提出几点社交媒体可能为公关活动带来的潜在问题：

　　第一，普通大众，或者是相关公众对于社交媒体上组织团体发布的信息的怀疑性越来越高。人们逐渐开始关心和思考他们在社交媒体上转载或者是转发的信息内容，这种警惕性的提高直接影响了人们对于网上信息的信任度及信息处理能力。换句话说，人们对于识别组织所发送的有目的性的信息的能力会越来越高，从而导致人们对于公关信心开始具有免疫性。公众的免疫性越高，警惕性越高，那么对于公关行业从业人员的挑战就越大，他们就需要去寻求新的途径，新的方法来继续创造和发布公关信息以求与大众建立起联系。

　　第二，公关关系行为和目的之间的矛盾。前文已经提及目前的社交网络世界是一个已经被污染了的世界。在这里网民对于组织发送的信息的认同度并不高，并且随着网民免疫性的提高，团体组织在进行公关活动发布信息时，他们往往开始隐藏自己的真实身份。或者公关活动会开始制造一些爆炸性的信息以期引起一段时间内大众的注意，但是这一类型的信息往往是负面的，对团体组织形象可能带来负面影响。这两种目前的社交网络公关形式虽然都能够为组织团体增加曝光度，但是这两种做法的结果却都违背了公关活动的主旨：为团体组织或者个人创造积极正面的形象及维护其与大众之间的健康关系。那么怎样调和公关活动的核心目的和在受污染的网络世界中开展有效的公关活动之间的矛盾就是这一时代存在的第二个问题。

　　以上几个小节从理论的角度阐述了社交媒体在公关行业的影响和作用，接下去的章节中，我们通过具体案例的审视从实践的角度来理解社交媒体和公关行业的关系。

第六节　案例分析：天猫双十一期间微博的危机公关

"我是一个普通人，我看上去像外星人""我数学考试不及格。第一次高考，我数学得了 1 分，第二次我得了 19 分，第三次我得了 89 分。我从不放弃"。在浏览阿里巴巴主席马云的语录中，我们不难发现，自我嘲讽是他所经常运用的沟通方式之一。而这一传播方式也被沿用到了应对天猫2013 年虚假广告的危机中，并且起到了极大的作用。这一小节将主要集中于分析在 2013 年天猫虚假广告的危机中，阿里巴巴如何运用社交媒体来帮助其扭转负面形象，从而成功地应对危机。

一、天猫双十一危机及其应对经验

2013 年 11 月，淘宝网旗下的天猫商城被起诉利用虚假广告来扩大其销量，虚假宣传其产品。这一危机使得天猫的微博账号迅速成为大众的控诉和监视的中心。在天猫被起诉的一个小时之后，天猫的微博官方账号收到了 1500 多条负面的评论并且收到了 1 万多条的转发。这样的现状把阿里巴巴集团和天猫品牌迅速地推入了一个网上品牌危机的旋涡。网民嘲笑天猫利用虚假广告和捏造数据来夸大其商品的销售量，公众强烈要求政府部门对该公司的广告行为进行核实和审查。但是这一次的网络危机迅速地被天猫和阿里巴巴集团化解，并且成功地将这一次危机扭转成契机，并为公司成功地营造了一个正面的形象。通过这一次的事件，我们认为成功应对网络危机的一个重要策略是自我嘲讽，也就是现在所谓的"自黑行为"。这一次事件的过程展现了在社交媒体上幽默的力量和建立互动性关系的重要性。这一次事件我们可以学习到：第一，在危机事件中公司组织的主席或者 CEO 的独特人格魅力所能起到的重要作用；第二，自我嘲讽即"自黑行为"在网络危机公关中所起到的重要作用；第三，如何能够把一个网络危机事件转化成为契机，从而再一次为公司或者组织营造正面形象，挽回声誉。

二、微博在社交媒体圈中的地位及特点

在对事件进行详细梳理之前，我们先对微博在中国社交媒体圈中的地

位进行阐述。微博可以说是最受中国网民欢迎的社交媒体网站,其每日的活跃用户量达到 2 亿(Fan,2015)。各类型的组织团体视微博平台为一把双刃剑,因为微博为各类型的组织提供了强大的信息交流平台。这一平台能够帮助团体组织一夜成名,把他们的相关信息发散到中国每一个角落。这一平台也能够瞬间抹黑一个组织团体,把负面信息或者危机事件扩大百倍千倍。了解微博的运作规则、信息传播模式是当代中国公司企业寻求发展的必修课之一。微博平台能够在极大程度上帮助团体组织扩大他们的传播影响力及应对危机的能力。

微博的出现源于人们想要更多的没有限制性和过滤性信息的欲望。许多的草根团体和草根媒体组织利用微博来传播它们的理念,以及呼吁社会大众关注一些慈善性问题。微博是中国大众讨论社会问题,发起支持和反对具体政策看法和角度的一个集中地。在微博中,绝大部分的内容(60%)是关于当今实事的各种幽默嘲讽,仅有少数的微博内容(25%)是关于严肃的新闻内容和当代热点问题。因此在微博上的语言大多数是非正式的,语气多为嘲讽式;微博用户习惯于使用暗示性的传播方式包括比喻性的语言、表情符号、图片以及视频等。比喻性的语言和文字的隐藏意义往往用以帮助表达深层次的内容高度相关的想法。这一种语言交流模式是微博所创造的独有的网络交流模式。

事实上幽默作为一种独特的传播方式,最早出现于人们对广告、政治活动以及娱乐产业的研究。以上所述的研究证明幽默是一种行之有效的传播方式,特别是当人们对于某品牌或者组织团体或者个人已经具有好感的基础上,幽默能够更加进一步有效地促进人们的好感度。在进行驳论的时候,幽默也能够产生作用。如果当信息接受者处在一个较为轻松的大环境中,例如观看娱乐节目,或者在微博这一非正式的交流场合中,幽默性的信息能够较少地引起对方的反感度,从而增加信息的说服力。在关于危机公关和危机传播的研究中,幽默也被认为是一种行之有效的应对措施,特别是在非重大危机或者是危机发生的前段时间内。在危机发生的前期事件内,幽默性的信息能够帮助阻止破坏性的信息进一步传播。幽默信息的运用在网上的危机公关策略中的作用尤为凸显,因为网络环境往往被认为是有别于传统媒体的,较为放松和非正式的传播环境。总体来说,幽默性的信息能够降低人们对于危机严重程度的认知,能够降低人们提出反对意见的冲动,同时能够在一定程度上引起人们的正面联想。而天猫公关危机事件就正确地应用了幽默这一特定的传播形式,成功化解了一次网络危机。接下去的内容将首先呈现天猫危机的事件背景。

三、对天猫应对危机事件的思考

这一次的危机事件发生于 2013 年双十一期间。在这一活动期间，天猫的销售额度达到了 300 亿元人民币。在这一天，天猫的微博官方账号发布了一条信息，声称在一小时内天猫商城售出了 200 万条内裤。如果这些内裤头尾相连进行排列，将达到 300 千米的长度。正是这一条信息的发布使得大众开始对天猫微博账号上所发送的信息开始怀疑。最初，当地警察局部门的一个官方微博账号对这信息中关于内裤长度的描述提出了质疑。这一微博账号提出要达到天猫所描述的长度，其所出售的内裤长度必须长于 1 米。这一账号直接在自己所发布的内容中 @ 了马云。天猫方面最初对这一负面评论进行解释的两条信息来自阿里巴巴的副主席陶然。陶然的两条信息在时隔一小时后分别发出。但是这两条信息不但没有平息大众的疑问，反而起到了火上浇油的效果，使得大众开始进一步追问信息的准确性、数据的来源。随后，天猫的官方账户使用马云自嘲式的口吻和语气发布了 4 条信息后，人们的态度开始逐渐转变，天猫的微博账号使得这一次的危机转化成了契机。

在梳理完前期的信息背景后，我们希望通过研究这一具体的实例来回答以下几个问题：天猫在社交网络上使用了哪些危机公关的策略？对于不同的信息源头和信息内容，人们是否有感情上的不同认知？天猫微博账号所运用的危机公关策略是否扭转了人们对于该事件的看法。

1. 天猫使用的危机公关策略

天猫方面发出回应的首先是阿里巴巴集团的副主席陶然，他所发出的信息中包含了许多传统的危机公关策略。在他的第一条回应信息中使用了调整信息、寻找借口及更正行为这三种策略，同时在这条信息中他也试图想要与公众建立起联系，发展互动性的人际关系。他的第一条信息的内容为："我是你们的同乡也是阿里巴巴旗下的一名员工，我也对这一条信息高度关注，关于你所提及的问题，我自己也感到比较困惑。"接下去，他又试着想要解释这一信息的错误来源，他指出"信息错误可能来源于统计的失误，应该是我们卖了 200 多万包内裤，而不是 200 多万条内裤（1 包内裤中可包含几条内裤）。"然后在 20 分钟后，陶然又向提出疑问的警察局微博账号发出了另外一条信息，称天猫将免费派送内裤给警察局以表扬他们发现信息失实。

随着陶然的信息，天猫的微博官方账号开始发布回应信息，这一账号模仿马云的口吻使用幽默的信息模式发布了第一条信息："（无辜的表情符号）我太鸡冻了，请尽情地嘲笑我吧！＃数学老师对不起，请原谅我吧＃（哭泣的表情符号）。"这条信息使用了幽默和自黑的表达模式，而自黑的内容恰恰对应了马云经常自嘲自己的数学能力。接下来的第二条信息同样也使用了自嘲模式，在这条信息中官方微博写道："我差点被自己数学整死了，所以我昨天复习了小学数学课本，来，让我再算一下，双十一天猫的成交额为 300 亿元人民币，这 300 亿元人民币叠起来是珠穆朗玛峰的 4 倍高，可以填满 585 个足球场，我算的对么？坐等专家学者解答！"这两条信息都能够联系到马云以前在公开场合表明的自己数学成绩不好，这两条信息迅速在公众当中广泛传播开去，并且得到了很大程度上的好评。在接下去发布的第三条微博信息中，天猫开始和发难者进行沟通，这一条信息直接@了提出疑问的警察局官方账号，写道："亲爱的警察同志，这可是一件大案子（担心的表情符号）。"这一条信息直指危机的源头并且在赢得大部分公众好感的基础上开始削弱事件的严重性，暗示这仅仅是一个营销方案上的计算错误，并不值得警察局方面小题大做。

　　而天猫官方账户发布的最后一套信息的内容则是一则马云与社交媒体经理虚拟性的对话。这一段的对话内容如下：

　　　　马云：哎哟，你真是厉害！你的数学也太差了，你怎么把内裤的长度都能算成你身高的高度！

　　　　经理：老板……我听说你数学考试只拿了 1 分，是不是真的？

　　　　马云：哎，今天天气不好！

　　　　经理：老板！我还听说你是当年六个人中唯一一个警察资格考试不合格的人？

　　　　马云：你什么时候来阿里巴巴工作的呀，小伙子？

　　这一段对话中充满着自我嘲讽，它通过一段生动的对话指出了马云数学考试不合格，以及天猫社交媒体经理计算能力低，把内裤的长度计算错误。这一对话信息不但继续了前面三段信息自我嘲讽的写作模式，同时也展现了马云人性化的一面，以及他和下属之间的关系。这样的一段对话似乎成功地扭转了局面，使得大众的好感度和倾向度都倒向了马云这一边。

　　不像陶然所发布的严肃认真的口吻，天猫官方微博的回复抓住了微博的语言精髓：幽默、讽刺、暗示性/比喻性语言和表情符号。暗示性/比喻性的语言能够适当降级危机事件的严重性，例如，用"鸡冻"这一网络语言来代替正式的"激动"这两个字,把环境从一个严肃认真的话题转变成网络上司空见惯的场景。同时,大量运用表情符号,例如无辜的表情、哭脸,以及担心的表情符号表现出马云担心的心理状态,同时也暗示着请求原谅的心态。

2. 信息源头和内容对大众认知的影响分析

在警察局官方账号指出天猫所发布的数据信息有错误的时候,大多数公众并不认为这是一个严重事件。样本中只有15%的公众认为这是一个严重的错误,59%的样本数据表明人们认为这仅仅是一个营销策略的失误。然而,当陶然发布了两条相关的回应信息后,大众的态度似乎发生了飞速的转变。在陶然发布的信息下,人们发布了许多类似的评论:"阿里巴巴副总想要贿赂警察""你想要堵住警察的嘴巴么?"。随后当天猫官方账号发布了4条模仿马云说话口吻的信息后,人们的立场开始转向了天猫一边,人们给出以下类似的评论,"猫猫,不要在乎这些无聊的小事,谁关心啊。"在经过一系列的数据分析后,我们能够清晰地看到,在陶然发布了两条回应信息后到天猫发布了马云口吻的信息后,人们对于天猫公司的满意度从11%上升到了49.5%,而对天猫公司的指责度从24.7%降到了7.7%。

3. 天猫微博的危机公关策略得失分析

在这一次的天猫公共危机事件中,一共出现了6条回应信息,这6条回应信息分别使用了3种不同的公关策略:传统策略(陶然的两条信息),自嘲策略(天猫第一、二、四条信息),以及嘲讽发难者策略(天猫第三条信息)。总体来说,传统的应对策略并没有起到十分大的作用。公众普遍视这一类的信息为不真诚的道歉或者是为自己的错误找借口。在回应陶然的信息时,人们普遍的一些反应是:"可能的错误指的是什么,请不要模糊其词。"而自嘲的公关策略显然起到了扭转局面的作用,这一策略不但具有娱乐性,同时也降低了事件的敏感度和严肃性,为公司争取了有力的地位。当天猫开始嘲讽发难者,暗示其小题大做时,公众的观点开始转向天猫,一同质疑发难者的动机,并且也开始嘲弄发难者。而数据分析的结果也证明了以上的结论。通过对于不同时间段网民评论的内容分析,可以看出,传统的公关策略受到了很大程度上网民的责难,24.7%的样本对于传统公关策略的信息持责难态度,而对于自我嘲讽和嘲讽发难者,只有9.6%和2%的网民持责难的态度。在满意度方面,自我嘲讽信息收到了最高的满意度(54.2%),而传统公关策略只收到了11%的满意度。在公众态度方面,自

力反而会下降。这一原则的理论来源是我们所说的信息冗余。信息冗余这一概念最初由米勒提出（Miller,1996）。这一概念的具体意义在于人们接受信息的总量是呈曲线状态的。最初人们接收的信息越多,他们能够记住和理解的信息也越多,但是当接受的信息量达到一个临界点的时候,人们即使接收的信息量再多,他们也没有办法记住和理解这些信息。而随着信息和电脑技术的发展,人们的日常生活被越来越多的信息所包围,但是在这些信息中,真正能够达到人们个人框架的信息量是有限的。换句话说,社交媒体上发布的信息并不是"多即是好"。

原则2：如果公司社交媒体账号能够适当地关注公众自身的社交媒体账号,那么它们便能够在更大程度上与公众保持良好关系。这一原则的理论来源是信息的双向交流理论。在社交媒体环境中,营利组织的账号不仅仅是信息发布的源头,同时它也是信息接收的终端。在社交媒体环境中,每一个账号都是平等的,拥有发布信息和接收信息的责任和义务。微博允许用户互相关注,而这一互相关注的行为则是促成双向交流的前提。来自一个对于全球11个知名品牌的网上信息调查指出,这些品牌对于公众的互动性越大,那么公众对于这些品牌的喜爱度就会越高（Cauberghe,2014）。

原则3：官方微博活跃度越高的公司企业会得到越高程度的公众参与度和关注。

我们这里可以援引浙江卫视的《中国好声音》为例。《中国好声音》从2012年7月13日第一期开播,就迅速蹿上新浪微博热门话题榜,直至9月30日第一季播放结束,"好声音"相关讨论依旧占据各大门户网站首页。据新浪微博官网统计,截至10月1日,新浪微博关于"中国好声音"的微博条数超过了4000万条。短短三个月时间,中国好声音新浪官方微博及中国好声音微吧的粉丝量已超过千万,每条微博的互动量少则几千条、多则几万条;同时通过与微博网站的链接,各大视频网站《中国好声音》相关视频的累计点击量也达到了10亿次。从中可见公众的参与热情和对节目的高度关注。

原则4：官方微博每日更新内容的差异度越小,公众的持续关注度就会越高。这两个原则的理论根据来源于一系列关于公众关注度和社交网络内容更新的研究和理论。社交媒体的出现是为了满足大众对于即时消息的要求。因此对于社交网络账户来说,一个重要的特征就是这个账户所发送的信息的即时性。因此关于社交网络信息更新的研究证明,网络上的公众更加容易受到该社交媒体账户最末一页信息的影响,因为越早发布的信息越难以查看。这一现象被称为最新现象，即在社交网络世界中，最新近的信息的影响力要远远超过那些陈旧的信息。在利用社交媒体进行公关活动时，如果公司企业的账号能够保持时刻的更新状态，它们就能够保证时刻处于网络世界的前端，从而吸引更多的受众。

第八节　我国目前使用社交媒体进行公关活动的挑战

在本章节的最后，我们来具体讨论一下目前我国存在的关于使用社交媒体进行公关活动的挑战。

一、社交媒体作用的测量方法

最显著的一个目前困扰公关人员的课题是：如何测量社交媒体在公关活动中所起到的作用。目前通过各种研究和理论探讨，人们对于社交媒体的作用限定了以下物种测量方法：其一，测量产品，即对通过社交媒体所制作的公关策略活动进行测量，例如通过该社交媒体制造了多少次数的公关活动；其二，测量信息曝光量，即计算每一条通过社交媒体所发送的公关信息能够吸引多少读者；其三，测量关注度，即目标受众是否能够真的关注到信息；其四，测量态度，即目标受众对于产品、服务或者品牌的接受度或者是态度是否加强了或者改变了；其五，测量行动，即目标受众在接收信息以后采取了相应的行动，例如采纳了特定的意见，参与投票或者开始使用，购买特定的产品和服务。虽然各类型的社交媒体为各类型的组织团体提供了便捷的信息发送平台，但是对于这一平台效用的测量，应该不仅仅停留在定量的信息曝光量的测量上。我们需要更加复杂的精确的测量方式来获知社交媒体这一平台是如何帮助我们吸引更多的受众开展对话，建立和维护公众关系以及帮助组织团体进一步实现它们的目标。从另一个方面来说，我们也需要从公众的角度来测量社交媒体的具体效用，毕竟公众是所有公关活动的接受者，他们接受的观点看法是直接关系社交媒体上公关活动成败的关键。因此公众对于信息的认知接受过程应该被纳入测量社交媒体功效的过程。

公关活动从业人员已经开始意识到他们能够使用社交媒体来帮助开展公关活动以达到有效的和切实的效果。这些效果包括：检测网络上各类与他们所服务的组织团体相关的评论信息，把社交媒体公关策略和组织团体的宏观宣传策略相结合,促成公众的理想行为的达成,增强品牌知名度和组织美誉度,提供大范围的目标公众的分析数据和人口信息,以及测量可信度和声誉。社交媒体在极大程度上改变了团体组织与各类型公众沟通交流的方式,前人的研究显示,通过社交媒体和公众建立关系的策略包含公开、透明、对公众有效性以及互动性(Kelleher,2006)。

二、社交媒体公关效果的测量及挑战

我国社交媒体的蓝图与世界社交媒体并不一样。我国拥有自己的一系列独特的社交媒体吸引着数亿受众,这些社交媒体包括微博、微信、优酷等。这些独特的社交媒体在我国的传播沟通文化产业中占有极其重要的地位,例如优酷,市值33亿美金,每一个月能够吸引2亿人次的观看量。各类型的社交媒体网站吸引着巨大数量的用户,例如QQ空间拥有1.9亿的用户。博客类型的媒体被新浪微博、腾讯微博和豆瓣所瓜分。视频分享类型的市场被土豆、优酷、爱奇艺和搜狗所瓜分。对于这一和西方市场迥然不同的中国市场,人们仍然有许多未知因素,本节开头所提到的如何测量效用就是其中之一。因此,我们在这里提出这两个问题:在我国社交媒体公关活动的效果是如何被测量的? 测量这些公关活动的挑战有哪些? 我们通过对公关行业专门从业人士的访谈来寻求这些问题的答案。

1. 我国社交媒体公关活动的效果测量

通过对受访者问题的整理,我们得出结论:

首先,比较传统的定量性的统计测量方式还是较为流行的。这些测量的标准包括社交媒体账户的粉丝数量、评论数量、转发数量等。这些标准被专业人员称为"测量兴奋点"。一名专业人士在访谈中表示这些可测量的内容包括"用户所制造的二次信息,例如转发、评论或者是相关的音频视频的分享"。"测量兴奋点"是最直接和最简单的测量标准,通过这些基数,人们能够迅速得知一个网络公关活动的最直接效应。几乎每一位受访人士都表明,他们所服务的机构都有专人每天对这些测量标准负责监控,并同时把测量的结果向客户和相关人员进行报告。

虽然这些测量标准被广泛使用,但受访者表明这些测量基数是十分基础和它们所能提供的信息也是十分有限的,它们并不能十分准确地捕捉到社交媒体公关活动的精髓。但是这些基础的测量方式的流行是有其特殊原因的,原因之一是许多公关公司,特别是我国本土的公关公司,社交媒体与公关活动的结合使用仍处于初级实验性阶段,因此相应地,它们缺乏足

够的经验和案例来发展出一套更加成熟准确的测量系统。许多公司迫于
形势的需要，在没有进行足够的前期实验研究和商讨的情况下，就把社交
媒体纳入了其公关活动的发展中。这样仓促地把社交媒体纳为公关活动
的一部分，使得这些从业人员难以从复杂客观和全面的角度来评估这一媒
体的有效性。

其次，许多公关公司缺乏对社交媒体的深入理解。它们仅仅把这一媒
体看作是另一种形式的公关工具，仅仅看到了社交媒体发送信息的功能，
因此在这样有局限性的了解下，人们只能使用基础的单纯的定量式的测量
方法。

但是很多参与访谈的专业人士也表示看到了一些深层次的测量效用
的方法开始崭露头角。特别是我国本土的公关公司开始关注社交媒体如
何能够帮助一个特定的产品或者是公司提高知名度美誉度。通过访谈，我
们总结出，一共有三个方面的数据可以帮助公关公司来进行上述测量：第
一，公司或者品牌在搜索引擎上的排名；第二，网民或者用户的搜索次数；
第三，返场用户的行为。通过这三个方面的测量，人们可以得知通过社交
媒体进行的公关活动是否真的帮助目标公众更加深刻地了解相应的产品、
服务或者品牌。在参与访谈的受访者中，一部分受访者自己所在的公司会
就以上的测量参数自己进行测量和评估，而大部分其他的公司则委托第三
方测量机构，因为这些第三方测量机构拥有更强大的技术支持和更加专业
的测量人员专门从事此类型的评估测量活动。

最后，一项测量参数是公众的参与度，公众参与度指的是社交媒体如
何吸引目标公众，从而使他们参与到与公关活动所服务的对象的各类型活
动中，开展对话，信息转发，进一步询问信息，等等，这一类型的行为统称为
网络拥护度。网络拥护度包含两种表现形式：一是用户对于这些网络信息
的依赖度和信任度；二是正面散播一个公司或者一个产品的相应信息。用
户在网络上分享和转发一条公关信息的行为，表现出该用户对于这些产品
或者服务的兴趣度和信赖度。而用户如何公开地在网络世界中参与与公
关信息相关的讨论，表现出了该用户对于该信息的反应。这些用户反应都
是测量其网络拥护度的重要表现形式之一。受访者之一表明："研究用户
在网络上对相应公关信息的反应，能够为社交媒体公关活动提供丰富的知
识资源，因为这些积极参与讨论积极寻求信息的用户，能够在网络的世界
中起到极大的作用。"通过对受访者记录的整理，我们得出网络拥护度的测
量可以包含以下几个方面：在网络上所花费的时间，受教育程度，网络各小
组的关联性等。前两个方面的数据可以通过用户的个人注册信息获得。

网络各小组的关联性可通过使用特定软件监测用户在各个社交媒体平台之间的转换和活动来完成,而用户的引导性则可以通过复杂的监测软件,以及具体的手动检测来完成。能够完成以上测量活动的软件多为信息挖掘软件,这类型的软件能够在海量的信息中提取与关键字相关联的信息,而通过对这些提取信息的分析,达到了解公众针对某一特定的公关信息的网上活动路径的目标。

2.测量社交媒体公关活动的挑战

基于受访者的回答,我们总结出目前中国社交媒体公关活动的主要挑战有以下三点:(1)缺乏明确的目标;(2)应对网络水军;(3)应对谣言的传播。

(1)缺乏明确的目标。虽然大量的社交媒体公关活动频繁涌现,但是非常少的客户真正了解使用社交媒体的具体作用。正如前文所述,许多客户要求使用社交媒体进行公关活动仅仅是因为社交媒体在现代社会是一个潮流,为了顺应潮流,他们要求公关公司利用该媒体平台进行公关活动。对于社交媒体平台模糊的了解使得测量通过该平台进行的公关活动十分困难。很多公司并不清楚他们到底想要通过这个平台达到一个什么样的具体目的,因此它们在这一平台上所花费的时间和精力都是无目标性的。

(2)应对网络水军。网络水军这一名词来源于我国特殊的网络环境。通常一特定的组织团体会雇佣海量的网民来帮助其撰写发布和评论一些特定信息,以达到提高该组织,或者是该组织旗下的产品或者服务的美誉度和好感度。而通常正规的公关活动与这些水军的活动是区分开来的,公关从业人员并不能清楚地知道哪些网民是隶属于组织所雇用的水军。因此当公关从业人员想要对某一特定的活动效果进行测量的时候,水军的反应往往混淆了真正活动的效果。在2011年一次公关行业的年会上,来自全世界及我国本土的50位公关行业精英曾联名提出要禁止网络水军。但是由于缺乏相应的法律法规的约束,这一提议没有得到妥当的回应和处理。而目前最有效的控制网络水军的办法只能是网络文明行为的教育和自我规范。

(3)应对谣言的传播。所有参与调查者都表示对于网络上的信息监控的必要性,但是他们也提出了一个中国特有的网络留言的现象,即谣言的传播在我国的网络特别是社交网络世界是一个十分显著的问题。与那些在正规渠道发布的信息相比,我国的网民似乎更愿意相信网络上的信息。这一现象的原因在于人们对官方信息渠道的信任度似乎低于他们对于网络信息渠道的信任度。例如,2011年日本福岛核电站爆炸事件后,网络上频繁地出现关于这次事件的各类型的谣言信息。最著名的例子就是关于食用食盐可以防止被辐射的说法，这一谣言的散布直接导致了各大城市各类型的超市中食盐售罄的情况。针对网络谣言的散布，受访者提出了几点解决意见。

首先，应对网络谣言的初始步骤应是迅速找寻谣言的源头，从源头上杜绝进一步的传播。可以通过专家针对源头信息进行解释，或者动用政府和信息技术部门对于源头信息进行封锁。

其次，当特定组织团体被谣言所侵害时，该组织应该积极寻找网络中的意见领袖，邀请这些意见领袖帮助该组织进行澄清，利用网络的力量来解决网络中的问题。

最后，在日常的公关活动中，一个组织应该时刻牢记通过日常的对话和信息放松来培养自己和公众的关系，建立起在公众中的信任度，从而在谣言发生时，公众不会一味地被谣言误导。

这一章分析了新媒体与组织对外传播之间的关系。在此，我们具体选取了社交媒体作为新媒体的典型代表，具体阐释了其对于公关活动的影响。通过对中国公关行业现状的分析，社交媒体对于社会及人际关系的影响，本章节首先在理论上阐述了社交媒体对公关活动带来的正面和负面影响。在理论分析之后，本章节通过天猫的具体案例来说明在社交媒体空间中，新形式的公关活动的特征，进而指出在现代中国社会中，公关活动应该转变思想，适应社交媒体新环境。最后通过前面的各种分析，本章节指出了社交媒体对公关活动所带来的各种挑战，厘清了社交媒体与中国现代公关活动之间的现状。

在下一章，我们将目光从对外传播转向对内传播，着重关注新媒体对于组织内部成员之间的传播交流活动所起到的作用和影响。我们将重点关注新媒体使用频率、社会化过程和员工身份认同感之间的关系。

第五章　新媒体与组织内部传播

　　前面第二章介绍了组织内部沟通与传播的研究范围,厘清了组织内部传播的研究发展方向。同时第二章也整理了现存的关于组织内部传播和新媒体话题方面的研究成果。在这一系列的研究成果中,缺乏了新媒体与组织内部社会化过程的研究。这一章节将详细叙述组织内部社会化过程的概念和发展历史,同时通过实证研究和数据分析,来展现新媒体与组织内部社会化过程的关系,最后通过建立理论模型来建立起一套具有中国特色的新媒体与组织内部传播中社会化过程的理论,来弥补现存文献中这一方面的不足。

　　社会化过程(socialization)在组织传播领域中是被研究的最广泛的话题之一。社会化过程指的是社会当中的个体学习在一个特定组织中应当如何行为举止,遵守规章规范的这一个过程的统称(Jablin, 2001; Jablin& Krone, 1987; Van Maanen& Schein, 1979)。在这一过程中,组织当中的个人会主动寻求一些信息来帮助他们削弱自身对于所处工作环境的不确定感,从而促使组织当中的个人更好地明白他们应该如何正确地来开展自己的工作,应该如何正确地和他们自己的同事进行互动,以及明白自己的工作在该组织当中将会怎样被评价(Miller &Jablin, 1991)。有效且成功的社会化过程会增加个人对于自己职务/职业的满意程度(Ashford & Black, 1996; Morrison, 1993a),降低个人的跳槽辞职率(Morrison, 1993a),并且平顺地实现职业之间的转换(Kramer, 1994; Kramer et al., 1995)。因此,无论是个人本身或者是庞大的组织本身,都能够从社会化进程中获益匪浅。

　　通常来说,研究社会化过程的角度都是从个人所面对的角度出发的,例如研究个人在组织当中与他人的谈话内容,对这些谈话内容进行分析,从而了解怎样的对话内容和方式能够帮助个人获得信息,从而有利于其社会化进程(Bernardi, 2006; Comer, 1991; Jian, 2012; Miller &Jablin, 1991; Morrison, 1993a; 1993b; 1995; Ostroff& Kozlowski, 1992)。另外一个研究角度是从企业或者组织当中的一些正式文件出发，例如新员工培训手册、企业备忘录等，对这些文件进行内容分析，研究这些正式文件包括了哪些内容及怎样的传播模式能够指导个人或者员工在企业组织内部的行为模式（Allen & Meyer，1990；Miller，1996；Miller & Jablin，1991）。在现当代的企业组织中，员工个人在很大程度上倚赖于新媒体进行日常的沟通交流和信息获取。正如上一章节所述，此研究中的新媒体囊括那些能够促进相互交流、公开交流，并且同时增加交流灵活性的电脑和移动科技。这些新媒体包括了电子邮件、互联网、社交网络、组织内往、维基引擎及远程小组协作软件等。

学者们认为新媒体能够帮助促进人们日常的沟通交流活动，那么因此，新媒体也能够促进个人的社会化进程（Flanagin & Waldeck，2004；Jablin，2001；Waldeck & Myers，2008；Waldeck，Seibold，& Flanagin，2004）。新媒体能够帮助人们扩大他们与他人交流的机会，例如新媒体能够联结地球上任何处于互联网入口两端的人们，新媒体也能够提供更透明、更公开以及更全面的信息，例如各类搜索引擎等。但是纵观现存的关于社会化进程的文献，却发现非常少量的研究把新媒体这一重要的沟通工具放入研究框架中。目前只有两项研究观察和探究了新媒体作为一个信息工具如何帮助个人在组织当中的社会化进程（Flanagin & Waldeck，2004；Waldeck et al.，2004）。并且现存的大多数关于社会化过程的研究都是从西方的数据和理论出发，并且极少涉及地理文化对于人类社会化过程所起到的影响。因此出于以上几点的考虑，本研究着重探究在社会化过程中个人对于新媒体的选用模式，以及在中国文化背景下，特殊的某一企业的企业文化对于个人在组织当中的社会化过程的影响。本研究旨在为浙江当地的企业摸索出一条适应浙江当地文化的，通过新媒体进行企业管理的新型管理模式。

实践主义和社会构建主义为更新有关社会化过程的文献研究需要更新知识提供了强有力的理论依据。综观现代社会，新媒体在现代企业交流沟通中已经占有了不容小觑和不可或缺的地位。而现在企业在全球化的浪潮中不仅仅要实现全球化、扁平化，而同时，兼顾本土性和当地文化也成为当代企业管理沟通不可缺少的一部分。因此囊括中国本土文化和新媒体两大新鲜元素的研究势在必行。不同于上一章的宏观叙述，本章从微观出发，做出关于文化多元化及新媒体相关的细节推论，并且进行研究，目的在于揭示新媒体在中国浙江本土企业中的使用情况，以及这些新媒体的使用，对企业组织当中的个人社会化过程起着怎样的作用。这一章运用社会信息处理理论(social information processing theory, Salancik&Pfeffer,
1978)和不确定性降低理论(uncertainty reduction, Berger &Calabrese,
1975)作为微观理论指导,这一章旨在探索在不同的文化下(中国文化和不
同企业文化),个人在组织生活的社会化过程中新媒体的使用状况。具体
来说,本章意在研究以下几个方面的具体问题:第一,个人在组织的社会化
过程中使用新媒体的模式,包括新媒体的使用种类,使用新媒体寻求何种
信息,与何人交谈会使用新媒体,以及新媒体使用的频率;第二,使用新媒
体作为沟通工具对个人社会化过程所起到的作用,具体表现形式为个体的
不确定性程度;第三,国家文化和具体的企业文化,对个人使用新媒体进行
社会化沟通交流的作用,包括何种新媒体的使用,新媒体的使用频率,以及
新媒体的谈话内容等,最后,个人在组织中对新媒体的使用及其对组织身
份认同之间的关系。

　　此章将对相关概念和研究文献进行梳理,以建立起有关国家文化/企
业文化与新媒体使用及社会化过程之间的联系。本章最后将根据此联系
建立起一个理论模型,为研究提供理论模型基础。第一章所提出的问题为
为何要研究组织中新媒体的使用模式,以及为何要把国家文化和企业文化
囊括在研究话题中,提供了坚实的理论基础。这一章将在第一章的基础上
进行细化深入,把问题细化到在不同的文化中(不同的国家文化和企业文
化),个人在社会组织中使用新媒体所进行的社会化过程。

第一节　组织内部传播中的社会化过程

　　社会化过程指的是"个人获得相应的一些社会知识和技能以便于其能
够正确履行其在组织当中的角色的过程"(Van Maanen& Schein, 1979,
p.3)。这一过程可以是非常独立和封闭的过程。例如:组织内的个人可能
通过独自阅读企业内部的资料(员工手册等),来学习如何更好地履行自己
的责任并完成相应的工作。但是,本研究注重文化在社会化过程中的作
用,这一研究重点提醒人们必须注意到,就算是上文所提及的十分独立和
封闭的个人行为,也是存在于社会大环境中的。人们的独立封闭行为也是
受大型文化环境所影响的,例如,企业内部需要具有自主学习的文化氛围
和允许员工自己借阅员工手册的规定,员工才能够自行阅读相关材料进行
学习。同时,社会信息处理理论强调了组织内部人员在降低自身对于该组
织和自身在该组织中角色的不确定性的时候社会氛围所起到的重要作用。

　　具体来说，这一理论描述了人们在寻求与自身工作相关的需求和信息时，他们更多考虑的是，他们所处的社会环境及他们自身的经验告诉他们哪些需求和信息是重要的，而往往对他们工作的客观描述却是不被重视的。换句话说，社会信息处理理论强调组织中个人的社会化过程，是由个人对自己所处的社会环境的感知而进行的，而并不是根据人们对自身工作的认知而进行的。因此，本研究运用实践主义作为大型理论框架，认同不确定性减轻需要是人类具有的共识，不管此人是身处企业组织中或者是存在于大型社会中。但是在当今多元化和网络化的社会中，个人由于所处的具体环境不一样，他们所采取的减轻他们的不确定性的策略各有不同。

　　本章的下一节将会重点讲述出于社会文化的角度，选取不同社会组织来进行个体社会化过程研究的原因，然后，不确定性降低理论将会被具体讲述。不确定降低理论将会阐释人们在组织中积极运用不同的工具，来寻找信息的最大的目的之一，就是降低他们对该组织及其在该组织中角色的不确定性。而在当今社会环境下，人们拥有许多不同的渠道来获取信息，不同类型的新媒体便是这些渠道之一。接下来，有关社会化过程的相关文献会被梳理一遍。虽然社会化过程的研究学习，历来是组织传播的热点问题之一，但是相关文献大多数只研究了组织中新成员的社会化过程，而忽略了社会化过程是一个长远且连续的过程；同时，这些社会化过程的相关文献，也忽略了新媒体的作用。因此，社会信息处理理论将会被用来阐释，为何降低不确定性并不仅是组织中新成员的困扰，它同时也是所有组织成员的困扰。因为社会环境和文化的随时变化会导致新的问题产生，从而促进新的信息寻求行为。综上所述，一个宏观的演示组织成员社会化过程的模型将作为该章节的结尾。

第二节　文化及社会环境对社会化过程的影响

　　实践主义（Dewey，1927；Dewey，2004；James，1991）和社会构建论（Berger & Luckmann，1967）广泛地叙述了社会上所有事物的意义都是在社会环境中被构建起来的。而人们日常所持有的社会常识都是具有一定的社会和文化边界的。来自这两个理论背景的基础均强调了在社会学科研究当中，把特定的社会环境和文化带入研究中，并且作为影响研究结果的一个自变量的重要性。在人类社会的微观互动中，传播学者都肯定了文化在影响人类微观传播交流活动的重要作用，不同的文化造就了各类人群的不同传播交流模式。文化被认为是一组规范、模式及价值观的组合,这一组组合塑造了在一定环境下的人群的特定的生活行为模式(Hall,1976)。由于不同的人群具有不同的文化背景,那么当这些人交流沟通的时候也产生了各种不同的交流传播模式(Gudykunst,1983)。因为人类所有的沟通交流模式都被文化深远而广泛地影响着,那么新媒体传播沟通作为一种新兴的交流形式,也必定会被各种不同形式的文化所影响(Stephens,2007)。这些文化宏观上可以是大型的国家文化,微观上可以是小型的不同企业部门的文化。

当然,由于人力物力等资源的限制,本研究不可能涵盖所有文化,研究它们对个人在企业中新媒体使用的影响。因此,本研究者出于自身的资源及浙江省这一省份的特点考虑,选取不同的根植于中国浙江地区的企事业单位进行研究,来探讨不同的社会环境和文化对组织中个体使用新媒体的影响。这样的选取满足了传播学特别是组织传播学科上的两大需求:第一,从实践主义的角度出发,组织传播学是一门实践学科,因此必须根据实践当中出现的问题来进行研究。那么在现代社会中新媒体的广泛运用为人类应该如何规范地在工作场合使用新媒体提出疑问,而本研究提供具体数据证据,以帮助解决此问题。第二,顺应现代社会全球化和本土化的号召,研究本土中国浙江企业的组织内部沟通交流行为有助于外界了解中国浙江特色化的企业传播沟通模式,为组织传播这一学科加入具有中国特色的知识板块。为外籍企业"走进来"提供信息,同时把中国浙江企业的经验向外传播,为中国特别是浙江企业走出去提供机会。

研究在中国文化特色背景下的组织传播,能够打破组织传播被西方社会独占的局面,并且提供有中国特色的理论,丰富组织传播学的知识构建和范围。随着改革开放及经济的飞速发展,数以万计的中国企业不断涌现和发展(Yusuf, Nabeshima, & Perkin,2007)。但是能够指导这些中国企业发展的管理学传播学理论的发展却远远落后于这些企业本身的发展速度。因此,中国的现代企业大多数依赖于西方的理论来对中国本土的企业发展进行指导,对本土企业遇到的那些实际问题寻求解决方案(Zhang, Chen,Liu, & Liu,2008)。虽然西方的一些理论能够帮助中国本土企业解决一些问题,但是这些理论却没有考虑到那些由于深受特定社会文化影响而产生的本土问题及建设在中国文化之上的企业构建性的问题(Chen & Glen, 2004)。因此,发展一种更多元化的组织传播理论是十分有必要的。

正如前文所论述,组织当中个人的行为是深受社会文化所影响的,而东西方社会在文化上固有的本质性的差别也是为大众所熟知的(Hall,

1976；Hofstede，2001；Lim，Kim，&Kim，2011），这些差别深深地影响着个体在组织中各种各样的传播沟通行为，因此该研究具有十分重要的理论意义。同时，浙江省作为中国东南沿海发达地区，浙商文化气息浓厚，选取这一省份进行研究，也能够为浙商文化发展的理论基础提供宝贵的数据证据，从而促进浙商文化相关理论的进一步发展。

第三节　降低不确定性因素的信息获取

在每天的生活中，我们都会面对无数的未知事物。尤其是新员工进入公司或企业，对其运营和经营一无所知，所有的东西都是陌生的，这时候新员工内心的不确定感是最强烈的，而为了降低这种不确定感，他们会想尽办法尽快熟悉公司或企业内部的一切。这就是西方学者所说的不确定因素降低理论。

一、不确定因素降低理论

不确定因素降低理论指出人内心的不确定性会引起个人心理上的不适应感。为了降低和减轻这些新心理上的不适应性，人们会主动自发地寻找与所处环境相关的信息来降低对环境的不确定性，从而减轻他们心理上的不适应感（Berger & Calabrese，1975；Berger，1979）。根据此理论，对环境高度的不确定性会引发个人更加积极地寻求信息的行为，从而来帮助个体减轻他们自身的心理不适应觉。因此当不确定性因素增加时，个人的信息寻求行为会更加积极；而当个人的不确定性因素降低时，个人的信息寻求行为的积极度就会降低（Berger & Calabrese，1975）。

虽然一开始，不确定因素降低理论通常被用来研究两个陌生人之间的初期交往互动行为，但是随着时间的推移，这一理论也被积极地运用在各种不同的人际交往互动场景中（Berger & Calabrese，1975）。在健康传播领域，病患会经历各种不用的不确定性，例如疾病严重程度的不确定性，医患关系的不确定性及对于药品治疗的不确定性（Brashers et al.，2000；Sheer & Cline，1995）。在跨文化传播领域，个体会经历来自不同国家文化交流对象的行为不确定性，价值观不确定性，社会行为准则不确定性，语言不确定性，以及非语言交流因素不确定性等（Berger & Gudykunst，1991；Gudykunst，1995；Gudykunst，Sodetani，& Sonoda，1987；Gudykunst，

Yang，& Nishida，1985）。在一般日常社交场合，人们对于交流的对方也会产生各种各样的不确定性，包括了对对方的生活习惯、社会地位、语言习惯、对于特定事物的看法、价值取向等各种因素的不确定性（Afifi & Burgoon，1998；Berger，1979；Berger & Gudykunst，1991；Douglas，1990；Knobloch & Solomon，2002；Mongeau，Serewicz，& Therein，2004；Parks & Adelman，1983）。在组织企业场景中，个人会经历对于组织企业的发展历史的困惑，如何完成自身工作任务的困惑，对于如何与同事及上下级交流的困惑，以及对于自己在该企业组织中将会怎样被评价而产生的困惑等（Kramer，1994；Kramer，2004；Teboul，1994）。

二、人们获取信息的策略

为了获取相关信息来减轻上述所有可能的不确定性，人们通过各种各样的渠道来获取信息。大多数文献研究在面对面的场景下，人们来获取信息的不同策略（Berger & Kellermann，1994）。最早提出的获得信息来降低不确定性的策略是：被动获取、主动获取和互动获取策略（Berger，1979）。被动获取策略是指通过被动地观察周围的人的社会行为来获取相关应该如何行为互动的信息以此降低自身的不确定性。主动策略是指通过直接询问不同人士来获取自己想要得到的信息来降低自身的不确定感。而互动策略指的是主体直接询问带给主体不确定感的个人以获取信息。更深入的研究则揭示了更加详尽的信息寻求策略：个人剖析、拷问法、直接问题、间接问题、秘密测试等都是更加具体的信息寻求策略（Berger & Kellermann，1994；Douglas，1990；Knobloch & Solomon，2002）。而以上各种策略的选择则取决于感受到不确定性的主体与带给其不确定性的个人或者环境之间的关系，以及主体的一些个人因素，例如个性、教育背景等（Douglas，1990）。举例来说，当交流双方之间是亲密朋友的关系时，他们会倾向于使用拷问法来获取信息（Berger & Kellermann，1994）。白色人种更加倾向于主动提问来解决自己不确定性（Gudykunst et al.，1987），而别的人种则可能更倾向于被动观察。男性比女性会更经常通过直接询问来获取自己想要的信息（Douglas，1990）。而除了这些语言交流以外，非语言交流，例如观察对方的肢体动作、面部表情等，也是另外一种人们用来获取信息以减轻不确感的策略（Gudykunst et al.，1987）。

三、文化背景对信息获取的影响

上述文献清楚地说明了不同文化背景对信息获取策略的选择起到了一定的影响，例如不同人种不同性别的人群他们所倾向的信息获取策略的不同（Douglas，1990；Gudykunst et al.，1987）。来自低语境文化的人们倾向于询问更多关于客体的背景方面的问题，而来自高语境文化中的人则倾向于问更少关于客体背景的知识。因为高语境文化背景中的人，更倾向于通过自己已知的对方的文化背景做出判断（Gudykunst，1983）。来自集体主义文化当中的个体在与小组团体中的人进行互动的时候，他们的行为模式与他们和小组团体外的个人互动时是不一样的，但是对于来自个人主义文化中的人来说，与任何人的互动，他们的行为模式的差别都不是很大（Gudykunst et al.，1989）。另外，来自男性主义文化当中的个人对于不同性别的客体进行交流时他们倾向于采用不用的信息获取手段来降低不确定感，但是来自女性主义文化当中的个体在对于不同性别的人交流时，策略选取的变化则并不明显（Gudykunst et al.，1989）。以上这些不同的信息获取策略的不同都揭示了社会文化背景会影响人们为了降低不确定性而进行信息获取和交流时所表现出的不同行为模式。

四、人们选择新媒体的影响因素

上述的研究成果都是基于人与人之间面对面的交流传播的，但是在现代社会中，新媒体是人们获取信息进行人际交流的另外一个重要渠道。新媒体在这里的定义为：允许人们通过各种不同形式（书写、图片、视频等）进行互动交流的电脑互动技术（Culnan & Markus，1987）。这种互动电脑技术带来了各种不同的交流渠道的增长，这些渠道丰富了个人的各种不同的信息来源，但是同时也增加了新的未知领域供传播学者进行研究学习。事实上，不同的文化背景造就了人们对于不同新媒体的选择偏好。例如：在西方国家人们可能更倾向于使用脸书（facebook），而在中国，QQ 和微信则是人们最普遍的选择。并且出于区分私人生活和工作环境的需要，一个人也有可能持有多个 QQ、微信账号。

互联网为人们提供了各种形式的信息搜集渠道，而这些渠道，从不确定性降低理论的角度来看，都可以从一定的程度上缓解个人的各种不确定性（Pratt，Wiseman，Cody，& Wendt，1999；Ramirez，Walther，Burgoon，

& Sunnafrank，2002)。例如：对未来的不确定性，对生活伴侣的不确定性，以及对公司章程规定的不确定性等。出于这些考虑，研究学者们开始比对通过新媒体这些渠道来降低不确定性与通过人与人之间面对面的交流来降低不确定性之间的异同等问题(Tidwell & Walther，2002；Westerman & Tamborini，2006)。在为数不多的把新媒体纳入研究范畴的不确定性降低研究指出：从大体上来说，这些新媒体是能够有效地帮助人们来减低他们的不确定性的感知的(Pratt et al.，1999；Tidwell & Walther，2002；Westerman & Tamborini，2006)。但是人们在运用新媒体来降低他们对于不确定性因素的感知所采用的策略与人与人之间面对面时所采取的策略并不相同。例如：在新媒体交流中，人们更倾向于使用互动式策略和自我剖析策略(Tidwell & Walther，2002)，发邮件时单刀直入式的直接提问是人们最常用的策略(Pratt et al.，1999)。但是这些为数不多的研究并不能体现新媒体在人类日常人际传播和沟通中所起到的作用的全貌，因此更多更广泛的研究应该被进一步地开展。而本文中的研究探索了在工作场合中人们具体如何使用新媒体，以及这些新媒体使用会带来哪些结果，为此类文献添加了新的信息。

很多领域中学者都运用不确定因素降低理论来解释和研究人类的搜索信息的行为，在这些领域中组织传播学中的社会化过程是不确定因素的重点研究领域之一。因为在企业和组织中，组织成员都表现出一定程度的高不确定感。下文将详细叙述有关于社会化过程的研究文献，阐述新媒体如何在社会化过程中起到的日益重要的作用。

第四节　社会化过程研究现状

组织当中的社会化过程指的是，人们学习知识以便于他们清楚地知道，在特定的组织环境下，他们应该如何行事以更好地胜任某一特定组织角色的过程。此过程从本质上来说就是一个帮助个体降低在特定环境中的不确定性的过程。

人们对于组织当中社会化过程的研究通常被分为一个阶段性的模型研究。这个社会化过程当中的阶段包括：预期阶段(Jablin，2001)或者调查阶段(Moreland & Levine，2001)，这一阶段指的是个人在正式进入组织工作之前的那段时间；进入(Jablin，2001)或者相遇(Feldman，1981)阶段，这一阶段指的是个人刚刚进入该组织进行工作的前几个星期到前几个月的时间段；变质阶段（Jablin，1982）或维护阶段（Moreland & Levine，2001），指的是个人成为该组织的正式员工以后的这一时间阶段，而最后一个阶段被称为出口阶段，指的是个人即将离开该组织退休或者离职的这一时间段。

虽然这一阶段性模型很好地涵盖了个人在组织中开展工作的一生，但是大多数社会化研究，都着重于研究新进组织成员的不确定性感知，以及他们的一些信息搜索寻求行为。因为人们自然而然地假设新成员应该是不确定因素感知最高的族群。这一类型的研究注重于研究新成员的信息搜索寻求策略（Miller & Jablin，1991；Miller，1996），每个不同策略所被使用的频率（Morrison，1993a，1995；Ostroff & Kozlowski，1992，Teboul，1994），新成员寻求信息的种类（Morrison，1993b；Miller，1996；Teboul，1994），这些信息的来源（Morrison，1993b；Miller，1996；Teboul，1994），以及这些新成员的信息寻求行为所带来的各种结果（Ashford & Black，1996；Holder，1996；Kramer，1994）。

这些新成员主要寻求以下三类信息：参考信息（指的是有关于应该如何成功而正确地完成本职工作相关的信息），评估信息（指的是有关于如何评价自身在组织中的表现的信息），以及互动信息（指的是关于应该如何在该组织中正确地和其他成员进行互动的信息）（Jablin & Miller，1991）。经过一定的研究和改良，这三种信息的分类方法被缩减成了两类信息：技术性信息（泛指与个人在组织当中的工作相关联的信息）及社会信息（泛指与组织当中的社会规范行为准则相关的信息）（Comer，1991）。

组织新成员会依赖特定的一些信息搜索的策略，来满足他们对于以上不同信息的需求。如上文所述，不确定性因素降低理论指出：人们会使用被动策略、主动策略和互动策略来获取相关信息（Berger，1979）。组织传播所发生的环境与人际日常交流的环境相比更加负责，所以个人寻求信息所使用的策略也有所不同。人们可以通过公开问题（直接对疑惑进行发问）直接获得答案。也可通过非直接问题（通过暗示、半开玩笑，或者自我剖析等）来迂回地获得自己所需要的信息。还可以通过第三方（向非直接的信息源头发问）或者是测试底线（创造情景来迫使信息源做出回应），或者是单纯地观察对方行为来获得自己所需要的信息（Jablin，& Miller，1991；Miller，1996）。

任何社会组织都是一个充满活力的有机体，它们所创造的环境允许该环境中的个体运用各种各样的信息搜寻策略从不同的信息源头来获得知识减轻个体的不确定感。总体来说，在一个组织中，上司（Jablin & Miller，

1991；Miller，1996；Morrison，1993a，1993b；Ostroff & Kozlowski，1992；Teboul，1994）和同事（Jablin & Miller，1991；Comer，1991；Morrison，1993a，1993b；Teboul，1994），是获得此类信息的最重要的两个源头。而当然在一定程度上，伴侣、家人、朋友、同学也可以是有效的信息源头来帮助新组织成员获取社会化相关的信息，以便他们降低自身的不确定感，同时也能够更好地担任相应的组织角色（Miller，1996；Miller & Jablin，1991；Ostroff & Kozlowski，1992）。

但是，仅仅注重于组织新成员们的社会化过程是不够的，这也是当今社会化研究的一个弱点。因为事实上，社会化过程是贯穿了所有组织成员一生的。最近有一份关于组织成员社会化的文献研究提供的实证数据指出，社会化过程不是一个单一的阶段性的过程，它事实上是一个持续不断的，贯穿组织成员组织生活的一个过程（Gailliard，Myers，& Seibold，2010）。并且，人们的不确定性的感知是伴随着人们的一生的，这种感知只能被减轻或者降低，但是不可能被消除。不同的环境变化，会带来不同的不确定感，而不同的不确定感又衍生出了社会化的需求。接下去，社会信息处理理论将会进一步阐释这一循环往复的过程。

第五节　社会化信息处理理论及社会化过程

社会化信息处理理论由萨兰斯克（Salancik）和佩芬（Pfeffer）两名学者在 1978 年提出，这个理论坚持的观点是人们对于其工作的态度和需求大多数是基于所处的社会环境及其个人经验的基础上而非完全建立在客观条件或者客观职业的基础上的。举例来说，在中国，人们认为教师是一种崇高而令人向往的工作并不是完全因为教师的薪资高，或者待遇好，而是因为在人们所处的社会当中，大多数人认为教师是一个好职业而教师又被赋予了人类灵魂工程师这一伟大的称号。根据社会化信息处理理论，人们对于他们职业的认知并不是固定不变的，相反，人们的认知是随着社会大环境的变化而变化的。这两名学者建议社会环境主要对人们对于其职业的感知起到两大作用：一是帮助人们构建起对其职业的态度、信仰及需求；二是使得某些职业相关的信息重要性更为明显于其他次要信息（Salancik & Pfeffer，1978）。

人类的社会环境时刻在变化，因此使得人们对于其职业的感知也时刻在变化，而伴随着职业感知的不确定感同时也在不断地生成。在宏观变化上,新媒体系统入侵了人类的日常生活(Contractor, Seibold, & Heller, 1996;Herndon, 1997)或者大型企业之间的并购(Chang & Ki, 2004;Pepper & Larson, 2006;Zhu, May, & Rosenfeld, 2004),都会使社会或者组织环境发生一定的变化。在微观变化上,个人的职业升迁或者转职(Kramer, 1994;Kramer et al., 1995;Kramer & Noland, 1999),抑或是新的同事加入团队(Gallagher & Sias, 2009),都会使个人对其职业的认识和感知发生变化。这些组织社会上的改变导致了人们寻求新信息来降低他们对于改变的不确定感,而这一过程就是一组织社会化的过程。仅仅关注新组织成员为降低其不确定性因素而产生的信息搜寻行为只是轻微捕捉了错综复杂的组织社会化过程的一个小碎片,而忽略了组织中的社会化过程是一个长久持续的动态过程。从社会化信息处理理论来看,不确定性是一个长期循环往复的过程,这一过程伴随着所有人的职业生涯。这一理论能够提供一个比较全面和宏观的角度来看待在组织中因为不确定因素而引发的信息搜索行为,并且更好地理解组织社会化的过程。因此,此研究看待社会化过程为一个持久进行的循环往复的过程,而所有的组织内成员都要在不同程度上经历此过程,不管是新员工还是老员工。出于这方面的考虑,此研究将调查所有的组织内的员工,而不仅仅局限于组织内的新成员。

社会环境的另外一种表现形式则是不同组织企业的内部环境。上文叙述了个人通过寻求有用的信息来帮助他们减轻不确定感以此达到其社会化的目的。社会化信息处理理论阐述了社会环境决定了什么样的信息是更重要的及什么样的行为在特定的社会环境中是得体的。因为不同的企业组织具有不同的文化,例如志愿者组织的文化可能就更加轻松自由,而政府部门类型的组织,它们的文化则会更加严肃严谨。这些不同的文化都影响着该组织中的个人应该如何处事待人。因此我们可以做出一个假设:人们所处的组织环境告诉人们什么行为是合理的,什么行为是不合理的。例如,在某些男性化文化明显的组织中,例如金融银行组织中,那些和工作任务相关的信息往往比那些有关于人际相处之间的信息更被看中;而在女性化文化明显的组织中,例如学校、志愿者组织等,人际相处之间的信心准则则显得更为重要(Cooper-Thomas & Anderson, 2006;Landy & Conte, 2010)。因此,组织环境文化在社会化过程中的信息寻求中起到了非常重要的作用。

最后,社会信息直接关系到个人对于其职业的认知。具体来说,社会化信息处理对于个人职业认知起到了以下四种不同的作用:首先,别人对于该职业的评价影响了个人的认知；其次，他人对于该职业的某一方面的高度讨论决定个人对这一方面的高度认知；再次，他人对于组织环境的评价能够影响个人对于该组织的态度；最后，他人对于不同信息的渴求度也能影响个人对此信息的渴求度（O'Reilly & Caldwell, 1979；O'Reilly & Caldwell, 1985；Pollock, Whitbred & Contractor, 2000；Salancik & Pfeffer, 1978）。在调查研究社会因素对于一个人对其所在的组织环境的影响中，学者们倾向于研究个体的人际交流行为，这些行为包括了主动和互动寻求信息策略，以及在物理环境中进行被动的观察（O'Reilly & Caldwell, 1985；Pollock et al., 2000；Thomas, 1986）。当今社会另外一个获取信息的重要渠道是新媒体，人们从新媒体中所获得的信息同样也能够影响他们对所在组织环境的认知，而这一认知过程中所形成的对组织和自身工作的态度的了解，恰恰是社会化过程的结果。

社会化信息处理理论为本研究的论点：社会化过程是一个伴随着组织成员一生的过程，而非短暂的、片断性的过程。本章前几个小节中提到的各类型的研究和文献，均对此观点提供了理论支持。这一社会化过程当中，组织成员不断地搜寻相关的信息来减弱他们自身对于该组织和自身工作的不确定感。但是组织成员他们的信息搜寻行为又是深受所处社会大环境和组织小环境影响的，因此有必要对于中国地区，以浙江省为例，进行研究，这些研究成果能够为组织传播学的文献增添东方文化的信息。最后加入了新媒体这一新兴传播沟通渠道，使得此次研究顺应时代能够帮助现代的组织传播学更新一部分的内容。前文一直在强调新媒体在现代社会中所起到的重要作用，以及在新媒体环境下人们的行为模式的巨大改变，但是没有叙述新媒体在组织成员的社会化过程中的具体作用，因此下文将具体阐释这一话题。

第六节　新媒体对社会化过程的影响

组织成员使用不同的信息寻求策略向不同的信息源头来获取信息，这样不同的策略组合能够帮助个人获得不一样的信息，从而产生不同的社会化过程的结果，其结果表现为个人的不确定性感知程度。因此不同程度的社会化结果会导致不同程度的离职意愿（Morrison, 1993a），工作表现和工作满意度（Ashford & Black, 1996；Kramer et al., 1995；Morrison, 1993a, 1993b）。

但是众多研究结果表明了社会化过程及其结果之间存在着不明朗的关系。例如，一些研究表明个人的信息搜寻行为和个人工作满意度存在着直接关联关系（Ashford & Black，1996），另外一些研究则表明两者之间不存在关系（Ashford & Black，1996）。一些研究表明通过被动观察法来获取的社会化相关的信息能够帮助个人提高工作满意度和降低离职倾向（Morrison，1993a），另一研究表明，无论用哪一种策略获得的社会化过程所需要的信息都与个人的工作满意度和离职意愿没有关系（Kramer et al.，1995）。除了这些不明朗的关系以外，传统的社会化过程研究的相关文献并没有太多地把所有可能提供相关信息的交流方式都加以考虑，特别是近几年新兴的新媒体。

现代社会中组织成员都开始更多地依赖于新媒体来获取社会化过程所需要的信息。新媒体在现代社会的个人生活和组织生活中都开始担当起更加重要的作用，帮助人们获取各种不同的信息来减低他们所感受到的不确定因素。总体来说，社会化过程所需要的信息并不是能够被轻松而简单地获得的（Teboul，1994）。专家指出，传统的沟通传播渠道往往难以向组织成员提供有效且足够的社会化过程所需要的信息，并且通过这些渠道获取信息时需要付出相应的社会代价（例如：被上级认为能力不够，被同事认为爱管闲事等）（Huston & Burgess，1979）。同时个人也要考虑是否合适向某些信息源头发问（例如：有些组织中不允许跨级交流）（Deetz & Munby，1990）。最后个人还要考虑他人是否有空闲有时间来帮助其解答疑问（Waldeck et al.，2004）。相对来说，新媒体便可以最大程度上帮助个人解决以上的困难来获取相关的信息。新媒体能够帮助人们以更低的社会成本和更快捷的速度来传递信息（Baym et al.，2012；Beniger，1996；Rainie & Wellman，2012），新媒体能够网罗更多的潜在的信息源头（Huber，1990；Rainie，2000；Rainie & Wellman，2012），同时能够突破时间和空间对人们日常交流所产生的限制（Baym et al.，2012；Eveland & Bikson，1988；Rainie & Wellman，2012）。新媒体显然使得组织传播的结构和形式发生了巨大的变化，同时一些研究也表明了新媒体的确被广泛地运用在了组织企业当中，同时也提出了新媒体实际上使得人类的日常交流沟通行为产生了巨大的变化（Barnes & Mattson，2008，D'Urso & Pierce，2009）。

但是组织传播学派在实际的研究行动上稍显缓慢，并没有很及时地把新媒体作为另外一个信息获取的渠道考虑到社会化过程的研究当中去（Waldeck et al.，2004；Jablin，2001）。虽然有一些理论方面的研究从理论上论述了新媒体成为现代组织企业日常交流传播活动中不可或缺的一部分,但是实证研究数据十分缺少。一些组织传播学的学者大力呼吁未来的研究应该积极考虑新媒体在组织传播当中的作用,并且积极进行实证性研究,为组织传播提供关于新媒体的使用模式和使用效果,以及个人使用体验等方面的数据和研究。虽然第一章和第二章提供的所有论述和论据都支持新媒体在组织传播中起到的日渐重要的作用,但是学者们对于这一话题的理解仍然十分有限。甚至,我们对于个人在企业组织中如何使用新媒体获取社会化过程相关的知识这一基本知识也知之甚少。目前为止没有任何研究专注于揭示在中国新媒体是如何被个人所使用以帮助其达到社会化的目的的。因此本研究的第一个目的就是推进人们对于这一基本知识的了解。因此,提出了第一个研究问题:

研究问题一:在组织企业中人们通常选取哪种新媒体来帮助其获得有用信息,并且人们使用新媒体获取信息的频率是怎么样的?

不确定性降低理论和社会化过程理论都表明个人在考虑想要获得不同信息的时候都会使用相应的一些不同的信息获取策略。正如前文所述,个人在面对朋友或者伴侣时通常会选用自我剖析这一策略来获得他们想要的信息(Berger & Kellermann, 1994)。而在组织或者企业当中,人们往往求助于上级来获得技术性信息,而求助于同事来获得指示信息(Miller & Jablin, 1991; Morrison, 1993a, 1993b; Ostroff & Kozlowski, 1992)。因此,本研究的第二个问题要揭示人们对不同的新媒体是否有不同的偏好。

研究问题二:通过新媒体,个人通常向哪些信息源头发问?并且,人们是否倾向于使用特定的一些新媒体来获取特定的知识?最后,人们经常在新媒体上使用哪些信息获取的策略(主动策略,被动策略,或是互动策略)?

获得相关新媒体在社会化过程中被使用的信息,也有利于我们更进一步地了解在组织生活中人们为降低不确定性而产生的信息寻求的行为。事实上,组织传播学者相信,人们在组织生活中进行的信息搜索沟通行为,大部分是出于为了减轻自身的不确定感的(Farace, Taylor, Stewart, & Ruben, 1978)。虽然从不确定性降低理论来说,人们的不确定感通常是被当作信息搜索行为的前因来看待的(Jablin & Miller, 1991; Teboul, 1994),但是有学者提出,不确定感和信息搜索行为实际上是两个互相联系、循环往复的变量(Berger, 2005)。也就是说,不确定感能够激发人们的信息搜索寻求行为,而反过来人们的信息搜索行为也能够导致他们不确定感的降低或者升高。因此不确定感应该同时作为信息搜索行为的前因和后果来对待。两位学者曾经发表过一个关于新媒体在社会化过程中所起作用的理论模型。该模型表明不同的媒体渠道选择会导致人们获得不同种类的信息，这些信息可以是准确全面的，也可以是模糊片面的，而这些被获得的信息就能够直接导致个人的不确定性的感知水平（Flanagin & Waldeck，2004）。因此，与传统的研究不同，本研究把个人的不确定性作为信息搜索行为的后果，即因变量来研究，探讨人们使用媒体进行沟通交流来获取的信息与他们的不确定性之间的关系。本研究提出以下假设：

研究假设一：组织当中个人使用新媒体的频率与其不确定性的高低程度成反比。

因为人们选择获取不同的信息来帮助他们降低不同的不确定感，研究者们总结出了几种不同的不确定性类型，它们分别是指示不确定、关系不确定和评价不确定。指示不确定指的是个人对于应该如何完成自己在组织内的工作充满不确定感，对于工作流程、工作准则有一定的疑问。关系不确定指的是个人对于应该如何与组织内其他成员保持关系充满不确定感，例如对上班是否可以交谈闲聊，同事之间开玩笑的尺度等存在疑问。评价不确定指的是个人对于自己在组织内的表现会被如何评价有疑问，例如不清楚自己的评价是直接来自上级还是也考虑同事的意见，或者不清楚考勤和请假的制度是怎样的。综合所有的研究，以上三种不同的不确定性是被用于组织传播学研究的广泛接受的分类（Miller，1996；Miller & Jablin，1991；Teboul，1994）。因此本研究提出的第三个问题是：

研究问题三：组织内成员是否会从特定的新媒体渠道获取特定的信息来解答他们的疑惑？

第七节　文化在社会化过程中的作用

传统社会化过程研究中的另外一个弱点就是它们往往忽略了文化在这一过程中所起到的作用。纵观所有的社会化调查研究的文献，发现几乎所有的研究都在西方文化背景下，而有关亚洲文化背景下的此类研究却乏善可陈（Bauer & Taylor，2001）。因此人们对于社会化过程的理解仅仅就停留在西方文化程度下。虽然没有文献直接研究社会化过程在不同文化影响下的不同动态。但是关于不确定因素降低理论方面的文献研究了一些不同文化的影响，而这些文献可以为社会化过程的研究提供一定的借鉴。

总体来说，正如前文所述，不同文化当中的个体倾向于使用不同的策略来进行他们的社会化过程。一例教育学方面的研究表明,不同的学科文化影响了不同学生在学校中的社会化过程中的表现(Golde,2005)。同时又一例来自教育学领域的研究表明,虽然在研究生阶段,学生们的社会化过程表现都有相同之处,但是对于来自不同学科的学生,他们因受到自己所在学科的文化的影响,他们所需要的信息和所需要解决的问题各有不同(Gardner,2010)。来自不同文化背景的人们在进入新的文化当中时,不管是进入新的学校学习(Morita,2009),或者是进入新的企业工作(Jian,2012),都会产生一定程度上的不适应性。而这些不适应性产生的原因大多数是因为新来者对于新的社会环境文化的不了解。并且如果新来者本身的原文化和新环境当中的文化差异越大时,这些不适应性就会越显著。

　　例如,一个在电脑互联网公司工作的员工跳槽到其他的一家互联网公司工作,他在社会化过程中所感知到的不适应性并不会十分显著。但是相反,如果该员工跳槽到政府机关工作,那么他在社会化过程中感知到的不适应性会大大增加,因为互联网公司企业的内部文化和政府机关的文化差异十分显著。然后放眼宏观文化,国家文化也是起到了至关重要的作用。例如,由于东西方文化差异较大,中国学生如果到美国大学进行学习,他在社会化过程中会感知到很大程度的不适应感,但是如果欧洲学生到美国大学进行学习交流,他们的不适应性相对于中国学生会大大降低。因此,本研究的一大重点是把微观和宏观的文化因素都考虑为是影响个人在组织中的社会化过程中的一个因素。宏观上,本研究展现了在东方文化影响下,个人在组织中使用新媒体的模式。这一部分的知识将丰富以西方文化背景为主的组织传播的文献,展现东方文化,特别是中国文化在这一领域的影响。从微观上,本研究横跨了各个不同行业的组织企业,意在研究揭示不同的企业文化是否会对个人在组织内的信息寻求模式产生影响。因此,本研究在上一节所列研究问题的基础上提出第四个研究问题。

　　研究问题四:不同类型的组织企业本身的文化是否会影响在其中的个人的信息搜索行为?

　　以上的研究问题和假设意在探究在现当代社会环境下的个人使用新媒体的模式、类型等来降低他们自身在社会化过程中的不确定感。通过这些问题和假设来扩展现有的关于社会化过程的认知,并使此方面的理论与时俱进。此外,前文也提到了传统社会化过程的文献研究着重于新成员的社会化过程,虽然这样的选择和研究重点言之有理,但是我们必须认识到社会化过程是一个贯穿个人组织生活的长期过程,而此过程中产生的不确定感也是长期存在的(Ashford & Cummings,1985;Kramer,2004;Van

Maanen & Schein, 1979; Waldeck et al., 2004),并且由于此不确定感,个人需要时时地进行不同种类的信息搜索来帮助他们降低这种感觉(Ashford & Cummings, 1985; Kramer, 2010)。下一部分将重新回顾社会化信息处理理论,以此为出发点来理解个人在组织生活中的信息搜索策略,以及这些信息搜索的行为与社会化过程、个人不确定性之间的关系。

第八节　员工的组织身份认同

社会化信息处理理论及社会化过程理论表明,信息搜索行为可能导致不同的社会化过程的结果。这些结果包括:离开组织的意愿(Morrison, 1993a),个人的工作表现及对工作的满意度(Ashford & Black, 1996; Kramer et al., 1995; Morrison, 1993a, 1993b)。但是,正如前文所述,关于社会化过程及其结果的实证性研究呈现了许多不一致的结果。而这些不一致的结果很大程度上可能是由于这些研究都忽略了个人的不确定性感知作为信息搜索行为的直接后果。

另外一个导致这些研究结果不一致的原因是以上提到的社会化过程的结果很有可能与其他因素相关,而不是直接与社会化的信息相关的。例如:一个组织的文化是否积极向上,个人参加工作的主观意愿及其工作的本质都能够影响个人对于其工作的满意度,以及个人离职的意愿(Ostroff & Kozlowski, 1992)。那么解决这一问题的办法就是考虑使用一个和社会化过程更加相关的因变量。本研究建议使用组织身份认同(Cooper-Thomas & Anderson, 2006)这一因变量。这一因变量在早前的社会化过程研究中曾经被囊括过,并作为社会化过程的直接结果被研究过(Bullis & Bach, 1989),但是由于某些未知原因,身份化认同这一变量在数十年的社会化过程的研究中被忽略了。

身份认同与许多积极的有利于组织发展的变量相关,这些变量包括了合作性、参与度、组织中成员的公民化行为(Ashforth, Harrison, & Corley, 2008; Riketta & Dick, 2005),因此身份认同这一变量很有可能作为一个调试变量(moderate)来协调和影响前文所提到的各种社会化过程所能影响的例如工作满意度等的变量。更重要的是,对比前文所提到的各种和社会化过程相关的变量,组织身份认同(organizational identification)与社会化过程中的传播沟通行为更加息息相关。相关学者曾经提出,组织身份认同的核心是进行信息的收集和与组织内外部成员进行组织交流沟通

（Tompkins & Cheney,1985）。而个人的组织身份认同感是由其收集到的关于自身所在的组织的信息衍生出来的（Miller，Allen，Casey，& Johnson，2000）。因此，在此次研究中个体的组织身份认同被作为是个体在组织中的社会化过程的直接因变量来研究。

虽然现存的关于组织身份认同的文献通常把身份认同当作是单一的结构概念，但是本研究挑战了这一固有的认知，提出即使同一个个体在一个组织当中，其身份认同并不是单一的，其有可能产生各种各样的不同层次的身份认同。例如，对工作部门的身份认同，其结果为"我是新闻系的教师"，以及对整个大型组织的身份认同，其结果为"我是浙江工商大学的教师"。这两个身份认同是共存的。下文将对身份认同的多重性进行进一步的分析，在分析中，本书提出了宏观身份认同和微观身份认同这两个概念。

身份认同被定义为个人与其所在的组织之间的联系紧密程度（Cheney，1983a；Cheney，1983b）。在下面的情况下，往往被认为人们意识到了他们与所在的组织之间的身份认同："当个人在进行选择时，如果他能够开始考虑到他所在的组织或者团体的利益时"（Tompkins & Cheney，1983，p.144）。换句话说，当人们意识到他们是一个群体中的一员，而他们的所作所为是代表群体和集体的利益时，在这一时刻，他们的身份认同就被体现出来了。举例来说，如果一个人在做某件事情的时候想到"我这么做虽然方便，但是会在一定程度上破坏公司的名誉，所以我还是选择不这么做"的时候，该个人具有相当高的组织身份认同感：他把自己看成了组织中的一员，并且把组织的利益和他自身的利益结合在了一起。虽然我们可以把身份认同看成单一的个人和整个大组织之间的关系（Tichy & Devanna，1986），但是这一种理解形式是过于简单地理解了身份认同这一概念的（Bartels，Pruyn，De jong，& Joustra，2007）。研究表明，身份认同是一个多层次的概念，身份认同包括职业的身份认同（例如：我是医生，我是律师），工作小组部门的身份认同（例如：我属于客户服务小组，我属于研发部门），组织身份认同（例如：我是阿里巴巴的一员，我是北京大学的学生），以及职位身份认同（例如：我是执行总裁，我是秘书等）（Scott & Fontenot，1999；Van Dick，2004）。在一个大型的组织或者公司中，研究更加细致或微观的身份认同也许比研究那些宏观的统一化的身份认同更加有意义（Reichers，1985；Scott，Corman，&Cheney，1998；Scott & Fontenot，1999；Scott & Timmerman，1999）。其次，由于个人的社会化过程也是一个多层次多角度的过程（Gailliard et al.，2010），人们在此过程中牵涉到各种不同的工作部门及整个大的组织环境（Anderson，Riddle，&

Martin，1999；Ashford & Black，1996）。因此在社会化过程的研究中，把身份认同看作是一个多层次的非单一的直接因变量是合理而有利的（Scott et al.，1998）。

为了进一步研究作为社会化过程中信息搜索的直接变量的身份认同，本研究提出了在组织中个人具有两种不同层次的身份认同：宏观身份认同（个人对于其所在的大的组织企业的认同）和微观身份认同（个人对于其所在的工作部门或者小组的认同）。因为不同的媒介信息源头的选择能够影响个人的社会化过程（Flanagin & Waldeck，2004；Salancik & Pfeffer，1978），本研究在第六节研究假设一的基础上提出：

研究假设二：新媒体的使用频率与个人的宏观身份认同和微观身份认同都是正相关关系。

同时本研究也在上一节研究问题四的基础上进一步提出疑问：

研究问题五：是否有特定的新媒体类型与特定的宏观身份认同程度或者微观身份认同有重要关系？

最后，前文一直提及不确定性是个人信息搜索的直接后果。个人对于组织企业相关的信息获得的越多，他们的不确定性感知就越低，进而他们就能更好地融入组织中，社会化的过程就越顺利。不确定性降低理论也阐释了人们对于某一事物或人的不确定感知越低，那么他们对该事物和人的喜爱就上升。而这一喜爱感的上升能够一定程度上导致个人对于该事物或人的身份认同。从直觉上来说，自然而然地，很少有人会对自己一无所知的事物产生认同感，也很少会有人对于自己不喜欢的事物产生认同感。出于这一逻辑的考虑，本研究提出最后一个研究假设：

研究假设三：信息搜寻行为的频率与个人的身份认同的程度之间的关系，受到个人的不确定性感知的影响，不确定性的感知在该关系中担任着调节变量的角色。

以上的章节在一定程度上对于组织内部传播中的社会化过程，新媒体的影响，社会文化的影响，信息的需求等做了梳理，总结前期研究的成果，同时也提出了各类相关文献的弱点和可突破的研究点。回顾的文献包括：社会文化对人类沟通交流行为的影响，不确定性降低理论，组织社会化过程，社会化信息处理理论及组织身份认同。总结这些理论研究，他们的弱点在于虽然存在着大量的关于社会化过程中人们的信息搜寻的研究（Comer，1991；Miller & Jablin，1991；Morrison，1993a，1993b），这些研究通常在注重组织新成员感受的同时忽略了新媒体在这一过程中的积极作用。这些相关的研究同时也忽略了社会化是一个贯穿组织成员组织生

活一生的概念,从而忽略了客观文化环境对该过程的影响(Gallagher &
Sias,2009;Van Mannen & Schein,1978)。

其次,不确定性感知通常被认为是个人的信息搜寻行为的动力之一,
但是相关文献和研究没有认识到不确定性和信息搜索行为之间的关系是
循环往复的。也就是说,不确定性感知既可以被作为信息搜寻行为的动
力,同时也可以被看作是信息搜索行为的结果之一。因此,在本研究中,个
人的不确定性感知被看作是信息搜寻行为的结果来研究。

再次,相关文献也指出了社会文化环境在很大程度上影响组织中的个
人对于其所在组织及其所有工作的认知。这些影响形式之一就是通过社
会文化环境定义什么样的信息是重要而亟须的,并且定义怎样获取某些特
定信息才是正确的获得方式。可惜社会化过程相关的文献大多都忽略了
社会文化这一因素的影响,因此本研究把这一变量也列入研究范围,考察
宏观社会环境(中国文化)和微观社会环境(具体组织文化)对于个人在组
织中的信息搜索行为的影响。

最后,社会化过程与各种组织企业的因变量相关,这些因变量包括工
作满意度,工作压力或者组织承诺(Ashford & Black,1996,Kramer,
1994;Kramer et al.,1995;Morrison,1993a)。但是,社会化过程和这些
因变量之间的关系并不明朗。正如前文所述,有些研究显示了正关系而有
些研究显示出了负关系。为了厘清这社会化过程和这些变量的关系,本研
究提出了把组织身份认同作为社会化过程最直接的因变量来代替这些传
统的变量。组织身份认同被一些研究认为是与社会化过程连接得更加紧
密的变量。因此本研究提出假设,认为个人在组织中通过新媒体寻求一些
有用信息的行为能够影响其组织身份认同的程度,而这一关系同时又被个
人的不确定性感知这一因素所综合。所以,综上所述,本章节提出了以下
的一个理论模型(见图 5-1)来阐述研究思路:

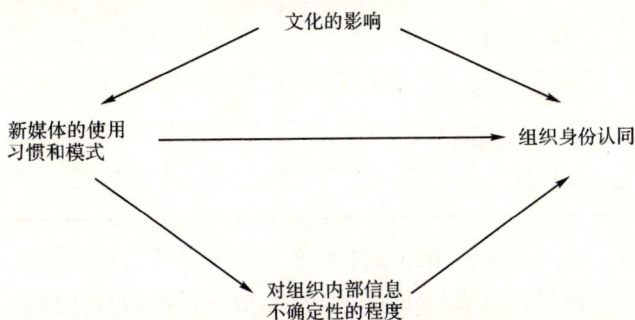

图 5-1　社会化过程相关理论研究模型

第三章详细叙述了用于研究的样本,数据获得的方法,以及一些数据的分析方法。接下去的章节将对通过上述方法所收集到的数据进行分析研究,并且通过这些数据分析,进一步阐释新媒体对组织传播的影响。

第九节 组织成员使用新媒体的频率和模式

为构建以上的理论模型,第一个需要解答的研究问题是人们在工作场合中使用哪些新媒体渠道来获得和组织相关的信息及在工作场合中,人们使用新媒体渠道的频率。基于调查样本所给出的数据显示,网上即时聊天软件,互联网络,以及电子邮件是使用频率最高的新媒体信息获取渠道。此外,其他的新媒体渠道还包括:公司内网,组织成员个人社交媒体,以及组织官方的社交媒体账户。对于这些新媒体渠道的使用频率表现如下,在工作场合中,人们一般在互联网上每天花费约 3.13 小时,在电子邮件上花费 2.83 小时,在组织内网中花费 2.53 小时,在即时聊天工具上花费 3.44小时,在个人社交媒体上花费 2.29 小时,以及在组织的官方社交账户上花费 1.93 小时。由此可见,新媒体的各类表现形式都被组织成员广泛地在工作场合中使用,用于寻找各类与组织相关的信息。并且在当今社会,人们在工作场合中花费相当一部分的时间用来寻找和公司企业相关的信息来帮助他们开展工作。这一新媒体渠道使用的基本蓝图可以用以下的表格(表 5-1)来概括。

表 5-1　新媒体渠道使用频率

新媒体渠道	平均使用时间(小时)
网上即时聊天工具	3.44
互联网	3.13
电子邮件	2.83
组织内网	2.53
个人社交网站账户	2.29
组织官方社交网站账户	1.93

在了解了组织成员使用新媒体来寻求工作相关信息的基本蓝图后,我们需要进一步探究组织成员使用每一种类型新媒体的具体模式,以便对新媒体与组织内部的社会化过程进行更加详细的了解。在前几节中提出的

相关研究问题有:组织内成员使用各类不同新媒体的模式是怎样的? 下文将对这一问题做出详细解释。

一、新媒体与信息来源

在组织中,组织成员可以从上司、同事、下属及家庭成员中获得相关的信息,电子邮件是最受欢迎的收集信息的渠道。组织成员乐于使用这一渠道向以上所有的四种信息来源进行信息收集。组织成员主要使用组织内网向上司或者下级来收集所需要的工作信息;互联网同样也被用来向上司、下级及同事收集了解信息。但是人们不倾向于使用互联网或者内网来联系家庭成员帮助其解决工作中的信息问题。个人的社交媒体平台大多数时候被用来联系组织成员的家人与朋友,组织成员大多数乐于使用这一媒体来找到他们的私人关系来解决工作中的疑问。最后即时聊天软件大多时候被用来向同事进行信息的提问和寻求。在这一使用模式中,我们可以看出不同的新媒体渠道具有不同的交流意义,互联网和电子邮件是较正规的渠道,在向上级及下级收集和确认信息时,人们往往使用这两个新媒体渠道,个人社交媒体是较为私人的渠道,人们往往不会选择使用它来和工作中的人进行交流,而是更多地使用它来寻求朋友和家人的帮助。网上即时聊天软件的意义居中,可以说是半正式的交流工具,人们往往倾向于使用这一类新媒体与自己的同事,即与自己在组织中地位相同的人们进行信息的交流和获取。

二、新媒体与信息类型

组织中的成员需要寻求三方面的信息来帮助他们顺利开展工作:参考信息(指的是有关于应该如何成功而正确地完成本职工作相关的信息),评估信息(指的是有关于如何评价自身在组织中的表现的信息),以及互动信息(指的是关于应该如何在该组织中正确地和其他成员进行互动的信息)。根据数据显示,在寻求参考信息时,人们使用新媒体的偏好如下:电子邮件,组织内网,组织官方社交媒体,网络即时聊天工具,互联网,以及个人社交媒体。在寻求评估信息时,人们的新媒体使用偏好顺序如下:电子邮件,网络即时聊天工具,组织内网,组织官方社交媒体网站,个人社交媒体网站,以及互联网。最后,在收集互动信息时,人们的偏好如下:电子邮件,组织内网,组织官方社交网站,网上即时聊天工具,个人社交媒体,以及互联网。

三、新媒体与信息寻求策略

　　人们在工作场合中使用三种不同的策略来寻求相关信息：被动性策略（主要指通过观察来获得所需要信息），主动性策略（主要指通过主动发问来获得信息），互动性策略（主要指通过对话来从侧面获得信息）。数据信息显示，在使用电子邮件和组织内网时，人们广泛地使用以上三种不同的策略来获得信息；在使用互联网及组织的官方社交媒体时，人们主要使用被动性策略，即主要通过观察及阅读来获得有用信息；在使用个人社交媒体及网络即时聊天工具时，人们主要使用主动性及互动性策略来获得信息。

　　总体来说，在所有的新媒体类型中，电子邮件是最为广泛应用的类型，人们使用电子邮件与不同的信息来源互动，寻找各种类型的信息，在寻找这些信息时也广泛地使用不同的方法。而其他的不同的新媒体的使用频率则要根据信息来源的不同，信息内容的不同及获取信息策略的不同来区别对待。

四、新媒体与信息不确定性

　　前文提到，降低自己对组织的不确定性及对工作的不确定性，是组织中成员寻求信息的一个目标之一。通过新媒体所寻找到的信息是否对组织成员的不确定性有直接影响始终是一个未知答案。这一部分，我们利用已收集到的数据来进行分析验证，以期得到这两者之间的关系。通过数据显示，有三大类型的新媒体使用频率与组织成员的不确定性程度有直接的关系，这三类新媒体包括电子邮件、组织内网以及网上聊天工具。值得注意的是，本研究原来的假设是新媒体的使用频率越高，该组织成员的不确定性程度就越低。但是数据研究却呈现了一个反方向的结果：网上聊天工具的使用与组织成员的不确定性成正相关关系。也就是说，组织成员使用网络聊天工具的频率越高，他们对自己所处的组织的不确定性就越高。这一关系违反了常识性的认知，但是同时也给我们敲响了警钟：新媒体的使用在工作环境中会产生负面的影响。对于这一负面关系的原因我们可以推测为因为在使用网络即时聊天工具时，人们聊天的内容相对电子邮件等比较正式的交流渠道来说比较随意散漫。因此这一新媒体渠道极有可能承载了较大的信息量,但是这些信息的质量并不高。这一信息交流的结果变成了人们即使花费了大量的时间去做交流,但是这些交流的结果都是低质量的,并且花费的时间越多,浪费的时间就越多。

第十节　文化对信息搜寻模式的影响

本研究的这二个重点在于探究不同的文化对于组织成员的组织传播沟通模式及新媒体取用模式的影响,这一节的内容将把这一部分的研究结果详细呈现。处于一种文化中很难看出这一文化对人们日常生活的各种影响,正所谓"不识庐山真面目,只缘身在此山中",因此文化的影响需要通过不同的文化对比才能深入体现。本研究截取了美国员工,以及中国员工/浙江员工在工作当中的组织传播行为,以及新媒体使用模式,期望通过中美这两个截然不同的文化对比来呈现出中国特色的组织传播模式和新媒体使用模式。

在信息源头及新媒体沟通渠道的选择上来说,中美员工的模式大不相同。当想要向上级寻求信息帮助时,中国员工的新媒体选用偏向网上聊天工具,组织内网及组织的官方社交媒体账号。而在这一情况下,美国员工的偏好则为电子邮件,组织内网及互联网。当想要向同事寻求信息帮助时,中国员工的偏好仍然是网上聊天工具、组织内网以及所在组织的官方社交媒体账号。美国员工的偏好也同样是:电子邮件、组织内网及互联网络。当想要向下级寻求信息帮助时,中国员工的新媒体选用排序为:网上聊天工具、公司内网及电子邮件。同样情况下美国员工的选择为:电子邮件、互联网络及组织内网。在向亲朋好友获取信息的情况下,中国组织成员倾向于使用网络聊天工具,组织官方社交网络账号及组织内网。相同情况下美国员工的选择为:个人社交媒体、电子邮件及互联网络。最后在家人寻求信息帮助的时候,中国组织成员新媒体渠道的使用排序为:网络聊天工具、组织官方社交媒体账户及电子邮件。而美国员工的排序为:电子邮件、个人社交网络及互联网。

以上的调查结果显示,网络聊天工具在中国组织传播的场景中被非常频繁地运用,无论出于什么目的的信息获取,员工们几乎毫不例外地均选择网络聊天工具作为他们的首选新媒体渠道。而在美国的组织传播的场景下,电子邮件则独占鳌头,几乎所有的信息获取的首选渠道都是电子邮件。这一新媒体渠道偏好不同的结果可能是由于不同文化对于交流的适时性的不同偏好所造成的。中国文化更偏向于适时交流，希望在适时的对话中得到自己所需要的信息，而在对话中也可以适时地对自己所获得的信息提出疑问和问询。而美国文化则并不注重对话的适时性，人们可以接受在获得自己所需要的信息之前的等待时间。同时工作场合的专业性和正规性的程度也可能是造成差异的原因之一：电子邮件相对于网络即时聊天工具来说更加正规专业，而在美国文化中工作场景和私人生活场景严格区分，因此在美国处理工作当中的事宜时，人们可能更加偏向于专业化正规化的工具——电子邮件。而相反在中国文化中，工作场景和私人场景之间的界限并不十分清晰。因此，人们觉得利用较随意的新媒体渠道来获得信息也无可厚非，因此网上即时聊天工具称为首选新媒体。最后在不同国家的特殊的新媒体发展状况也可能导致这一不同结果。在中国 QQ 是被广泛接受和运用的聊天工具，特别在工作场合中 QQ 也被默认为是工作中交流的正规聊天工具之一，它的庞大功能使得它深入中国人的生活工作的各个层面。而反观美国，并不存在着一个像 QQ 一样被大家所认可的新媒体工具，美国一些即时聊天工具例如 Whatsapp，Snapchat 等都被认为是非常不正规和不专业的沟通渠道。因此，在美国文化中，能够满足企业组织沟通交流的新媒体工具就只有电子邮件了。

第十一节　组织身份认同与新媒体及文化

组织身份认同对于组织企业来说是一个积极正面的概念，研究表明组织当中的成员对自己的组织身份认同度越高，他们对组织的忠诚度，他们的工作积极性等都会越高。普遍的观点认为，组织内的成员如果对组织的了解越深刻，对组织的不确定性越低，那么他们对组织的身份认同度就会越高。使用新媒体进行组织内部的沟通无疑会增加组织成员对该组织的了解程度，而这种了解程度的加深，我们认为会在一定程度上提升成员的身份认同感。

一、组织身份认同与新媒体

在这一节中，我们利用所搜集到的数据，把组织成员使用各类型不同新媒体的时间频率与组织成员的身份认同感同时进行数据分析，得出了一些重要的结果。首先介绍的是微观组织身份认同。微观组织身份认同指的是组织成员对于自己所在的工作部门的身份认同,例如人事部、财务部,或者是非正式的工作小组,例如项目组等。通过数据分析表明,员工使用电子邮件,互联网,组织内网,组织所有的官方社交网站账号都能够对微观的组织身份认同起到帮助作用,其中作用最大的是电子邮件的使用和内网的使用。宏观身份认同指的是组织成员对于整个大型组织的认同,例如我们所说的"海尔人",就是一个宏观的组织身份认同,指的是组织内部的成员乐于承认自己是该组织中的一员,并且对此身份感到骄傲自豪等。根据所搜集到的数据,通过分析表明,只有网络即时聊天工具对组织成员的宏观组织身份认同起到帮助作用。

　　但是值得注意的是,有一些新媒体的使用频率反而对微观或者宏观的组织身份认同起到了负面作用。网络即时聊天工具对于微观组织身份认同起到了负面作用,即使用网络聊天工具的频率越高,组织成员对于自己所处的部门或者工作小组的认同感就越低。同时电子邮件的使用对于组织的宏观身份认同也起到了负面作用。根据上一节所提到的研究结果,事实上电子邮件和网络即时聊天工具是最为频繁使用的新媒体沟通渠道,但是恰恰是这两种渠道的使用反而会对身份认同起到负面作用。这一现象使我们不得不提出以下疑问:通过这两种新媒体渠道进行传播沟通的信息的质与量是否成正比? 出现这一结果的可能性是这两种新媒体虽然被人们大频率使用,但是在使用的过程中,人们可能出现滥用的情况,即使用这些工具进行工作以外的信息交流。或者由于这两种新媒体的便捷性,以及一定程度上的非正式性,人们交流的信息的准确度、清晰度以及真实度都会有一定程度上的折扣,因此导致两种身份认同感的降低。因此在企业内部沟通管理的规章制度中,管理层应该注意对这两种沟通媒介进行具体管理。

二、组织身份认同与文化

　　由于身份认同是一个集体现象,在传统文化上来说,中国被认为是一个集体文化浓厚的国家,因此本次研究也探寻了中国的传统集体文化是否对员工的组织身份认同起到作用,以及在何种程度上,中国的文化特征对这些身份认同起到了影响作用。如前文所述,本研究提出了假设,中国员工的宏观组织身份认同程度会高于美国的员工,而中国组织成员的微观组织身份认同度会低于美国的组织成员。这一假设的基础来源于中国传统文化更加倾向于大集体内的和谐关系,而并非大集体内的竞争关系。因此在同一个大团体中，组织成员会被期望和谐相处，制造一个和谐大家庭的景象。而西方的文化则更倾向于竞争文化，即在一个大的组织中，各个部门、团队之间仍然存在着竞争意识，并且组织成员会为自己的小团队与大组织内的其他团队竞争。因此受西方文化影响的组织成员会有较强烈的微观组织认同。

为了测验这一假设，本次研究把收集的数据用来进行方差分析，为了排除其他的干扰项，方差分析排除了样本的年龄，所处的组织大小等的不同，得出的结果表明受中国文化影响的组织成员的确具有较高的宏观组织身份认同度，而受西方文化影响的组织成员具有相对较高的微观组织身份认同度。而更加值得注意的结果是，当我们把中国组织成员和西方组织成员的数据分开检测，测量他们的宏观组织身份认同和微观组织身份认同的时候，我们发现了不同的关联性。在中国的组织成员中，宏观的组织身份认同是和微观的组织身份认同呈正相关的关系的。也就是说，一个组织成员如果有较高的宏观组织身份认同感，那么他/她的微观组织身份认同度也会相应地比较高，反之亦然，这两者的关系在中国的组织成员中是相辅相成的。

但是在美国的组织成员中，这两个概念的关系却是呈现出负相关的关系地，即一个组织成员的宏观组织身份认同感越高，那么他/她的微观组织身份认同度就越低。换言之，在西方的竞争文化的影响下，大集体和小集体之间是互相冲突的。在集体中的个人很难做到既属于小集体又属于大集体。而在中国传统文化的影响下，小集体是属于大集体的，在中国，组织成员能够平衡这两者之间的关系。因此这一项研究结果说明了各国之间不同的文化会对组织成员的身份认同起到不一样的影响，从而导致不同的结果。因此我们在看待该类型的组织传播的理论时更应该注意把这些理论概念进行本土化，同时致力于发展具有中国特色的组织传播学理论及其中的新媒体理论形式。

第十二节　新媒体使用频率影响组织身份认同

这一章节的主要目的是通过测试所收集到的样本数据来发展出一个有关新媒体使用和组织身份认同相关的有中国特色的理论模型。通过前面三个小节的叙述，我们把所有的数据统计汇总后进行建模分析来测试前文所提出来的理论模型。

在理论模型测试的第一步,我们把中国组织成员使用各类型的新媒体渠道进行组织内传播沟通的频率与组织宏观身份认同、组织微观身份认同和信息不确定性程度进行皮尔逊相关系数分析,以期得到各个变量值之间的关系。所得出的测试结果请参见下面的矩阵表(表5-2)。

表5-2　中国组织成员使用各类型新媒体渠道相关矩阵表

变量	1	2	3	4	5	6	7	8
1.电子邮件								
2.内网	0.30**							
3.互联网络	0.30**	0.17**						
4.个人社交媒体	0.20**	0.16**	0.43**					
5.组织官方社交媒体	0.29**	0.24**	0.31**	0.49**				
6.网上即时聊天工具	0.25**	0.17**	0.47**	0.41**	0.24**			
7.信息不确定性	−0.07	−0.13*	−0.09	0.05	−0.18**	−0.08		
8.微观组织身份认同	0.02	0.12	0.08	0.05	0.18	−0.02	−0.32*	
9.宏观组织身份认同	0.05	0.16**	0.09	−0.14*	0.18**	0.05	−0.34**	0.84**

这一矩阵图表明组织的官方社交媒体账号在组织身份认同,以及信息不确定性方面有着重要的作用。组织成员使用组织官方社交媒体账号的频率分别与宏观的组织身份认同、微观的组织身份认同有正相关关系,即组织成员使用这一新媒体的频率越高,他们对组织的身份认同感也越高。而这一新媒体的使用也能够有效地降低组织成员本身的不确定感,即它的使用频率与信息不确定性成反比。公司内网也是另外一个重要的新媒体,根据以上矩阵表明,公司内网的使用频率与宏观的组织身份认同呈正相关关系,并且同时与组织成员的信息不确定性呈负相关关系。因此组织官方社交媒体账号的使用和组织内网的使用被作为两个重要的变量,用以确定他们是否能够对组织的身份认同,以及信息的不确定性起到作用,从而形成一个中介模型。

通过一系列的回归方程的测试,我们得出了以下的结论。组织成员使用组织官方的社交媒体账号的频率能够影响组织成员的信息不确定性程度,从而进一步影响组织成员的微观组织身份认同。组织成员的公司内网使用频率及组织官方社交账号的使用频率均与组织成员的信息不确定性呈反比关系,从而进一步地影响组织成员的宏观组织身份认同。这两个理论模型的具体表现形式请见下图(图5-2)。

以上这两个理论模型的建立明确阐释了在现代浙商企业中,组织成员

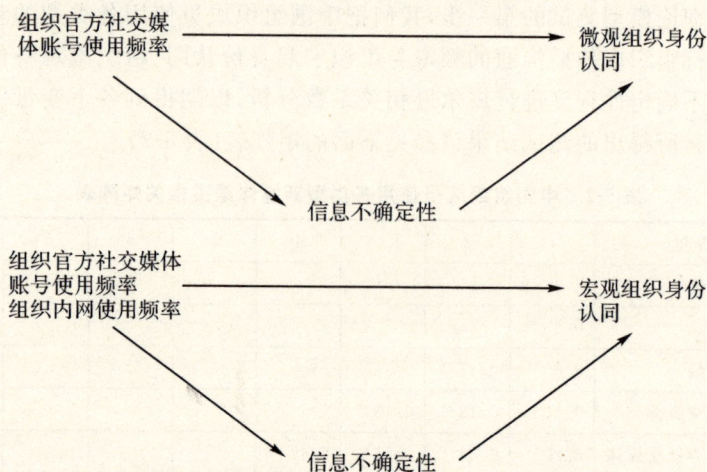

图 5-2　新媒体使用频率与身份认同的关系

使用新媒体的频率与其身份认同感之间的关系。在这一关系中,信息的不确定性程度起到了中介的调节作用。即如果该新媒体渠道的使用能够帮助组织成员降低他们对组织相关信息的不确定性,那么该新媒体则也能够帮助该组织成员提高他/她的宏观和微观组织身份认同。这两个理论模型中,有两点值得我们注意,同时也有利于管理层面加强关于工作场合中新媒体使用的规章制度的撰写。首先需要注意的是并不是所有的新媒体都对企业组织内的内部传播起到正面作用的,通过一系列的数据分析表明,仅仅只有组织的官方社交媒体账户和企业组织的内网使用能够帮助提高组织成员的信息不确定性,以及他们相应的身份认同感。其他的新媒体渠道的使用或者是浪费时间或者甚至起到了反作用,即使得组织成员更加疑惑,从而降低组织身份认同感。认真回顾本次的研究成果,我们不难发现,目前极受欢迎的新媒体:微信(网上即时聊天工具)反而对组织身份认同及组织相关信息的熟悉度没有起到任何的促进作用。也就是说,虽然这一媒体看似方便快捷有用,但是它在组织中对一些正面变量却恰恰没有起到任何作用。这一关键点提醒我们,应该区别看待组织内部传播与简单的人际交往传播中的新媒体使用。某些在人际交往传播中起到极大作用的新媒体也许并不适用于正规的组织内部传播。组织内部的传播应该更加偏向于专业性和高效性,因此在所有的新媒体中,组织官方社交媒体和组织内网这两项比较具有正规性的媒体会脱颖而出,在组织内部传播中起到了正面积极的作用。

　　第二点值得注意的是,新媒体的使用频率并不是直接与组织内成员的身份认同相关的,这两个变量之间的关系需要通过组织信息的不确定性来做桥梁。也就是说,特定新媒体使用的量或者时间长度并不是决定使用者的身份认同的唯一决定因素,而新媒体使用的质也是相关因素。而新媒体使用的质,可以通过测量使用者在使用后对组织内相关信息的熟悉程度来实现。因此,在新媒体使用的过程中,特别是在工作场合中,管理层面应该强调新媒体使用的质量。在当代企业或者工作场合中,新媒体的使用已经开始被误认为是“多即是好”。许多组织成员在工作中使用新媒体仅仅为了造成自己能够利用这些新科技来帮助工作的假象,或者甚至是迫于同辈的压力,开始在工作场合中使用新媒体。这些认识和行为模式应该被打破,因为新媒体的使用量并不能决定一切。因此在工作场合中对于新媒体使用频率的概念应该是量和质的结合,并不应该一味地鼓励多使用新媒体,更不应该为使用新媒体而使用新媒体。

第六章　新媒体的负面影响及应对策略

　　随着科技的快速发展和网络的广泛应用，隐私和监控的问题日渐被人们所重视。同时，组织在审核职位申请者的背景过程中，新媒体特别是社交媒体被组织广泛应用。在现代工作环境中，新媒体或者是社交媒体已经成为办公室环境中不可或缺的一部分。新媒体被人们广泛使用而发挥积极作用的同时，其负面影响也应该引起人们的重视。

第一节　新媒体与隐私和监控的问题

　　电脑信息技术的飞速发展给整个社会带来了一系列道德上的问题，其中最显著的问题之一就是关于隐私和监控这两个相互对立的概念。在 Web 1.0 时代，以上概念已经被广泛研究过。在 Web 2.0 时代，考虑到此类技术的超强互动性与内容自我生成的特性，隐私与监控这一话题显得尤为重要。本节以文献综述的方法回顾已有理论研究文献：首先，分析有关隐私与监控的概念，在东西方两种不同文化语境下阐释这两个概念的历史。其次，分析在组织传播的语境下，数字时代存在的关于隐私与监控的问题。再次，结合数据报告，重点分析 Web 2.0 技术带给组织的隐私与监控的问题。最后，回顾关于此类问题的实证研究及具体案例，通过归纳总结，提出未来的研究方向。

一、隐私与监控

　　隐私这一概念起源于西方文化中对个体概念的高度崇尚。隐私被定义为拥有独立自我的权利，可以分为三种：第一，地点隐私，是指防止他人得知自己所在的地理位置的权利；第二，决定隐私，是指防止他人影响个人独立自主地做出选择的权利；第三，信息隐私，是指个人能够控制其认为的属于个体的自我信息的权利（Tavani,2006）。在以上三种不同的隐私权中,最后一条信息隐私在当今这个时代尤其被关注。正如佛罗里德(Floridi)所说的,在这个时代,人类个体就是各种自我信息的结合体(Floridi,2006)。

现代互联网信息技术对人类的隐私带来了极大的潜在威胁。搜索引擎可以不经意地泄露个人信息:2010年,日本一女子起诉谷歌网络公司未经许可将其晒挂的内衣照片放上谷歌地图,便是现实中搜索引擎对个人信息侵犯的例子。无线移动设备则会有意无意地透露个人的地理位置。社交网络把个人的生活工作放大到网络上,展示给无数网民。而网络聊天系统也会把聊天双方的IP地址暴露,存在暴露地点的潜在可能。这些情况无不表明在这个高度信息化、数字化的时代,个人的信息隐私岌岌可危。在此环境下,个人信息隐私必须严加保护。这些信息隐私因素包括姓名、地址、健康状态、宗教信仰、各类团体组织会员状态及个人性取向等(Ess,2011)。

然而相对上文所述的西方关于隐私的观点,东方文化对隐私却有着不同的理解。在东方社会中,"隐私"这一概念直到近现代才产生,这一现象和东方的古老传统哲学有着深厚的联系。在东方哲学中,"个人"概念被认为是一种幻象(Ess,2011),在20世纪80年代出现的"隐私"一词也带有浓浓的负面意味,通常被认为是"耻辱的秘密"或者"不好的被隐藏的信息"(Lu,2005)。直到最近,在强烈的西方文化等因素的影响下,隐私这一概念才逐渐得到公正的对待。在网络世界中,东西两个半球融合在一起,全球化的浪潮席卷着每一块大陆,东方的古老传统哲学和西方的思想产生了碰撞。在这样的环境下,怎样调和东西方对隐私这一概念的不同理解和看法,成为网络时代有关隐私的重要问题。本文认为,要解决此类问题,首先要厘清不同文化对隐私这一概念的不同解读。

与隐私这一概念不可分割而又矛盾的相关概念是监控。福柯关于监控体系的模型提供了理解该概念的理论与历史背景。他认为,监控体系就好比一座实际建筑模型,这一建筑模型把秩序放置于犯罪者和疯子身上(Foucault,1975)。这一建筑模型应该"是一个环形的半圆,其中布满了小小的个人房间,而这些个人房间能够被在半圆中间的高塔所观察得清清楚楚"。因此,福柯认为,处于被监视中的人们只是一个信息的综合体,而非交流沟通的综合体。基于福柯的这一理论,贝森提出了"圆形监狱"这一比喻来理解现代社会中的监视行为。不同于传统的福柯式的监视理论——认为监控来源于高层力量,贝森认为监控来自平行力量,而这些来自平行力量的监控在数字时代尤为凸显。

总体来说，与数字时代相关的监控可分为三种：自愿监控、横向监控和自我监控。自愿监控又称参与性监控，是指人们自愿参与监控行为从而被监控（Whitaker，1998），最常见的形式为顾客自愿提供自己的邮件信息、家庭住址、产品喜好等。横向监控指公民在不透明的情况下互相监控（Andrejevic，2006），例如不经他人同意，在互联网上查找他人信息，也就是我们所说的"人肉搜索"，以及阅读他人博客、微博等。自我监控指的是人们自觉自愿地通过互联网记录自我信息，而这些自我信息的记录揭示了人们关于时间和地点的信息。如，人们在发送微博或发送朋友圈的时候分享自己的地理位置，或者在自拍时记录了周围的环境。摄像头、手机镜头等都是与这一类型的监控息息相关的。

监控指的是获得他人的信息，而隐私指的是个人对自我信息的掌控。因此，监控与隐私的冲突即在于获取信息掌控他人与阻止抵抗他人获得信息之间的矛盾。这一冲突在数字时代尤为显著，这是因为个人信息在这个时代更易受到侵犯。一些学者认为，数字信息技术从本质上来说就是对隐私的侵害；而另一些学者则认为，信息的搜集与索取是这个时代的特征，谈不上本质上的好坏。这两方面的争论引发了人们对隐私与监控在这一时代的思考。除了考虑时代背景外，人们生活中的另外一个场景——组织生活，也充满了隐私与监控的矛盾，即数字时代组织场景中的隐私与监控的问题。

二、组织中的隐私与监控

工作场所被认为是数字时代的信息中心（Botan，1996），当代组织传播离不开数字信息的交换，而信息监控随着科技的发展在组织工作场所中也日益发展，这些日益严密的信息监控系统却从另一方面侵犯了组织成员的隐私权。与其把隐私与监控看作两个相对立的概念，不如把这两个概念看作是信息时代密不可分的一体两面。本文认为同时审视这两个概念是十分有必要的，正如组织传播学者度厄斯（D'Urso）所言：员工自身的隐私权和组织监控员工的欲望是两个同时存在和竞争的概念（D'Urso，2006）。隐私与监控作为组织传播学研究的热点话题之一，在当今这个数字时代需要被重新审视。工作隐私虽然是人们所拥有的一项基本权利（Duvall－Early&Benedict，1992），但这一权利正被发展迅猛的信息技术所侵害。这些发达的信息技术可以从各个方面来监控员工的各种信息，而员工们却往往并不察觉。以下的一些调查报告揭示了在现代组织中的数字监控现象。

　　总体来说,现代组织运用信息技术进行信息监控的比例正在升高(Botan,1996)。2007 年,数字监控报告显示,全美有 73％的大型公司对其员工的电子邮件进行监控,而 31％的被调查员工表示并不知晓他们自己的个人信息被监察,只有 23％表示知晓自己储存在电脑上的信息被公司浏览,20％的员工表示,知晓公司检查他们所发送和接收的电子邮件。2005 年的一份报告揭示,相对于 2001 年 47％的比率,2005 年有 55％的公司浏览其员工的电子邮件。虽然 84％的员工收到过关于公司的一些电子信息监控方面的通知,但仍有一些员工始终没有收到此类通知,并且 13％的员工称他们并不知道自己的电子邮件被浏览。虽然报告显示 90％被监控的电子邮件是和工作相关的,仍然有 10％的被监控的电子邮件是关于员工私人生活的。

　　可见,电子监控是现代组织生活密不可分的一部分。但这一监控行为导致了个人隐私权与组织监控之间的一些矛盾,其中一个矛盾就在于是否知晓被监控。正如前文所述,如果人们认为自己对信息有足够的掌控,就会产生自己的隐私是完全安全的幻觉。而在现实中,这些员工却是被组织所监控的。第二个矛盾在于在组织工作中,个人的私人信息与工作信息之间的界限模糊。组织监控有关工作信息内容以防止自己的利益受到侵害,防止诈骗偷窃等行为是合理的(Vaught，Taylor & Vaught，2000),但组织获取员工的个人信息是否也是道德的呢? 在现代企业中,信息技术被大范围使用,此时便很难区分个人信息与工作信息,监控电子邮件便是此类矛盾的代表。因此,信息技术的高度发达给组织的监控行为及员工个人的隐私权都带来了挑战,在现代组织中,这两个概念应该被结合起来思考和审视。

三、Web 2.0 时代的隐私与监控

　　在 Web 2.0 时代,关于公共与个人,谁在监控与谁处在监控之下的界限已经逐渐模糊。这为监控与隐私这对概念又带来了新的问题。Web 2.0 时代是以内容分享、用户中心及协同合作为特征的网络时代。这一时代提供给用户互动合作的机会和社交平台,它们同时促进网络虚拟社区的产生。Web 2.0 时代的代表为博客、社交网络平台、视频分享网站等,这些社交性媒体极大程度上改变了人们之间的互动交流模式,同时也改变了人们对隐私这一概念的认识(Rundall & Conley，2015)。Web 2.0 时代允许人

们用网络作为平台分享各种信息（文字、视频、图片、声音等），而这一分享行为却导致了信息不可预见地甚至是永久地被暴露在陌生人面前（Linvingstone，2008）。社交网络不仅给人们提供了交流沟通的平台，同时也在一定程度上鼓励了人们无限制地自主提供个人信息。这一信息的分享行为正是前文所提到的"自愿监控"甚至是"自我监控"。

在 Web 2.0 时代，大量的个人信息暴露在网络中，这些信息的浏览者大多数是陌生人而非熟人。然而，即使是知道这些风险，人们在网络上暴露个人信息行踪的欲望始终超过他们对信息泄漏和被监控的恐惧感。导致这一现象的可能原因之一是人们有一种可以完全掌握自己在网上的信息的错觉。文献指出，只要人们认为自己可以掌控自己的信息，那么便会对自己的隐私权缺少关注（Humphreys，2011）。因此，问题的症结便是人们还没有意识到技术变革给他们带来的影响。当他们在社交媒体上传他们的照片和更新自己的状态时，他们认为朋友们会更好地了解他们，却忽视了此类信息会被陌生人、其他网站及各个组织机构所监控。哪怕删除了上传的信息，人们仍然可以通过搜索或数据恢复等方法还原信息。这些都是 Web 2.0 时代带给个人隐私的威胁。

在监控方面，Web 2.0 时代也带来了改变。最显著的特征之一就是在这个信息时代，整个社会就是一个充满监控的社会（Lyon，2001），以至于整个社会是一个潜在的信息大牢笼（D'Urson，2006）。社交媒体促使社会成为一个更具有互动性和充满合作性的社会，但使用这些社交媒体的人们也深深被这些媒体带来的监控行为所影响。社交媒体把监控行为从官方的、由上至下的变成了无处不在的。因此，与传统被动地被监控不同，在现代社会，人们主动参与到监控行为中，为监控者提供信息，同时自己也在监控生活中的他人。前面所提到的关于监控的三种不同概念都可以在一定程度上解释这一现象。其他的一些关于监控的概念有"超级监控"（Poster，1990）、"电子监控"（Lyon，2001）等。在数字时代，监控的过程变得更加隐秘。

在网络化的社会中，监控者和被监控者的界限日益模糊。每一个使用互联网的人都有可能监视他人，也有可能被他人所监视，因此形成所谓的互相监视（Andrejevic，2006）。和传统的垂直监视相反，数字时代的监视被认为是平行监视，监视和被监视的双方通常享有相同的社会地位和身份。使用社交网络，人们可以自由地互相查看对方的信息，甚至不用申请成为社交媒体上的好友，这样的行为构成了平行监视。事实上，Web 2.0 的出现甚至是鼓励了互相监视这种行为，从而对传统的垂直监视这一概念提出了挑战。

　　这一挑战对与组织相关的监视显得尤为突出，同时对员工的隐私也形成了极大的挑战。传统上，组织的监视行为是垂直的，意味着控制和监视来源于更高的等级或组织中的上层机构。组织中的监控行为最简单的模式是直接的、来自上级的管制（Barnard，1971）。但是，Web 2.0 的出现打破了这一固有结构。在社交媒体上，上级可以监视下级的活动并获取信息，而同样地，下级也可以监视上级的行为并获得上级的信息。或者，下级可以设置信息隐私权限，从而拒绝上级的监视。社交媒体的出现打破了原有的社会格局，逐步或部分瓦解了组织中分明的等级制度。而更为革新的是，在 Web 2.0 时代，监视并不仅仅来源于组织内部，也可以来自社会上的四面八方，包括政府、普通大众，以及与该组织有关的各类利益相关者等。

　　因此，本文提出，在 Web 2.0 时代下，组织监控的概念需要被重新审视，因为传统意义上的垂直监视逐渐扁平化，更加趋向于水平模式。并且，监控的源头更多来源于组织的外部而非内部。也就是说，组织中的成员不仅被自己所在的组织监控，并且也被暴露在大众社会的监控之下。随着监控这一概念在组织传播中的扩大化和模糊化，与其相对的组织中的个人隐私权这一概念也需要被重新考虑。其中一个最尖锐的问题则是，在 Web 2.0 信息平台上的所有个人信息属于公众信息还是个人隐私信息？组织是否有权利通过这些平台来获得员工信息？另外一个问题则是，鉴于 Web 2.0 的互动性，使用者也许并不知道自己的信息被组织所盗取，那么如果组织秘密地从网络上获得员工信息，并使用这些信息从而对员工职业生涯产生影响，这样的行为是否算是侵犯员工权利？

　　这些问题并不能够仅通过简单的学习讨论来回答，而是需要经过长时间的研究和论证，所幸学界已经意识到此类问题的严重性，并且开始展开了相关的实证研究。下面将简述这些研究，以呈现 Web 2.0 时代有关隐私和监控的研究成果。

四、Web 2.0 时代隐私与监控的研究成果

　　在对 294 个北美大学生关于 Facebook 的研究中，研究者询问了他们账号的隐私设置。研究结果表明，虽然大学生们表达了对在线隐私的担忧，却并不知道自己放在 Facebook 上的私人信息具有公开性，也并不知晓他人对这些信息可进行随意搜索（Acquisti & Gross，2006）。

　　德威尔（Dwyer）、希尔滋（Hiltz）及帕瑟利尼（Passerini）对 Facebook 和

MySpace 进行了一系列网络问卷调查。他们对这两个网站用户的个人信息分享程度进行对比，发现两者具有很明显的差异：Facebook 的用户在网络上分享更多的个人信息。但研究也发现，两个网站的用户均对自己在网络上个人信息的隐私表示担忧。另一个关于 MySpace 的调查也揭示了相同的结果。通过对 1 378 名用户的调查发现，这些用户中的绝大多数对自己在该网站上的信息有较高的控制程度。只有极少数（这些用户既然对信息有较高的控制，不应该是极少数发布隐私信息）的用户在该网站上发布比较隐私的信息，例如家庭住址或电话号码等（Jones, Millermaier & Goya—Martinez, 2008）。

另外一项研究试着分析大学生对网上的公共空间和个人空间的区分。这一研究显示，总体上来说，学生人群对此类问题并不十分关心。他们通常在所有可以填写个人信息的地方都写上了个人信息，并且也不限制他人的浏览权限。这一研究同时也表明不同性别在处理网络上个人隐私信息时呈现出不同的倾向：男性更常在网络上发布个人信息，并且不设置浏览权限；女性则相反。研究表明："学生人群虽然试着去管理自己在网络上的信息，试着去协调公共空间与个人空间的区别，但是他们不愿意退出社交网络，因为这可能使他们失去可以出名的潜在机会。"（Tufekci, 2008, p. 33）

李文斯通（Livingstone）采访青少年，试图去了解他们对网络上可能具有的风险和机会的理解。她认为青少年对网络上的个人信息有一定程度的掌控。因为受访对象会有目的地选择在哪里、和谁及怎样去发布自己的个人信息，他们会思考决定在何种网站上发布何种信息。

另一研究通过对 1710 名在校大学生的 Facebook 个人隐私设定来探究何种因素会影响人们在社交网络上的隐私设定。研究表明，共有四大因素决定了学生群体的网上隐私设置模式：他们的朋友及室友是如何设定隐私的，他们在社交网络上的活跃程度，性别，以及他们的文化背景。研究表明，朋友们的隐私设置能够影响用户的隐私设置，而女性通常在隐私设置上比男生更加隐秘一些，这一结果也和前文所述的研究结果相同（Lewis, Kaufman & Christakis, 2008）。

朗及（Lange）开展了为期一年的人类学研究，采访了 54 位 YouTube 网络用户。调查这些用户在此网站上的信息公开程度，以了解他们如何决定谁能够看到他们上传到该网站的视频信息。研究结果表明，社会关系决定这些用户的网络信息分享设置，这些用户向社会关系亲近的人展示更多的视频内容，决定一个视频内容的公开程度取决于视频中展示的内容和该

视频包含的个人信息的多少(Lange，2007)。最后,福克斯(Fuchs)发放了
674份网络问卷,调查澳大利亚用户的社交媒体使用情况。网络问卷结果
表明,这些用户基本上并不关心和知晓自己在社交网络上的信息可能被监
控和盗取,但他们知道自己所发布在社交网络上的信息可以储存很长一段
时间。研究者指出,对于社交网络上的个人信息的监控和盗取行为的批评
声与个人在社交网络上发布的信息的重要程度成正比(Fuchs，2010)。

虽然以上这些研究都开始探索在 Web 2.0 时代监控和隐私的概念,以
及人们相应采取的行为,但是关于监控这一层面的研究相对来说比较缺
失,并且关于在 Web 2.0 时代与组织传播相关的监控和隐私方面的文献更
是缺失。因此,有必要扩展与此类话题相关的研究。最后本文将展示在现
实世界中与组织监控和员工隐私相关的一些真实案例,以期引起研究者对
此类话题的重视。

五、组织中关于隐私与监控的真实案例

由社交媒体所引起的关于个人隐私和企业监控所引发矛盾的案例近
年来呈逐步上升态势。其中一个案例就是苹果公司解雇了其在英国的一
名员工(Schnell，2011)。解雇事件起源于该员工在 Facebook 上发表了关
于苹果公司的负面信息,并称该公司有意阻止网络上这些负面消息的传
播。令人惊讶的是,法庭同意了苹果公司关于解雇该员工的决定。这一现
象真正敲响了警钟,使人们开始思考在什么范围内组织或公司或企业能够
被允许去获取员工在社交网络上的信息,并且在什么程度上员工拥有关于
受雇企业的言论自由。

与苹果公司相反的案例则是一美国非营利性组织的案例。美国非营
利性组织声称,组织不能以从社交网络上获取的员工个人信息为证据来解
雇员工。报道称,2010 年,"一位国家劳工关系委员会的行政法官,判处一
家水牛城地区的非营利性组织,因为 5 名员工在 Facebook 上发表关于工作
的评论而解雇他们的行为是非法行为"。该判决建议公司或企业出于管理
监控的目的,来寻找与员工相关的信息时必须十分小心,对于社交网站上
的员工信息的获取和使用必须注意边界(Vijayan，2011)。

在伦敦出版的《他们可以做什么:重新思考工作场合中的权利》的一书
中,作者探讨了员工在工作场合所拥有的权利。本书对社交媒体做了专门
讨论,作者称,每天都有员工因为在自己的社交媒体上,发布一些与工作或
自身相关的信息而遭到解雇,这一现象并不少见。因此,员工同样需要小

心对待自己在社交媒体上发布的信息。并且作者警告员工,公司或企业在
社交媒体上获得与员工相关的信息并不仅仅意味着员工被解雇,还可能导
致一些更加细微的负面结果(Maltby,2009)。例如,公司或企业可能因为
社交网络上的一些信息,推测出一名员工可能会跳槽,而将这名员工调整
到非重要工作岗位,并且开始排挤该员工。这一行为即使微小,也损害了
员工的个人利益,并且这样的情形难以得到法律上的保护和制裁(Hoeven,
2010)。

　　另一个存在于组织传播领域中的关于监控与隐私的问题是:在什么程
度上员工可以对自己的公司和组织发表个人意见? 通过前面的几个案例
和研究所见,目前为止最好的办法似乎只有员工不要在公开的社交网络上
发表和工作相关的言论。但是,作为个体来说,员工应该有权利自由地发
表他们的意见。这一矛盾情况是 Web 2.0 时代监控与隐私的另一个讨
论点。

　　基于前文所述的研究和真实案例可以看出,Web 2.0 时代隐私与监控
问题已经在一定程度上引起了各类学者的注意。但研究仅仅停留在监控
与隐私的表面问题上,例如使用人群的隐私设置状态及一些有关这类问题
的实际陈述等,缺乏更加深入的研究。同时组织传播这一特殊语境中有关
隐私与监控的研究更是缺失。因此本文提议,对隐私与监控的研究应该朝
着更加深入、脱离表面问题叙述的方向进行。在传播学特别是组织传播学
方面的研究可以探讨的话题有:如何重新构建隐私和监控的概念;研究隐
私和监控的界限,尽量让各利益方均满意,利益各方则包括个人、政府、企
业、组织和员工等;在组织中,应该如何设置一些关于隐私和监控的条款条
例,让个人和组织都不会因为社交网络上的信息而使自身利益受到影响;
还可以探讨如何让问题的各方都能够了解隐私与监控的矛盾问题,从而进
行一些自我规避。

　　总之,在 Web 2.0 时代,隐私和监控的矛盾日益激化。这对矛盾影响
到了社会的各个方面,从个人的生活到他们的工作。目前的有关研究着重
于揭示现象、了解现状,这是研究此类问题的积极开端,但需要更多深入细
致的研究,以使人们能够更加正确合理地应对这一矛盾体。希望本文对
Web 2.0 时代关于隐私和监控的研究,特别是在组织传播的语境下的研
究,能加深人们对这类问题的认识,并起到一定的借鉴作用。

第二节　新媒体与员工的招聘过程

人们与组织发生关系的第一阶段产生于人们看到关于该组织的招聘消息，并且递交求职申请时。早在这一阶段，新媒体已经开始渗入人们与组织的交流中了。在审核职位申请者的背景过程中，新媒体，特别是社交媒体被组织广泛应用，用于探究和寻求求职者的一些相关信息。但是在这一信息审查过程中，组织已经面临着一些使用新媒体的危险。正如前面一个小节所述，如果企业组织不能够十分清楚地区分个人信息和工作职位相关信息，而利用其在新媒体上收集到的个人信息来影响整个招聘过程，组织和企业将会面临一些有关新媒体使用的法律上的风险。具体法律上的风险有如下几点。

一、招聘中可能存在的非法歧视

社交媒体上的信息往往包含着各类敏感的个人信息，而这些个人信息中的大部分是被《中华人民共和国劳务法》及一些与雇佣关系相关的法律法规所保护的。这些受保护的信息包括国籍、民族、性别、宗教信仰及残疾信息。《中华人民共和国就业促进法》进一步阐释了对某些可造成就业歧视的敏感信息保护。这部法律明确规定在整个雇佣过程中，对于女性、少数民族、残疾人、农民工及流行性疾病患者（例如肝炎）的歧视是严令禁止的。如果公司或企业由于以上所述的各类特征而对员工或者在招聘过程中出现各类程度的不公正行为，员工或者应聘者可以行使他们的法律权利对公司或企业或者应聘单位进行法律诉讼。因此，在招聘和雇用过程中，组织企业或许可以使用社交媒体作为信息获取渠道来审查应聘者或者员工的各类背景信息，但是对于使用在社交媒体上获得的敏感信息，应该三思而后行，以免触犯和雇用相关的歧视类法律。

二、招聘过程中侵犯个人隐私面临的问题

中国大陆范围内并没有特别具体相关的法律来明确组织企业在招聘过程中应该如何合法地收集员工和应聘者相关的信息。但是《中华人民共和国侵权责任法》明确规定了每一个公民都具有隐私权。对于每一个公民

隐私权的侵犯都可能被追究法律责任，同时对公民隐私权的侵犯也有可能被视为对其名誉的损害。

其次，在《就业服务与管理条例》中，招聘单位有责任保护应聘者的"个人信息"，招聘单位在向他人或者公众公布应聘者信息之前，必须获得应聘者的书面同意。但是这一法律法规并没有明确规定何种信息属于应聘者的"个人信息"。总体来说，应聘者和员工的所有信息都应该属于"个人信息"。因此，如果招聘单位组织在社交网站上获得了员工或者应聘者信息，并且将此信息公布或者与其他个人及第三方进行讨论，会被认为是把员工及应聘者的"个人信息"公开化，从而违反相关的法规而引起法律纠纷。当然，如果此类型的信息公布和讨论是获得员工或者应聘者允许的，那么公司或企业则不必承担相关个人信息方面的法律责任。相关的法律法规中并没有明确指出当公司或企业侵犯应聘者或员工的个人隐私信息时，它们会受到怎样的处罚。但是一般情况下，如果出现了上述的情况，受侵害的员工或者是应聘者有权利采取进一步的法律行动，来维护自己的权益，这些行为包括要求停止及禁止公司组织或企业获取相关的个人信息，恢复其被损害的名誉，消除不利影响，公开道歉及赔偿经济损失等（包括身体上及心理上不同程度的损失）。

三、公司或企业对隐私问题的应对策略

为了避免带来不必要的法律纠纷及经济损失，在利用新媒体或者社交媒体来获得应聘者的一些个人相关信息时，招聘公司或者组织应该注意以下事项：

招聘公司或者组织应该在招聘过程中知会应聘者在整个过程中，他们的社交媒体信息将会被查看，并且被纳入考虑中，从而影响整体的招聘结果。招聘公司应该提供一份书面陈述，列举在新媒体或者社交网站上的何种个人信息会被公司查看和浏览，并且知会应聘者这些信息将会被处理及保存，同时表明在应聘过程结束后，此类信息将会被销毁，不做其他用途。例如：招聘公司只会试图去获得应聘者向普通大众公开的个人信息，而不会去刻意挖掘应聘者无意向大众公布的一些私人信息。而招聘公司或者组织应该严格按照书面陈述上的条款进行应聘者的网上信息的收集活动。招聘公司应该对员工进行相关的培训，指导相关人员合法地在网上收集和招聘过程相关的信息。应聘公司应该有明确规定在整个信息收集过程中，相关人员只能够收集合法的个人信息而不能跨越法律的界限。招聘公司

应该有明确的书写条文规定如何使用社交媒体及其他各类型的新媒体来获取应聘者的相关信息。此类行动表明了应聘单位具有相关的法律意识和自律能力。理论上来说,通过社交媒体进行应聘者信息审查的人及决定应聘结果的人不能够是同一人。在此机制下,与应聘职位无关的个人信息(包括一些受法律保护的个人隐私性的信息)就不会被纳入整个招聘过程的考量中,从而保证整个招聘过程的公正性,也避免了为招聘公司带来不必要的与新媒体或者社交媒体相关的法律诉讼。招聘公司应该建立起一套反歧视的制度,同时应该在公司范围内开展相关的培训课程。这一类相关的政策和培训应该在人力资源,特别是与招聘工作相关的员工当中切实地展开,保证最高度相关的人员能够切实地按照规章制度行事。

第三节　新媒体运用的负面作用及应对策略

在现代工作环境中,新媒体或者是社交媒体已经成为办公室环境中不可或缺的一部分。本书前面的章节已经充分叙述了这类型的新科技给工作带来的便捷之处,但是所有事物都具有两面性。因此在工作场合中,新媒体也会起到一些负面的作用。

一、工作场合使用新媒体的负面作用

当公司或者组织员工在工作场合中使用新媒体时,不仅他们自身面临着一些风险,该组织或者公司也会面临着以下不同的风险。

1. 侵犯机密

社交媒体平台为大众提供了一个开放的窗口,方便人们互相交换信息。由于社交网络平台的这一特性,公司或者组织员工在使用社交媒体的时候很有可能不经意间上传了一些关于该公司组织或者其他员工的机密信息。这一行为可能导致公司或企业的名誉或其他同事的名誉受损。我国著名的社交媒体包括 QQ 或者微信,以及国际化的社交媒体领英(Linkedin)都允许并且鼓励使用者与他们工作中有关系的个人成为好友进行联系,并且经常会提供建议联系人名单或者推荐联系人名单。而这些联系人的名单即使在员工结束了与公司或企业的工作合同后仍然会继续出现,从而导致一些机密信息的泄漏。虽然在工作场合禁止使用以上所述的社交媒体是不切实际的,公司或企业应该考虑在员工合同结束,员工离开原先的工作单位后，如何采取有效的措施使员工履行合约防止机密信息的泄漏。

2.对公司或企业及第三方的名誉损害

员工极有可能在社交媒体上散布有关于公司或企业或者是与其工作有关的第三方的负面信息，从而导致对公司或企业及第三方的名誉损害。当第三方名誉受到损害时，公司或企业极有可能成为为自己员工不妥当行为承担责任的责任方。这种情况最常发生的是受同一公司或企业雇用的员工名誉被其同事所损害。在这种情况下，在社交媒体上散布负面信息的员工及该员工的公司或企业通常需要同时承担法律责任。

3.违法的歧视及骚扰

受雇于同一公司或企业的员工可能在社交网站上散布关于其他员工的负面评价。而这些评价可能涉及一些受保护的个人隐私，例如残疾，慢性疾病，种族/名族，性别，以及性取向。如果员工在其受雇工作的时间内，对其他同事做出了涉及上述信息的负面评论时，并且被评论一方表示因为此评论而感觉受到了羞辱、威胁或者冒犯，这些评论就有可能成为违法的歧视或者骚扰，不仅散布该评论的员工，雇用该员工的公司或企业也有可能为此类违法评论负法律责任。

但是，如果当公司或企业在组织中能够有一定明文规定，防止自己的员工犯此类的错误，同时采取一定的实际措施，例如进行相关培训，建立相关的监督机制等，在这种情况下，公司或企业则一般不需要同时与犯下此类错误的员工共同承担法律责任。

4.工作效率低下

此类型的负面作用可以说是程度最轻的负面作用，但又是最常见的也是对公司或企业损害最大的负面作用。由于社交网络的网状特性，信息呈四面八方扩散性，员工使用社交网络的初衷可能是与工作相关，但是在点击2至3个超链接以后，该员工的社交网络行为就极有可能与其工作毫无关系了。而这些与工作毫无关系的信息就会减缓员工的工作效率。虽然在工作场合中禁止使用任何社交媒体是不切实际的，但是公司或企业应该进一步思考如果建立起有效的机制，限制员工在社交网络上进行的与工作无关的活动。

二、公司或企业采取的相关应对策略

对于上述的新媒体在工作环境中所起到的负面作用，公司或企业并不是无能为力的。下面将提供一些公司或企业可以采取的应对策略，最大化降低新媒体在工作环境中起到的负面作用。

1.限制工作场合中社交媒体的使用

这一措施是最为常见的，也是最为实际和最具有技术可行性的一个措施。但是这一措施可能在员工中最不受欢迎，并且可能引发员工的负面情绪，从而影响工作士气。并且，这一措施只能预防员工在工作时间段内的不恰当的网络行为，并不能约束和限制他们在工作场合以外使用新媒体的行为。公司或企业极有可能对员工工作时间以外的不恰当的网络行为附上法律责任，特别是当这些不恰当的网络行为和工作具有极高的关联度的时候。所以公司或企业需要谨慎考虑是否应该限制员工在工作时间段内对于社交网络的使用权力，应该仔细衡量这一措施的利弊。

2.建立相应的规章制度

建立起一套关于在工作时间和工作时间以外的员工使用社交媒体的规章制度。这一类型的规章制度应该具有具体详细的条款规定各类型的社交媒体活动，公司或者组织需要特别注意以下几点：

(1)建立相关参数来管理员工在工作场合中使用公司或者组织的IT系统。

(2)时刻提醒员工社交媒体并不是私人性质的隐私活动，员工所涉及的媒体活动可能会被公开。

(3)禁止任何性质的在社交网络上针对任何其他员工的歧视、欺凌或者威胁活动，包括针对其他个人的恶意中伤、负面评价以及侮辱性留言。

(4)禁止发布任何关于公司、客户或者第三方的任何负面评价。

(5)禁止在网络上公布任何涉及其他员工、公司或企业、客户或者第三方的机密信息。

如果公司或企业，也就是公司或者企业组织想设立监控系统来监控其员工或者组织成员的网络活动，公司或企业应该在实行该措施前明确通知所有员工，并且明确规定在工作时间段内的任何与工作无关的网络活动都会被公司所禁止。

这一监控措施也应该明确规定如果以上规定被触犯以后的惩罚措施，包括惩处措施及最终的解雇行为。但是该项规定措施应该避免过于宽泛，从而触犯到员工在工作场合以外的一些权益，包括隐私权及信息自由权。

3.向员工提供相应的培训

这些培训应该着重于指导员工知晓哪些网络行为会有可能构成网络

歧视、欺凌及威胁。同时这些培训也应该教育员工哪一类型的网络行为在工作时间是被禁止的。如果公司或者组织目前还没有现存的培训系统，那么应该首先起草反网络歧视、欺凌及威胁的公司协议，并且指导员工对其中的条款进行详细的了解，同时开展相应的培训活动。在公司或者公司或企业面临对于网络歧视、欺凌及威胁的被起诉的情况下，以上的一些条款政策或者培训活动能够显示出公司或企业有积极的态度来防范任何形式的网络不恰当行为，从而在法律诉讼面前能够具有一定的防御能力。

4.公司实施监控行为的注意事项

在工作时间段监视员工的网络社交活动行为，可以帮助公司或企业决定此类型的网络行为是否真的会使员工的工作效率减低。但是需要注意的是，这一类型的监控行为可能会触及员工的个人隐私权。在工作场合实施此类监控措施之前，公司或企业应该向律师寻求咨询，以确保不会初犯员工的隐私权。

5.合同条款签订时关注信息保护

公司或企业在与员工签订雇用合同条款的时候可以加上关于公司或者公司或企业的机密信息保密的条款，此条款能够保护公司或企业的一些隐私机密信息。在面临员工在网络上泄露信息的情况下，为公司或企业提供法律保护。

增加关于在员工离职后的关于接触客户的限制性条款。许多员工在网络即时聊天工具上与客户交流，而这些聊天工具没有任何的限制。即使员工离开原先的工作单位，他们仍然能够使用这些聊天工具与客户联系，从而可能威胁到前任公司或企业的利益及名誉。因此公司或企业应该在雇用条款，以及离职合同上增加对于离职员工与原有客户的联系形式的限定条款。

6.员工网络不当行为的相应处罚措施

在员工触犯了有关网络不当行为的公司条款之后，公司应该采取相应的惩罚措施或者教育措施。在一些情况下，此类员工应该被开除。每一个具体案例都应该有事实的证据来支撑，在开除相关员工之前，公司或企业应该向律师或者法律部门咨询以免触犯不必要的法律条款，公司或企业应该在法律指导下对相应触犯规章制度的员工进行相应的惩处甚至是开除。

第四节　社交媒体上的负面评论与道德问题

在第四章中，我们探讨了社交媒体与公关活动之间的关系，虽然从大体上来看，社交媒体有利于公关从业者们更好地开展各类型的工作和活动，但是各类型的组织团体也同时会受到在社交媒体上各种类型的负面评论的影响。在这一节中，我们将详细叙述社交媒体上的负面评论给各类型的组织团体带来的损害。

一、关注各类型公众对组织负面评价的必要性

社交媒体鼓励人们在网络上分享他们自己的观点、爱好，同时也鼓励人们积极参与各类型的交流和传播活动。过去的各类型的研究表明社交媒体在吸引各类型的公众方面有着巨大的潜力，但是在这潜力的背后最关键的问题是如何同时应对在社交媒体上出现的来自各类型公众的对于组织团体的负面类型的评价。在传统的公关文献中，学者们已经花费了大量的时间研究如何应对消费者的口口相传的负面消息。但是较少专家学者着眼于社交媒体网络，研究如何应对在社交媒体中出现的相关的负面评论。在传播学领域，专家学者一直致力于研究网络上的各种评论是如何影响人们的决定过程的。在传统的传播沟通领域及面对面的交流场景中，来自交流场域之外的人的意见通常被认为是比较无足轻重的。但是在社交媒体的时代，各类型的社交媒体平台为各类型的消费者公众提供了交流产品信息、服务及公司本身的场所，使得那些不在交流场景中的人们也能够接收到这些信息。并且在网络上，人们对于各类型的信息来源的信任度较高。一项调查表明，人们通常在网络上只要认为发言者的背景，或者甚至是性格与自己相似，他们就会认为该发言者的信息是值得信赖的。这样的倾向表明，在网络世界中很多无名者的评论，无论是正面的还是负面的都会对人们对于一个特定组织、团体、产品、服务等造成一定的影响。

对于一个组织或者是其旗下产品的负面评论通过互联网能够达到几何级数级别的发散。这样一个形态的负面宣传能够严重损害一个公司或者组织的形象，因为当人们对于一个公司或者产品进行评价的时候，他们往往会倾向于更加看重负面的影响和评论。这一类型的现象被称为负面偏见，负面偏见指的是在同时面对正面信息和负面信息的时候，人们在心

理上往往会更加偏向于接受和相信负面信息。这种"正面－负面不对称"性的现象在许多领域都是非常常见的,包括印象管理、消费者产品印象及网络口口相传等的场景。对于这种现象的解释之一是因为人们普遍认为负面信息会比正面信息更加有用,因为正面信息是常见的,而负面信息恰恰是不常见的。另外的一个解释原因是消费者们的归因性质的观点。消费者们会推测一个产品信息会在网络上及其他各处被发送的原因,并且会利用他们自己想象的推测来判定一个产品或者是一个公司的好坏。在归因效果的过程中,消费者往往会认为那些正面的或者说对公司产品有利的信息的发送是由于这些公司的宣传策略或者是广告策略,而那些负面的信息的发送则是由于人们对于该公司或者该产品的真正体验。因此在这样的归因过程中,人们自然会更加倾向于相信负面的信息,而且并不缜密地考虑这些负面信息是否真实。

在传统的公关活动场景中,话语权往往掌握在企业、组织或者是团体的手中,一般的普通民众或者消费者很少有机会发言。因此即使负面信息在人们心中的比重更重,人们更加倾向于相信负面信息,负面信息能够真正伤害到组织、公司及产品的机会是比较少的。但是在社交网络中,人人都是信息的接收器,而同时人人都是信息的发送口,在网络中特别是社交网络中,个人的力量和组织团体的力量几乎是相等的。在传统的交流场景中,组织可以利用自己本身的财力物力及人力上的优势,对于那些不符合事实的负面评论进行一定的封杀,阻拦。但是在社交媒体的世界这几乎是不可能的,原因如下:首先,社交媒体的世界从根本上来说是草根世界。社交媒体的兴旺发展是草根团体的功劳,而那些大型的组织公司团体是在社交媒体兴旺以后才加入这个网络世界的,因此草根的力量可以说是在某种程度上大于那些在现实社会中拥有大量资源的团体。所以在社交网络世界中,人们会更加愿意去相信那些来自草根,或者说是普通民众的发言。其次,社交媒体平台有大量的技术支持,来帮助个人的发言被全世界和全社会所听到。正如前文所示,由于社交媒体具有网络性的属性,每一条信息的发送都可以呈几何级数增长。而信息的拦截却永远只能停留在基本的一对一的基础上,所以大型企业组织的资源在网络世界上几乎显得是苍白无力的。同时,社交网络上的信息传播是呈圆环状发展的,通过各类型的转发,几乎很难从源头上去截断一则负面消息的传播,因此传统的应对负面信息的围追堵截的方式在网络世界难以见效。

综上所述,在社交媒体的世界中,人们能够随意发布一些并不真实的对于组织团体产品服务等的负面信息,而这些负面信息对消费者或者普通公众通常都能够起到一定的影响作用。但是遗憾的是,在社交网络的世界中,组织团体或者公司企业对于这些负面信息的应对能力还是十分有限的。

二、社交媒体上涉及的道德问题

在传统公关活动中道德问题始终是一个矛盾的概念,因为很多时候公关活动甚至是整个公关行业的目的就是寻求控制,欺骗或者甚至是为了达到一定的商业目标而进行一些不择手段的活动。但是不可否认的是,道德问题始终是公关专业学者研究的一个热点。而在现代社会中,对于公关活动中道德问题的研究点逐渐从线下转移到了网络或社交媒体上。毫无疑问,社交媒体和网络为公关活动带来了无限的可能,而公关从业者也热衷于把这些新的网络工具融合到日常的活动当中去,但是大多数从业者并不清楚如何有道德地规范地使用这些新工具。有一些极少量的研究涉及了在社交媒体中的道德问题。这些学者指出事实上公关活动的本质道德问题并没有因为网络的加入而改变,但是网络和社交媒体的加入使得日常的公关活动出现了更多的新的问题和新的冲突。围绕着网络和社交媒体出现的新的道德性的问题包括透明度、渗透性、代理代办、信息丰富程度及可到达性。关于透明度的问题包含了信息的发送者或者是赞助者究竟是谁,那些看似自发性支持行为是否是真的自发行为,以及那些看似存在的网络信息守门人是否真的履行其职责。关于渗透性的问题是指,在网络上公关从业者会失去对其发送的某些信息的控制及对整个活动信息发送过程的控制,从而导致整个公关活动的目的出现偏差。例如,组织团体中的成员利用他们的个人时间在其社交媒体上发表一些言论和观点,而专业的公关人员对于这些来自组织的信息的控制力是十分有限的。不同学者、学派对于各种关于网络、社交媒体及公关活动的道德问题的分类各不相同,在这里我们通过对一些文献的总结,列举出在社交媒体时代在道德上被认为可接受和不可接受的公关行为。

1.揭发者的角色

扮演揭发者被认为是对公众利益最大的贡献。然而虽然揭发一些有关公众利益方面的意义表现出公关从业者对整个社会和社会大众负责的态度,但是这样的揭发行为也会使得告密者承受一些后果,例如失去工作,受到一定程度上的威胁等。对于知道公司或者组织内部腐败情况的从业者,专家表示他们认为这些从业者有义务向社会和大众报告这一信息。

2.为服务机构撰写私人博客

传统意义上在非公关活动的场景中,公关人员进行相关宣传工作的行为被认为是不道德的,特别是在公众未知情况下进行的宣传活动。因此人们也普遍认为公关专业人员利用自己的专业知识帮助组织团体或者是领导者进行个人博客撰写是不道德的行为。因为在博客世界或者是社交媒体平台上,来自博客主或者是社交账号主真实的声音是一个默认前提。很多公关从业人员表示,当他们代替组织中的领导人来帮助他们发表社交媒体内容时,他们感到违背了这个行业的道德标准。

3.信息透明度

信息透明度一直是公关道德研究领域中研究的重点。但是在利用网络和社交媒体进行公关活动中很多信息缺乏透明度。例如,公关人员会参与信息的发送和评论,自己在公关信息下撰写正面评论,转发公关信息以提高该信息的流传度,同时公关公司也会利用网络水军来为自己的行为造势。这一系列行为都被认为是掩盖信息的来源和目的的不道德行为。

4.信息付费

在网络世界中会出现各种各样的具有宣传作用的信息。有一些信息的出现是由于信息发送者出自真心对于某种特定的产品、服务或者是组织具有好感。而大部分情况下,此类型的信息的出现是由于信息发送者被支付了一定的金钱或者物品。在现实世界中,产品的代言人、形象大使等都是付费产生的产物。在线下世界中人们能够轻易地区分付费与非付费信息。但是在网络世界中或者是社交网络中,付费与不付费的区别有时难以区分。这就是另外一个网络公关中的道德灰色地带。

5.新媒体公关道德培训

如前文所述,对于传统的公关行业中关于道德问题的研究硕果累累,同时公关从业人员能够比较轻易地找到线下公关活动的道德准则。在各类型的公关书籍中也能够找到公关活动道德问题的相关培训。但是由于新媒体和公关活动的融合仍处于发展阶段,虽然已存在一些关于新媒体公关活动的道德方面的研究,但是相对于传统公关活动来说,新媒体公关的道德准则还是较为模糊的。因此,在使用社交媒体进行公关活动时,专业人士亟须相关的培训内容和准则手册来指导他们的相应的网上行为。

第五节　社交媒体对危机公关的危害及应对

　　毫无疑问,社交媒体已经成为组织团体在当今社会中与各类型公众交流的渠道之一。而在大部分的组织团体中都会有专人负责这些社交媒体账号,每一个不同组织团体的社交媒体账号都会具有一定的特定风格、说话特点和信息发布模式。随着这些专门的社交媒体账号的发现,虚假社交媒体账号这一现象也应运而生。虚假社交媒体账号指的是网络上的个体,模仿特定的一个成功的具有一定威信和影响力的组织团体社交媒体账号,模仿这一账号的话语方式和文字信息风格来发送一些嘲讽性质的信息。这一类型的社交媒体账号往往会混淆公众的视听,对官方账号的影响力及该账号所服务的组织团体造成名誉上的损失。特别是当组织团体处于危机时期,这些账号反而起到了火上添油的作用。因此,在当代社会中,当组织遭遇危机时,公关从业人员不但需要了解如何应对来自大众的问讯和质疑,更要着眼于这些应运而生的虚假社交媒体账号。这一节将主要从四方面介绍这一类型的社交媒体账号:虚假社交媒体账号产生的契机,此类账号的运作原理,此类账号如何影响组织的公关活动,以及组织该如何应对此类型账号发布的信息。

　　这一类型的社交媒体账号并不会无故产生,它们的产生总是随着一些特殊事件的发生而产生。总体来说,会有以下三种契机导致这些账号的出现。首先,当特定的组织团体或者个人发生了大规模的危机事件,或者这些组织团体和个人发布了一些不恰当的但是能够引起公众兴趣的言论时,虚假社交媒体就会立即产生。通常在这些时候,此类型的社交媒体账号会借着危机的力量大量吸引粉丝,频繁发布与危机相关的各类型的嘲讽型信息。其次,当特定公众关注的事件得不到妥善处理的时候,嘲讽型的社交媒体账号也会相应出现。例如,在 2010 年英国石油公司出现墨西哥湾漏油事件后,官方对此次事件的发生原因,后期处理,以及造成的严重后果等都没有给出明确的官方信息。因此在漏油事件发生后,国外社交媒体上出现了嘲讽英国石油公司的社交媒体账号,这类型账号的出现表达了公众对于该组织处理该事件的不满情绪,同时这一类型的账号也称为公众宣泄自己不满情绪的出口。最后,虚假社交媒体的出现是由于出现了信息真空期。信息真空期指的是当一个重大事件还在发生发展状态,但是社交媒体或者是传统媒体上缺乏关于这个事件的官方信息报道,或者有关于这个事件的官方信息报道不全面。在这种信息真空的情况下，大众迫切需要知道与事件相关的进展信息，因此虚假社交媒体账号就抓住这一信息空间，模仿官方发送信息的模式和语调，吸引大众的注意，以获得粉丝。

此类型的社交账号是依赖着官方账号和危机事件的影响力而产生的，因此它们最初的运作原理是围绕着官方账号和危机事件的。这类型的账号前期信息总是直接和危机事件相关的，同时这些信息的发布形式和语气总是高度模仿官方的社交媒体账号的信息发布形式和语气。这样的信息发布形式能够高度混淆大众的试听，同时使得大众自然而然地把这些嘲讽型社交媒体账号和当前的火爆事件或者官方组织联系在一起。其次，这些虚假型社交媒体账号总是步步紧跟着官方媒体账号或者是传统媒体发布的和事件相关的信息。这些社交媒体账号是对事件发出嘲讽，发表不满的平台，当官方媒体账号或者是传统媒体发出和事件相关的信息时，这些账号总是在第一时间内做出反应，对这些信息进行转发评论，或者发出讽刺性的相对应的信息。第三，此类型的账号总是强调和事件相关的负面信息和负面情绪，同时时刻提醒其受众和粉丝关于该事件的负面影响。在整个危机事件的发展过程中，无论官方的社交媒体或者官方口径如何努力地帮助组织或者个人挽回声誉，发送正面信息，这些虚假的社交媒体总是时刻强调事件的负面性，通过负面的情绪和信息来持续吸引受众。

由于这些社交媒体的出现和其注重负面影响的性质，虚假社交媒体必然对组织团体的正常公关行为产生一定的影响。最重要的影响表现为混淆视听，在危机发生的初步阶段，所有的相关大众都会积极寻找和事件相关的信息来满足自己对事件的求知欲。而当官方的社交媒体没有办法提供给大众足够的信息时，他们会转向这些嘲讽性质的，看似和官方社交媒体账号类似的账号来寻求信息。但是这些账号所提供的信息往往是错误的或者说是具有误导性的信息，当公众过于相信这些信息的时候，他们往往会对事件的真实发展走向产生误解。其次，这些虚假社交媒体账号的出现削弱了公众与官方社交媒体账号之间的联系。在事件发生的过程中，官方媒体账号由于受到各方面的限制，在信息发布的数量和频率上往往敌不过这些虚假社交媒体账号发布信息的数量和频率，而当公众具有对信息迫切的需求时，他们便会转而关注和相信这些虚假账号。长此以往，公众与正式官方媒体之间的联系就会逐渐被削弱。

基于虚假社交媒体账号能够对组织团体带来一系列的负面影响，官方的公关团队必须学会应对，以降低这些负面影响。首先，最重要的是官方的公关团队不应该无视或者是忽视这些虚假账号。由于目前公关行业对于社交媒体在整个公关活动中的运用还处于初级了解阶段,大多数从业者对于虚假社交媒体的认知更是知之甚少,因此很多情况下,大家会选择忽视这些账号。但正是由于这些忽视的态度给了虚假账号生存和发展的空间,当这些账号发展到一定程度时,其所带来影响就难以控制了。因此对于应对虚假账号,我们提出以下几点意见:第一,厘清虚假账号所带来的混淆。当虚假账号开始引起公众混淆时,官方账号应该开始积极行动。该采取的措施有在官方账号上申明自己的官方身份,同时撇清本账号与虚假账号的任何可能存在的关系。向社交媒体平台的管理机构报告虚假账号的存在,同时申请管理层面对该虚假账号进行警告或者注销账号等的管理措施。第二,重新树立官方账号的威信度。当虚假账号的信息威信度超过官方账号的时候,官方账号应该开始积极寻求各方面的帮助来重新树立其威信。除了在第一点中提到的可以采用管理手段来对虚假账号进行封杀以外,官方账号可以积极联络其他各类型的官方账号,对自己所发布的信息进行转发,同时也可联络各类型的意见领袖,请他们来为自己的信息发声,获得他们的支持,以达到重新树立威信的效果。第三,线上线下相合作。当线下的传统媒体也开始注意到虚假账号上所发布的信息的时候,便是虚假账号对组织团体造成最大伤害的时刻。因此,在察觉到虚假账号已经开始对组织造成一定危害的时候,为该组织服务的公关人员应该开始积极联系传统媒体,重申自己官方发言人的身份,同时告知传统媒体关于虚假账号的存在,避免传统媒体受到虚假账号的误导。同时可以联系传统媒体探讨反击方案,做到线上线下同时合作,发送正面的官方的信息,以达到封杀虚假账号的目的。

　　虽然新媒体无论对于组织对外传播或者对内传播都有着上述种种负面影响,但是只要认清这些负面影响,同时积极地思考各种应对策略,新媒体终将能发挥最大效用,以促进各类型的组织传播。在下一章节中,我们将抛开黑暗面,转向光明面,总结新媒体对于组织传播所带来的各类型的正面影响。下一章节将重点分析在这次研究中,新媒体带给组织传播学者的启示启发,针对本书前几个章节的研究做出总结、展望,为未来新媒体与组织传播方面的研究提出新思路、指出新方向。

第七章 本研究对组织传播活动的现实意义

本书集中探讨了新媒体在组织内部传播和组织外部传播两方面所产生的影响。这一章将立足于前文的研究成果，总结新媒体在组织传播发展中的现状；同时，通过前文的研究为企业管理者和政策制定者提供一些关于管理新媒体使用的意见和建议。本章节前半部分将主要通过总结前几章节的研究成果和理论梳理来探讨新媒体与组织对内传播所带来的影响，后半部分章节将侧重于新媒体与组织对外传播。

第一节 社会属性决定新媒体的使用

在关于研究公司员工使用何种新媒体工具来寻找和工作相关的信息时，研究结果表明利用新媒体来寻找信息在现代工作环境中是一个极为普遍的事实存在。这一事实的存在再一次证明了与组织传播相关的研究应该顺应时代潮流，把新媒体话题纳入研究范围内。六种形式的新媒体在工作场合中被频繁地运用：互联网，电子邮件，内网，网上聊天工具，个人社交网站账号，以及组织企业社交网站账号。在这六种新媒体形态中，互联网是最为频繁使用的，而组织及企业社交网站账号的使用频率最为不频繁。在工作场合中，员工更倾向于使用互联网，电子邮件，内网及网络聊天工具来寻求与工作相关的信息。而对于目前流行的社交网络账号的使用较为不频繁。本次研究也统计了个人在使用不同的新媒体渠道上所花费的不同时间。受访者表明他们每天大约花费两到三小时在不同的新媒体渠道上去寻找和他们工作相关的信息。再次证明新媒体是当今工作环境下不可缺少的一个环节。

总体来说，人们喜欢使用互联网、组织内网及电子邮件多于网上聊天工具、个人社交网络账号和组织社交网络账号。这一现象可能源于互联网、组织内网及电子邮件被视为是更为正规的工作工具,而其他三种类型的新媒体则被视为非正规的工作工具。因此,在看待新媒体的研究上要切忌把所有的新媒体渠道笼统对待,而应该对每一类型的新媒体进行单独的、细致的研究。特别需要注意的是,要把每一类型的新媒体的独特的社会属性区分对待。而正是由于本研究所着眼的六种新媒体形式的社会属性各自不同,人们在工作当中也选取不同的新媒体与不同的工作伙伴进行交流。电子邮件是最为流行和常用的交流工具,基本上除了工作中与朋友交流外,人们倾向于使用这一类型的新媒体与上级、下级、同事及客户交流。当在工作中需要与同僚(包括上级,下级,同事)交流时,人们倾向于使用具有专业属性的媒体(电子邮件,组织内网等)。当在工作中需要与家人或者朋友交流时,人们更加倾向于使用个人属性或者是社交属性的新媒体(网上聊天工具、个人社交网站账户等)。

当人们想要寻求不同信息的时候,他们对于新媒体的选择也是有一定的规律可循的。总体来说,电子邮件仍然是工作场合中首选的新媒体渠道,无论对于哪种信息来说,人们在工作场合中总是倾向于先使用电子邮件。对于参考性信息和赞扬信息,人们会选择较为具有专业属性的新媒体渠道(公司内网或者组织社交媒体账号)。这样的媒体选择模式可能是由于信息的特殊性。由于参考性信息和表扬性信息通常是已存在的固有的信息模式,这两种类型的信息变化性不大,通常涉及一些参数和标准。因此获得这些信息不需要强烈的互动性。所以当人们需要此类型信息的时候,他们可以通过公司内网或者社交媒体账号来找寻已经存在的文件或者条款进行阅读即可。而对于关系性信息来说,人们通常使用网上聊天工具来获得此类型的信息。关系性信息顾名思义指的是在工作场合中同事之间互动的信息,此类信息的不确定性质明显,并且随时变化,因此人们需要具有即时性、互动性及同时性的信息渠道来获得此类型信息。那么选取互动性和即时性极强的网上聊天工具则是顺理成章的选择。

最后当人们使用不同的策略寻求信息的时候,他们对于新媒体的选择也是不同的。虽然电子邮件仍然是使用频率最高的新媒体渠道,但人们在使用其他类型的新媒体的时候展现出了不一样的偏好。在被动寻求信息时,多使用观察、阅读等的方式,人们的首选新媒体是互联网络及组织的社交网络账号。因为以上两种新媒体的特性允许人们进行更多的观察。当人们需要主动寻求信息的时候,他们倾向于使用个人社交媒体账号或者是网上聊天工具,因为此类型的媒体能够提供及时的反馈信息,媒体功能也带有较强的互动性。而对于传统的面对面的交流模式来说,虽然面对面的交流能够提供更强的互动性，对于信息的传播能够更加精确，但是面对面传播的社会成本较大，即花费的时间多，以及存在潜在的风险等。所以在新媒体环境下，人们会较为偏向地选择互动性强的媒体来进行互动性的交流。

通过对以上研究成果的总结不难看出，不同类型的新媒体的社会属性决定着在工作环境中人们对它的使用频率、使用目的及使用场合。当我们研究这六种不同的新媒体类型的时候，我们可以通过它们的不同社会属性将它们分成不同类型。以专业性和非专业性来说，电子邮件，内网，组织的社交媒体账号可以被理解成具有高度专业性的媒体；网上聊天工具，以及个人社交媒体账户则可以被理解成非专业性的媒体。而剩下的互联网则是处于正式和非正式之间的一种媒体。以互动性的程度来分类的话，电子邮件，网上聊天工具，个人社交媒体账号可以提供即时的信息反馈，公司内网提供即时信息反馈的能力居中，而组织本身的社交媒体账号及互联网络则难以提供即时性的反馈信息。因此，人们在工作场合中选用新媒体来寻找不同信息的过程实际上是一个配对的过程。人们在潜意识中会根据不同的交流情况，需要的信息种类的不同来选取相应的新媒体渠道。例如，当人们需要进行比较正规的交流的时候，比如像上级寻求一些参考信息的时候，人们会选取较为正式的交流渠道。当向同事寻求一些互动性信息的时候，非正式的但是互动性较高的新媒体渠道则会是第一选择。

这样的一个结果符合德塞克缇克斯（DeSanctics）和普尔（Poole）在1994年提出的调试性结构理论（Adaptive Structuration Theory）。该理论指出，当我们去审视某一项新技术在一个组织内扮演的角色时，我们需要同时考虑该技术的技术结构及精神结构。这一理论中的精神结构就是上文所提到的社会属性。而前几个章节所陈述的研究结果就体现了人们在使用特定新媒体工具的时候，结合他们所想要获取的信息的属性不同，想要交流的对象不同，以及想要寻求信息的策略不同，人们使用新媒体的规律是不一样的。因此，在看待新媒体问题的时候，我们绝不能采取一成不变的技术性的观点。对待新媒体问题上，人们往往容易只看到它的技术属性，强调各类硬性数字指标，但是忽略了人文社会赋予新媒体的不同精神。这一次的研究成果强调了在看待新媒体问题上的新媒体的社会属性。一个简单的例子能够再次强调新媒体社会属性在人们使用该媒体时起到的作用。在工作场合中，总体来说，美国人倾向于使用电子邮件来进行沟通交流，而在中国人群中，网络即时聊天工具（QQ、微信）则是首选。这一不同的倾向并不是电子邮件和网络即时聊天工具在硬件上有着天壤之别，而是因为在不同的社会,这两种媒体的社会属性并不相同。在美国社会,电子邮件被认为是更加适合工作场合的交流工具,而在中国,由于网络即时聊天工具的普及性,人们更加接纳这一性质的媒体。本书研究的一大贡献就是再次强调了新媒体的社会属性,而非技术属性,并且点明在某种程度上,新媒体的社会属性所带来的影响要远远大于其技术属性。

第二节　新媒体使用效用的决定因素

人们利用新媒体寻求信息的最终目的是解除自己的疑惑,以便在工作当中能够更加得心应手。但是本研究的结果却出人意料,根据前几章节叙述的研究成果,新媒体的使用频率与人们在组织工作中的不确定性的高低并没有直接的关系。但是,当我们把新媒体拆分成不同的新媒体渠道来看时,可以看到有一些新媒体的使用能够帮助人们解决工作中的疑惑,同时进一步帮助提高人们的工作效率。但是有一些新媒体的使用,不但不能够帮助人们解决疑惑,反而会在工作中起到负面的作用。这一研究结果再一次提醒我们,不能使用单一的一成不变的眼光把所有的新媒体形式统称为一类"新媒体"来看待,而是应该深入细致地研究类型不同的新媒体的社会属性及技术属性。通过拆分研究得来的数据表明,电子邮件和组织企业的内网的使用能够有效地帮助人们解决工作环境中的疑惑,从而帮助人们提高工作效率。但是网上即时聊天工具却起到了相反的作用;也就是说,人们使用网络聊天工具来企图获得有效信息的时候,他们所存在的疑问不但不会被解决,这些疑惑反而有可能还会被加深。这样的结果出乎意料,但是如果深入分析网络聊天软件的技术属性和社会属性时,答案则变得清晰。

首先,网络聊天工具的社会属性比较偏向于非正式。因此当人们在使用这一新媒体形式进行交流的时候,往往会抱着闲散的态度,对于在该媒体渠道上所讨论的事物并不会带有特别认真的态度,因此可能导致信息的不完善和不专业。

其次,网络聊天工具的技术属性属于互动性强的即时媒体,因为人们在使用这一新媒体时相对来说会花费较少的时间来构建信息,遣词用句缺乏深入思考,因此有可能导致其中一些信息的误传。而相对来说,电子邮件及公司内网这两种新媒体具有较正规的社会属性,人们在使用这些媒体的时候会在潜意识中加强自己专业性的态度。同时电子邮件及公司内网对于信息的容量也与网络即时聊天工具不同。这两类型的新媒体可以容纳较大的信息量，一封电子邮件可以涵盖多达 1000 字左右的文字信息，同时可以配上图片、超链接等，使得通过这一媒体交流的信息内容丰富。同时为了构建这一复杂的信息，人们往往会花费大量的时间斟酌遣词用句，同时电子邮件及公司内网的非即时性也允许人们花费一定的时间对所发送的信息进行核实。因此这两类型的新媒体的社会属性及技术属性使得其所发送的信息的正确性相对来说比较高。

再次，我们需要反观各类型新媒体的使用频率与它们的效用之间的关系。通过对每一类型新媒体效用的检验，我们得出，使用频率的高低对于新媒体的效用具有一定影响。电子邮件、公司组织内网及网络聊天工具在调查中是被人们使用频率最高的三种新媒体，而正是这三种媒体对解决人们工作中的疑惑起到了重要的作用，虽然网络即时聊天工具的作用为反作用。而其他几种使用频率并没有那么频繁的新媒体形式：个人社交媒体账户和组织企业社交媒体账号，并没有对人们在工作当中的疑惑起到任何的正面或者负面的作用。但是，新媒体渠道的使用频率并不是唯一的影响其效用的标准。因为在所有新媒体使用频率中，互联网被使用的频率也是非常高的，但是这一媒体并没有对人们关于工作的疑问起到任何的帮助作用。这一结果的可能原因，是互联网并没有办法提供及时的信息反馈和互动，因此人们难以对他们在互联网渠道上所获得的信息做出评价，从而把这些信息运用到真正的工作当中去。

最后，我们得出的结论是，在考虑新媒体的实际效用时，特别是其帮助人们解决工作当中疑惑的时候，我们需要考虑新媒体的两大因素：使用频率的高低及新媒体的互动性。总体来说，使用频率高的、互动性强的新媒体能够帮助人们在工作场合中解决疑问，这两个因素缺一不可。同时也要考虑新媒体的互动性不能过强，以导致人们在使用的时候过于强调即时提供信息，而忽略了信息的质量，导致非正确信息的出现，反而使得原有的疑惑更加严重。

第三节　发展中国特色的新媒体理论的关注点

本次研究的对象囊括中美两国的从业人员，而通过此类型的样本对比，我们能够更加明确地看到两国之间在新媒体使用上的区别，从而总结出一套具有中国特色的理论。

　　首先我们可以看出，在中美两国不同的样本当中，中国人群更加倾向于使用网络聊天工具来向各类不同人群获得各类不同的和工作相关的信息。而在美国的样本中，人们更加倾向于使用电子邮件向不同的人群获得信息。这一明显区别的原因可以追溯到社会对于新媒体类型认知的影响。正如前文所述，在中国的环境下，网络即时聊天软件被公认为是适合于工作场合的一种新媒体，并且这种新媒体在各类组织、企业公司中被广泛应用。它在中国社会中具有极强的社会性和专业性。而在西方，特别是美国这一社会环境下，电子邮件这一媒体形式已被公认为是在工作场合中最为合适和恰当的媒体，同时它的接受程度也非常高。因此，在中美两国的样本对比之下，会出现以上的偏好分歧。这一结果对中国特色组织传播新媒体理论的启示有两点：第一，在发展有中国特色的组织传播新媒体理论时，我们需要重视网络即时聊天软件的作用和地位。目前人们在工作场合中使用的软件基本有两种：QQ 和微信，因此在日后的进一步研究中，希望能够进一步对这两类媒体进行深入细致的审视，以利于发展有中国特色的理论。第二，在研究和发展有中国特色的理论时，切忌"拿来主义"照搬照抄。本研究的实证性数据已经表明由于不同国家的不同文化，社会环境，相同的新媒体技术被赋予了不同的社会特征，而这些社会特征才是真正影响人们使用新媒体的要素之一。因此我们在此呼吁，虽然新媒体是客观存在的新技术，但是技术决定论却不是理想的研究这些技术的理论基础。要研究某一新媒体的发展时，需要切实地结合当地的文化，也就是中国古老的和现代的文化社会环境，才能够真正明白新媒体在组织传播中的作用和发展。

　　其次，在研究新媒体问题上需要注意新媒体与社会的相互作用。前文所提到的结论着重看待不同社会如何定义不同的新媒体，从而影响在此社会中人们的使用习惯，以及这些新媒体的使用效用。而在这里，我们还要强调新媒体对社会的反作用。吉登斯（Giddens）的构建理论学说（Structuration Theory）能够帮助我们更好地了解新媒体对社会的反作用。在社会中，人们的行为和思想被社会现存的规章制度所左右，但是人们并不是毫无原则地遵循着这些规章制度的。人们的行为通过时间的累积会产生一定的变化，而这些行为的变化则会影响社会固有的规则。在中国特色环境下研究新媒体时，我们既要注意现存的中国文化社会环境带给新媒体的不同的社会特征，但也要注意人们在使用新媒体的时候日积月累带给社会的影响。因此在研究组织传播中的新媒体时，应当注意另外一条研究路径的发展。即人们在工作环境中使用新媒体的这一行为，为组织本身带来了什么样的变化。最明显的变化可以参考微信在工作中的运用。在微信出现之前，手机可能会被认为是和工作并无太大关系的工具，但是由于微信的广泛使用，在工作场合中使用手机变成了一个司空见惯的现象。而这一现象又衍生出了移动办公、个人生活与工作之间的界限模糊，以及潜在的工作信息泄漏等种种在组织传播中出现的新现象。这便是新媒体对于组织传播的反作用。

因此通过这一次的研究总结，发展有中国特色的组织传播新媒体理论研究需要注意中国特色的社会环境赋予不同类型新媒体的不同社会标签，注重研究 QQ、微信等在中国特色环境下举足轻重的新媒体在组织传播预警下的发展和作用。而在积极注意新媒体的发展和作用的同时，注意关注在组织的大框架下，新媒体的使用是如何发挥其反作用，而改变现存的一些组织的原则、规章制度以及结构。目前在组织传播与新媒体的研究文献中，这一类型的研究极其稀少，如果能够在此类型的研究上花费一定的时间，将会是组织传播新媒体研究中的一个重大突破。

第四节　本研究对组织内部传播的理论启示

总结国内外对于组织对内传播的各种理论研究，社会化过程这一概念毋庸置疑一直以来都是这类型理论研究的重点。前人的研究成果为我们呈现了各类型与社会化过程话题相关的理论成果，包括社会化过程中人们所需要的信息类型，人们在社会化过程中所使用各种不同的信息寻求的策略，以及社会化过程可能带来的各种正面负面的结果。但是遗憾的是，综观现有文献，对于新媒体在社会化过程中所起到的作用的研究数量非常之少，同时关于新媒体在这一过程中所扮演的角色，人们也相对知之甚少。因此，为了填补这一理论上的空缺，本书中关于对内传播的研究，着重于新媒体这一方面的话题，为理论研究提供了一些基础性的成果补充。本次研究揭示了在社会化过程中人们对于各类型不同的新媒体的使用频率，通过特定类型的新媒体获得特定类型的与社会化过程相关的信息，人们使用新媒体的偏好习惯，以及使用新媒体的不同策略。通过对以上各种变量的测量及运算，最后形成了一个数字理论模型。通过这一模型，简单明了地阐释了新媒体使用在社会化过程中起到的各类型作用。总体来说，这一次的研究在新媒体与组织传播社会化过程这一理论领域具有以下贡献。

一、新媒体与社会化过程的研究成果

这一次的研究把社会化过程作为一个长久的有机过程来看待。以往关于社会化研究的文献，往往倾向于把社会化过程分为前期、中期和后期，而本次研究则把新媒体的作用放在了整个完整的社会化过程中来看待，以得出更加全面和完整的成果。在现有的关于新媒体及社会化研究的文献中，大多数研究着重于看待新媒体在社会化成果的前期阶段的作用。例如，研究员工在入职前如何通过新媒体寻找和自己工作相关的各类型的信息（Vorvoreanu，2009）。本书中的研究是极少数的关注员工在入职后，或者是在相应工作环境中如何使用新媒体的研究之一。因此，本研究的结果揭示了新媒体在整个社会化过程中起到的复杂的作用，包括正面及负面的作用。本研究回答了这样一个亟须被解答的问题：在当前的社会大环境下，用人单位应该提倡其员工在工作过程中使用新媒体还是应该限制其员工使用新媒体？虽然总体来说，本次研究的成果倾向于赞同员工在工作过程中使用新媒体，但是对于每一类型的新媒体在工作场合所起到的作用还是应该给予分门别类的关注和了解。

具体来说，本次关于新媒体与社会化过程研究的结果回答了"为什么"和"怎么样"的问题：在工作场合中，人们为什么要使用新媒体及在工作场合中人们是如何使用新媒体的。这两个问题为现有的文献填补了新媒体方面的空白。传统的社会化过程的理论为本次研究提供了坚实的理论基础，在这些理论基础上，本研究衍生出了三方面的理论创新点：第一，本研究提供了实证性数据来说明新媒体在社会化过程中被广泛使用；第二，本研究提供了实证性数据来表明文化及社会环境对新媒体使用的影响，总结出了有中国特色的新媒体与社会化过程的理论；第三，本研究指出了社会化过程并不是一个单一的概念，而是一个多层次的、有机性的灵活概念。下文将对这三点理论创新进行进一步的阐释。

首先，本次研究明确了新媒体在社会化过程中所起到的重要作用。传统理论认为，面对面交流或者是传统媒体的交流（电话、电视、书籍等）是社会化过程中主要的交流模式。虽然各界学者已然认识到新媒体是一个正在崛起的力量，并且在组织传播中开始扮演着一个重要角色，但是始终缺少切实的实证性数据来支持这一个理论假设。而本研究的结果明确地提供了个人在工作场合中使用新媒体来寻求社会化信息的时间长短，利用实际数据来说明，几乎所有的在职人员或多或少都有使用新媒体的经验和习惯；而使用频率最高的人群，每天花费三分之一的工作时间在新媒体的使用上。仅仅这一点认知就足够提醒各类学者亟须扩展关于新媒体的研究，以便更加深入地了解其在社会化过程中，乃至各类组织内部传播过程中所扮演的角色。这次研究也通过实际的数据揭示了各类型不同的新媒体在组织传播社会化过程中所扮演的不同类型的角色。传统型的新媒体与组织传播的研究倾向于把新媒体看作一个统一的概念，但是综观所有的新媒体类型（电子邮件、社交媒体、网站等），我们不难发现，每一类型的媒体都有其独特的交流传播特点。例如，电子邮件本身就具有一定的正规性，并且就传播类型来说属于非即时传播。而网站的传播特点则是一对多，提供的信息内容相对来说比较全面，但是互动性非常低。因此，本次研究突破惯例，利用度厄斯（D'Urso）和皮尔斯（Pierce，2009）提供的新媒体分类表格把新媒体进行了分类，分成六种类型，对每一类型都进行了调查研究。这次分类调查的研究结果表明，电子邮件是在工作环境中使用最多的新媒体类型，而即时聊天工具虽然被使用的频率很高，但是理论模型的结论告诉我们，这一新媒体的使用反而会增加员工的疑惑，进而降低他们的组织身份认同感。这一研究上的突破表明了对于新媒体细化研究的必要性，同时也指出了各类型的新媒体对于组织传播中的社会化过程起到的不同作用，从而驳斥了把新媒体当作一个简单单一的媒体形式来看待的片面的理论观点。

其次，本次关于新媒体与对内传播的研究确认了宏观社会环境及文化对社会化过程的影响作用。大部分的现存文献和理论都认识到了文化在社会化过程中起到的影响作用，但是只有极少数的实证性研究在非西方的社会背景下研究社会化过程这一概念，因此现存的理论文献较为缺乏实证性的数据来说明文化的具体作用。这一次的研究分别分析了中国及美国的全职工作者在工作环境中使用新媒体进行社会化活动的过程。通过对这一过程的研究，分析对比了这两个不同文化背景下的人们使用新媒体的不同偏好及不同的社会化过程中的进展过程。例如，在美国，电子邮件是人们最经常使用的新媒体工具，而在中国人们倾向于使用即时聊天软件。这样一种不同的新媒体选择可以说是文化的影响作用：在美国，电子邮件被认为是比较合适在办公场所使用的工具，而在中国即时聊天软件则更易为人们所接受。由此我们可以看出社会环境对科学技术的构建作用，同样的新媒体技术在不同的文化中被赋予了不同的意义。同时来自两个不同文化人群的问卷调查结果表明，社会化过程的效应在两个文化下也是不相同的。中国的员工更加倾向于对整个大的宏观的组织进行身份认同，而来自美国的样本表示员工更加倾向于对自己所在的工作小组和工作部门产生认同感。因此文化在社会化过程中不仅仅影响着人们对于新媒体工具的选择,同时也影响着人们的认同感选择。来自本研究的实证性数据证明了新媒体工具的选择及文化的共同作用下,个人在组织社会化过程中的个体不同。社会化信息处理理论(social information process theory)(Salancik & Pfeffer,1978)能够为以上的研究结果,特别是基于文化的不同个人选择媒体工具的不同结果,提供理论支持。该理论认为人们在考量工作相关的信息需求,以及进行工作相关的评估时,他们更多地会参考他们所处的环境对他们的要求及根据自己或者亲近的他人的一些经验,而并不是参考工作相关的各类客观因素。因此,社会化过程是一个对于个人所处的社会环境的反应,而不是出于对工作本身或者是职业要求的反应。从这一理论角度出发,人们总是从自己所处的社会环境中去寻求和自己的工作和职业相关的信息;而这次的研究结果进一步表明,社会大环境决定了人们寻求信息的方式、策略及信息源。因此关于文化及社会化过程的研究领域亟须一个更加全面的,能够详细阐述文化的方方面面的影响的理论。社会化信息处理理论点明了社会环境及文化的重要性,但是我们需要更加详细地了解文化具体在哪些方面影响了人们的社会化过程,以及在此过程中的各类传播渠道,包括新媒体渠道的选择。

最后,本次对于组织内部传播的研究揭示了社会化过程的多层性。本次研究结果表明社会化过程并不是一个单一不变的简单概念。相反地,社会化过程是一个多层次的有机概念:社会化过程可分为宏观社会化和微观社会化。现存文献中有许多关于信息寻求与社会化过程的自相矛盾的研究结果,本次研究的结果解释了自相矛盾的结果的原因:以往的研究总是把社会化过程当一个单一的过程来看待,而事实上社会化过程至少可分为宏观社会化及微观社会化。某些特定类型的新媒体使用有益于宏观社会化过程,而另外一些新媒体的使用则有利于微观社会化过程。这样的结果解释了现存文献中的一些自相矛盾的结果:当人们把社会化过程当作一个单一的概念来看待的时候,忽视了其丰富的内涵,因此导致测量的结果不准确;有些测量结果是偏于宏观社会化活动的结果,有些测量的结果是偏向微观社会化活动的结果,因此会出现有些媒体的使用利于社会化过程,而有些媒体的使用则是不利于社会化过程的。当一个个体进入一个组织团体进行工作的时候,他们需要去了解和这一个宏观大组织相关的各类型的信息,但是同时,他们也需要去了解关于他们所处的微观小组织的一些信息。以往的研究往往重视于在宏观大组织层面上的社会化过程,而忽略了在微观小组织上的社会化过程。这一次的研究结果证明了社会化概念的多层性特点，同时也提示了在未来关于此话题的研究上，学者们需要更加细致地审视社会化这一概念，分别从宏观角度和微观角度来看待这一过程，从而提供更加全面的关于社会化过程与新媒体使用之间的具体关系。

二、工作场合中新媒体运用研究的现实意义

本次关于组织对内传播研究的结果表明，人们在工作中花费了相当一部分的时间在新媒体上面。基于这一点结论，组织管理者需要考虑的是如何教育员工正确地在工作场合中使用新媒体。本次研究分别审视了六种不同的新媒体在工作场合被使用的情况，但是并非每一种新媒体类型都有利于人们的工作，而最令人意外的结果是网络即时聊天工具的使用。这一新媒体形式是人们在工作场合中使用频率最高的一种新媒体，但是恰恰是网络即时聊天工具却对人们的工作产生了负面作用。组织成员使用即时聊天工具的时间越多，他们反而会对自己所属的工作组织，自己所从事的工作内容的疑惑性更高，同时他们的组织认同感也会越低。在这种情况下，组织当中的管理人员应该适当考虑在工作环境中限制对即时网络聊天工具的使用，甚至是禁止这一类型的新媒体的使用。同时在组织相关的新职员培训文件中，应该特别注明在工作场合使用即时聊天软件的相关规定，并对员工在工作场合中的新媒体使用行为进行一定程度的培训和教育。

另一方面，组织团体也应该积极学习新媒体的各类特性，以便能够最大程度上发挥各类新媒体的特长，利用它们为自己服务。在所有的结果中，有一个值得注意的地方是，组织内部的成员也会使用组织的官方社交网站作为信息源的一部分来获得和工作相关的信息。通常来说，组织的官方社交网站面向的受众是组织外部成员，以及各类利益相关者。这一类型新媒体的存在目的是把组织外部成员与组织联系起来，为组织与公众建立起一种互相了解、互相信任的关系。而以上的研究成果表明组织的官方社交网站同时也扮演着联系组织内部成员的角色，因为组织内部成员通过这一媒体形式来收集和自己的工作及工作单位相关的信息。因此，管理层面在对组织规范社交媒体进行设计和管理的时候，应该积极考虑这一媒体所担任的对内及对外的两种沟通任务，思考如何能够在最大程度上利用组织官方社交媒体这一渠道，达到对内，向组织内部员工提供他们所需要的与

工作组织相关的信息；而对外，向与该组织相关的各类的公众提供他们所需要的各类型的信息，以期建立起一种互相信任的关系。

除了最直接的对于新媒体使用及员工管理方面的启示以外，研究结果中对于文化对比的结论也值得人们深思。文化在组织对内传播的各个方面都起到了非常深刻的影响作用，它影响着个人在组织团体中的日常生活经验。对于那些想要在全球进行发展的组织来说，它们的员工势必来自各种各样不同的文化背景，因此对于这些组织来说，文化是其必须注意的一个重要因素。虽然对于组织团体来说，它们总是希望其成员具有较高的组织身份认同感，但是也需要意识到在不用的文化环境当中，身份认同感的焦点是不同的。因此要同时达到宏观和微观两种身份认同度几乎是不可能的。因此这类型的国际组织需要认真分析思考当地的文化倾向，以此来决定相应的身份认同的焦点。同时，此次对内组织传播研究的结果也表明，东西文化虽然在集体主义这一概念上有分歧点，但是来自西方文化的个体并不一定具有较低的团体意识。当把一个团体分为宏观大团体和微观小团体来看时，就能看出来自西方文化背景的个人更加忠于微观小团体（工作小组、工作部门等），对于小团体的集体意识较为明显。而来自东方文化的个人则更加忠于宏观大团体（所属公司、集团等），他们会更加倾向于认同大团体的价值观，以大团体的利益为首要考虑。

第五节　社交媒体公关活动面临的挑战

在本书中另外一半的研究内容是集中于新媒体对组织对外传播的影响的。这一部分的研究内容重点分析了组织对外传播的公关活动领域，而在各类型的新媒体中，选取了社交媒体作为研究重点。因此在这一章节中将首先宏观性地总结通过社交媒体进行组织公关活动的挑战。

关于组织对外传播研究的结果表明，人们还是十分重视对于社交媒体公关活动效应的测量的。对于此类型公关活动的测量参数包括粉丝量、阅读量、转发量及有效评论量等。同时在注重对于此类型公关活动量的方面的测量基础上，人们对于公关活动的质的方面的测量方法也开始了一定的研究。许多专家学者呼吁在对社交媒体公关活动的效果进行测量的时候，人们应该开始关注社交媒体在何种程度上能够吸引大众并且与其建立起亲密的关系，关注社交媒体在关系的建立和维护中起到的重要作用，以及社交媒体是如何增强大众对于某一组织的关注度及好感度的。就目前的状况来看,专业从业者已经开始使用以下三方面的基准作为量表来测量社交媒体公关活动的"质":第一,品牌、产品或者是组织的认知度;第二,网络拥护度;第三,网上交流的互动性及对话性。

　　基于中国特有的网络环境,本研究总结出在中国的网络环境下进行社交媒体公关活动有以下几大方面的挑战:第一,对于社交媒体的使用缺乏明确的目的,往往是为了使用而使用,同时也缺少从受众方面考虑的使用策略;第二,信息缺少透明度,公开度;第三,网络受众零散、分化,难以和他们建立起长期的相互的关系;第四,由于社交媒体公关活动复杂的多样的目的(例如提高公众关注度,增加产品/品牌好感度等)难以建立起一个全面恰当的效果衡量体系;第五,网络中谣言现象比较常见,因此需要时刻警惕,采取先发制人的公关策略应对关于组织的谣言。虽然以上这五大方面的挑战对于社交媒体公关活动能够产生巨大的负面影响,但是只要注意到了这几方面的影响,同时在策略上加以认真考量,这些挑战是可以变成新媒体时代公关活动的契机的。

　　首先,所有的公关从业者必须树立起领导者和管理者的角色意识,引导和教育他们的客户在使用新媒体,或者是社交媒体进行公关活动时,树立起大局观和策略观,以宏观的角度来规划和策划整个的社交媒体公关活动。公关从业人员应该及时地积极地开展各种自学活动,通过自学来丰富自己的社交媒体知识储备,以便能够及时地指导和教育自己的员工及客户,把他们也逐渐变成社交媒体专家。同时应该在日常工作中积极向客户展示社交媒体的效力,以及价值;设置一些可测量活动结果的测量方法和工具来提高其自身的专业属性。

　　其次,网络世界中的谣言现象和网络暴民现象实际上为网络中草根组织的发展和草根运动提供了肥沃的土壤。因为在网络中信息的传播可以以几何级数快速散播,而大多数网民的从众心理又使得这样的传播轻而易举。因此只要公关活动的专业从业者能够把握好度,事先积极地引导网民的行为及言论导向,事中进行严密地监测和适时地纠正引导,网络便能够成为信息扩散的最好渠道。

　　最后,在网络上试图与各类型的零散的公众建立起双向的亲密关系虽然并不容易,但是这样的目标一旦达成,则对公关活动企业及公关从业人员的回报是巨大的。当组织团体能够正确积极利用社交网络平台和他们的目标公众建立起关系,而目标公众能够信赖和关注组织团体的社交媒体平台时,组织团体将会获得巨大的利益。

　　社交媒体在公关活动中所扮演的角色是一个至关重要并值得持续研

究的学术性问题,这一问题需要持续不断地研究来进行探究。在未来对于社交媒体及公关活动的研究过程中,以下几点应该被列为研究重点:第一,结合传统的用来测量社交媒体的内容制作和信息曝光率的定量研究方法和更加高级的定量研究方法,来测量受众的认知度、互动性、态度的转变以及行为的变化,把这些参数的数值与组织团体的目标紧密结合来测量社交媒体活动的实际效应。第二,建立起一套能够被运用在社交媒体公关活动测量方面的理论。该理论应该全面具体地囊括所有和社交媒体公关活动相关的概念、指数、相关参数等。第三,对网络上的各类型公众进行归纳和分类,分析他们的认知活动、行为意愿、关注点,以及未来的各种可能发生的行为。

第六节　对网络危机公关中幽默策略的思考

第四章中的部分研究分析了马云在天猫危机事件中采用的自嘲形式来化解危机。自嘲及幽默行为是社交媒体上普遍存在的一种交流方式,而这种特有的交流方式对于公关活动,特别是危机公关也是具有启示意义的。在所有危机事件发生时,能够适时地找到危机源头,便能够预先控制危机事件的进一步发展。从天猫事件中可以看出,运用传统的危机公关应对策略来解决网络上的危机事件效果并不十分明显。这样的传统处理方法反而使得危机事件更进一步地发展,负面影响更进一步地加深。导致这种结果的原因在于传统的危机公关处理方法并不适用于社交媒体这一土壤。传统的危机公关处理方式对于网络世界来说过于严肃和认真,而正是这种严肃认真的态度反而有可能把网络上微小的危机扩大化。另外,在进行危机处理的时候,公关从业者需要把组织领导者的个人魅力也纳入考量之一。在天猫危机事件中,马云的个人魅力明显起到了巨大的作用,马云因为其自身的人格魅力和其鼓舞人心的成功轨迹,他无论在现实世界中,或者是网络世界中都能够被认为是极具影响的意见领袖。当一个组织的领导人具有如此大的魅力的时候,特别是具有极强的网络号召力的时候,在网络上处理危机事件的时候利用这些领导人的魅力也是极为有利的公关手段之一。

天猫副总裁陶然的回应以第一人称的角度来发言,虽然这样的角度具有一定的亲切感,但是在网络世界中亲切感不足以消除大众对于危机事件的负面情绪。和来自马云的回应相比,陶然的回应缺乏了幽默、表情符号及网络语言的应用。综观微博这一传播环境，非正式的语言交流方式，个性化的语言习惯是这一传播环境的特点。表情符号及网络语言的使用使得马云的回应更加生动，富有感情，再加上嘲讽及自嘲的语气，马云的回应能够使得整体危机事件的氛围朝着轻松愉快地走向发展。和国外的社交媒体环境做对比，中国的社交媒体环境更加倾向于使用表情符号及网络语言，表情符号与网络文字为交流的语境提供了内涵，这两者的使用也使得中国的社交网络世界更加轻松愉快。在信息中使用特定的网络用语能够增加公众对于该信息的好感度，同时也能够增加公众对于该组织的好感度。总体来说，来自马云的回应囊括了嘲讽、表情符号、网络语言这三大网络交流中的重要特点，因此来自马云的回应能够获得大众的好感，降低危机事件的严重性，同时拉拢天猫与公众之间的关系。

此外，当我们仔细审视马云的回应中嘲讽的部分，我们会发现两种不同的嘲讽形式：自嘲及嘲讽发难者。这两种方式都运用了幽默作为其应对策略，相对传统的严肃认真的回应，幽默策略能够激发更多正向的回应，降低危机事件的严肃性。在信息传达的语气上，如果多使用嘲讽性幽默性的口吻能够增加大众对于信息的接受度，降低其反面情绪。当一个组织团体在应对与其相关的危机的时候，若其能够利用危机作为契机嘲讽自己，这一组织团体基本能够在当下缓和对立公众的敌意。因此，无论是利用自嘲还是嘲讽，这种幽默应对的方法都能够帮助阻止危机事件的进一步扩大。俗话说攻击是最好的防守。在危机公关领域，当危机事件处于发展的前期阶段时，利用幽默这一策略对自己进行自嘲性质的攻击，以及对发难者进行嘲讽性质的攻击都是最好的防守策略。同时，在公众眼中，组织团体的自我嘲讽也会被理解成它们对自己的自我惩罚，从而避免公众在未来利用这一危机事件对组织团体进行再次攻击。

除了要适当利用网络环境的特有交流模式以外，在处理危机公关事件时，分析公众情绪也是必要的步骤之一。在天猫事件中，起初的公众情绪表明这并不是一件十分严肃的危机事件，但是随着来自副总裁陶然的严肃认真的回复，这一事件的严肃性开始升级。因此，当一个危机事件本身并不涉及人员伤亡及道德问题的时候，相关组织团体可以安全地考虑利用非正式的、比喻性的或讽刺性的语言在社交媒体上进行回应。在天猫事件中，嘲讽性的回应之所以能够成功，另外一个原因是它运用了叙事性的语气来传达信息。而叙事性的语气是能够在组织团体的个性基础上产生出拟人效果，同时达到与受众建立起感情联系的作用。在微博上的三条回应中，关于马云与社交媒体经理的对话得到了极大的关注，也收获了极多正面的评价。由此可见,在社交媒体上,人们普遍对于公开透明及诚实的信息是非常欢迎的。在天猫危机事件中也可看出,人们在社交媒体上比较倾向于故事性强的,带有叙事特征的信息,而非那些传统的机械性质的冰冷的信息。社交媒体上的回应应该永远基于公众的当前情绪,当公众情绪发生改变时,社交媒体上的回应信息的内容、语气及策略也应该发生相应的改变。在天猫微博平台上有一则信息是关于马云表示要为中国房价下降而努力的。天价房价问题一直是中国民众,也是中国网民最为关心的问题之一。抓住这一核心问题并就此发表相关言论,能够显示出阿里巴巴对于中国社会和普通民众的关注,从而为阿里巴巴这一组织赢得好感。

关于使用幽默策略应对网上危机事件时,公关从业人员应该注意以下这几点。首先,天猫事件中自嘲的策略能够成功的最重要原因就是这些信息的自嘲口吻与马云的个人性格特点相符合。马云在各种公开场合都说过类似的自嘲性的言论,因此在官方微博上的自嘲信息就显得真实真诚。而这样的信息就能够在最大程度上引发公众好感,从而积极应对危机事件。当一个组织团体的领导者在公众当中具有一定的威信度的时候,利用领导人的威信度,借用领导人日常说话的口吻来发布相关的信息时,往往能够收获最大程度上的正面效果,争取公众好感。因此在面对危机事件时,首先可以思考在组织内是否存在着这样一位可以借用的领导人,如果存在,那么借用该领导人已经具有的人气和威信能够使得公关信息的效果事半功倍。

其次,在对应网络危机事件的时候,公关从业人员在使用传统的公关应对策略的时候应该慎之又慎,特别是那些与网络传播环境出入极大的传统策略。如果在应对网络公关危机的时候没有考虑到网络的特殊环境,这些公关应对信息则会反而加重公关危机的严重性。幽默的语言信息方式是比较适合网络环境的公关危机应对策略,只要注意考虑危机事件的严重性,适时地在没有牵涉人员损伤、道德问题的时候,应用幽默的方式进行应对。幽默自嘲的信息形式可以和组织团体的领导人的个人魅力相结合使用,当然也可以在不融入领导人的个性的情况下使用。

再次,幽默自嘲的应对方式需要结合社交媒体或者网络环境的具体交流场景。如果网络环境的交流场景总体来说是轻松和非正式的,那么幽默自嘲的信息回应方式是十分合适的。但是如果网络环境相对来说比较正式,那么对于幽默自嘲的使用则需要加以斟酌。同时幽默自嘲的应对形式与叙述性和对话性的信息形式结合能够起到较好的效果。特别是针对中国环境下的网络世界,幽默自嘲的公关应对形式如果能够融入表情符号和网络语言,则能起到更好的效果。

第七节　关于组织社交媒体运用问题的建议

在中国的环境下,各类型的组织已经认识到社交媒体在和公众建立相互信任的关系上的优势。就目前的状况来看,各类型的团体通常利用对话形式的交流策略来与各类型的公众进行交流对话,以期与其建立起长期的关系。在意识到社交媒体重要性的基础上,各类型的组织开始积极把社交媒体纳入公关活动的重要工具之一。在社交媒体平台上,组织团体往往采用公开透明的信息模式来向公众展示与组织相关的各类型信息;在社交媒体上附上组织团体的官方网址,以及利用各类型的图片视频等视觉信息来增加自己的组织和品牌的辨识度。虽然表面上,各类型的组织已经认识到社交媒体在公关活动中的重要地位,但是基于前面章节的研究结果,我们仍然认为,目前组织团体并没有全面认识到社交媒体的重要作用,也没有完全发挥出社交媒体在关系建立上的优势。极大一部分的组织官方社交网页没有提供与组织相关的各方面的网络消息的链接,以方便公众进一步加深其对于该组织的了解。在各类型的官方社交媒体上也缺乏组织的相关人员或者相关部门的联系信息,此类型信息的缺乏也影响了人们对于组织的进一步了解。在社交媒体的评论区域,我们不难发现,总体来说,官方社交媒体对于受众的评论和留言鲜有评论和反馈。这样的单向交流模式使社交媒体失去了其互动性的优势,而各类型的组织也失去了与公众建立互相信任的关系的机会。

另一方面,想要通过社交媒体与公众建立起亲密的关系,了解中国网民的行为模式也是各类型组织企业必须要了解的情况之一。通过前文的研究,中国网民浏览各类社交媒体的意图多为获得情绪上的依托,而非获得实质上的信息。针对这样的情况,公关从业人员应该考虑制作能够满足公众此类情绪的信息,例如把信息进行拟人化,向社交账号的粉丝提供感情与精神上的支持以期建立起人性化的关系。同时由于中国传统集体文化的影响,在社交账号上的评论较少出现负面的或者批评性的信息。因此单纯地浏览社交媒体的评论部分,组织团体会产生错觉,认为公众对于自己的产品或者服务持满意态度。中国网络公众的另外一个特点是习惯于把社交媒体进行拟人化。对于社交媒体账号,他们通常以朋友的身份进行留言,例如:早上好,戴尔!情人节快乐,摩托罗拉!甚至对于某些组织社交媒体账号在深夜更新内容时,网友甚至会嘱咐发布信息的人员"早点休息"。针对这样的网民活动,建议组织在利用社交媒体与公众进行联系沟通的时候考虑到"拟人性",建议以第一人称的口吻来发布各类型与组织相关的信息。在需要时,甚至可以考虑撒娇的形式,拉近与公众之间的关系。

　　基于前文对于社交媒体与公关活动之间的研究,特别是在与公众建立关系等方面的研究中,我们可以得出以下几点结论:第一,通过每日社交媒体上面的内容更新,组织团体的确能够逐步与其目标公众建立起一种较为亲密的关系。但是这一层面的关系并不会随着更新内容的增多而进一步地加深,因为公众每日接收到的信息数量庞大。第二,如果在官方微博账号上每日更新的内容差别较大,则会对公众关系的形成产生负面作用。因为只有持续性、统一的内容形式才能够帮助组织团体逐渐吸引一批特定的公众,并与之形成特定的关系。第三,官方账号的粉丝数能够影响该账号与公众建立关系的能力。当官方账号具有相当数量的粉丝数时,这个账号就会显得更加正规、有趣,而一般公众则会更加愿意去成为该账号的粉丝。第四,官方社交媒体账号的每日更新行为起着至关重要的作用。如果一个社交媒体账号能够保持媒体更新,那么这一账号就能在很大程度上吸引到公众的注意力,同时这些每日更新的内容也能够在公众当中起到加强印象、增加好感度的作用。最后,社交媒体矩阵并不能为组织提供其与公众建立关系的可能性。所谓社交媒体矩阵,指的是同一个组织或者企业,根据它所拥有的服务产品及品牌等,建立起相应的社交媒体账户。每一个社交媒体账户分别为不同的产品、服务及品牌服务,吸引不同类型的公众,而这些社交媒体同属于一个大型组织或者企业的社交媒体矩阵。但是此类复杂的社交媒体矩阵并不能够为组织和公众建立关系起到实质性的作用。因此在考虑使用此类媒体矩阵的时候需要慎重。

第八节　关于应对网上负面评论的思考

　　在社交媒体阴暗面这一章节中,我们提到,在社交媒体账号上人人可以任意发言,而在这些发言中,对于组织、服务、品牌或者产品的负面评论无处不在。虽然这些评论可能是无中生有的,但是它们仍然会对组织的形象、公众的感情产生巨大的影响。对于如何处理和应对这些网络上无处不在的负面评论,本节提出以下几方面的思考和结论。

　　第一,需要注意的是,无论网络上的负面评论或消息是无中生有,还是具备一定的现实证据，组织或者是公关从业人员都应该对此类型的消息提高警惕，时刻关注，不能任由其发展扩散。因为在网络或者是社交网站环境中，人们对于一条信息的解读或者是一个组织的影响极易受到和他们同在的网民或者是网上陌生人的影响。当网络中出现和组织相关或者与其所属产品、服务相关的负面信息的时候，公关人员应该在网络上进行驳斥。但是驳斥信息不应该简单粗暴。研究显示，在驳斥网络负面信息时，两面性信息比一面性信息的作用更大。所谓两面性信息，指的是呈现事件两面性的信息。换句话说，该信息首先站在信息发布者的角度来发布为信息发布者所服务的辩证性信息，但是同时该信息也呈现了事物的另一面；也就是说，该信息也会呈现对信息发布者不利的一面的信息。例如，当驳斥消费者投诉产品质量不佳时，来自公关人员的两面性驳斥信息应该首先申明自己所生产的产品质量没有问题，然后也可以承认消费者的投诉有一定道理，敦促了该组织防患于未然。此类型的两面性信息能够帮助企业组织树立威信，该信息的说服力也较为强大。这一结论的理论来源于 1990 年哈斯塔克（Hastak）和帕克（Park）及 1992 年佩克门（Pechmann）对于信息角度的研究结果。同时，这一类型的信息能够帮助组织企业在负面信息的影响下建立一个较正面的形象。因为在公众眼中，组织企业，特别是营利性组织往往是以自己的目的和利益为出发点的，因此当信息以一面性的形式来呈现的时候，人们往往觉得出乎意料。公众会认为这是组织企业为自保而打压其他类型的网络言论的陈词滥调。但是当在被负面信息影响时，组织能够考虑到使用两面性信息，即为自己的利益做出合理辩解，同时又能够以理性的方式呈现另外一种可能性时，公众会对该组织另眼相看。

第二，两面性的信息能够更好地平息由于网络负面信息所产生的公众负面情绪。通常来说，人们对于负面信息的反应通常大过于对正面信息的反应。当遇到负面信息时，人们往往会花费一些时间和精力去辨识信息的可信度，认真考量负面信息的辩论观点。而当遇到正面信息的时候，人们通常匆匆带过。但是当一个信息呈现两面性的时候，人们需要花更多的精力去处理该类型的信息，人们也会用更加理性的思维方式去对待这一信息。当人们能够理性地看待事物和处理信息的时候，他们的情绪得到平复，由纯感性衍生出的负面情绪能够被理性情绪产生出的辩证思维所代替。因此当面对网络负面信息时，组织或者公关从业人员能够以两面性的信息来提出反驳，则会激发出人们的理性思维模式，引发人们更多的思考，从而平复负面情绪。

网络上的负面评价和负面信息是在新媒体时代困扰公关从业人员的

一大难题之一。有些情况下，由于缺乏处理这些信息的经验或者知识，公关人员甚至会粗暴地以最原始删除信息的方式来应对这一危机。但是单纯的信息删除或者是置之不理，能够引起更大的危机。因此，运用两面性信息回应应该是现代公关人员所需要掌握的策略之一。传统的信息研究表明，当组织团体能够自发地揭示一些与自己相关的负面信息的时候，它们反而能够赢得公众的好感，也能够为自己增加信誉度。这一信息规则，在社交媒体世界或者是网络世界也同样有效。运用两面性信息在网上回应负面信息的另外一个好处，则是能够减轻公众由于负面信息所产生的对于组织的消极情绪。研究证明当使用两面性信息来回应网上的负面信息的时候，人们对于这些负面信息的关注度就会减低，负面信息在公众中产生的消极情绪也会相应地降低，从而公众对组织的态度会由负面逐渐转向正面。当组织的回应信息包括正面的及负面的内容的时候，这些信息在公众眼中是更加可靠可信的，因为公众会认为，在这个时候组织是利用真实的态度来回应信息的，而不是一味地推脱和逃避。公众的此类印象和理解无疑能够帮助企业在负面评论中建立起正面的形象。

在运用两面性信息进行回应的时候，恰恰符合了社交媒体这一媒体环境的特性。传统意义上来说，两面性的信息被传播学者认为是最合理的信息。与一面性信息不同的是，两面性信息包含了对信息发送者有利的信息，同时也包含了对其有弊的信息。通过对这两种信息的呈现，信息接收者能够处于一种较为中立的环境下去独立思考和判断。运用两面性信息表示组织在聆听公众的信息和反馈，表示组织在利用最诚恳最真诚的态度与公众进行交流。这一态度与社交媒体上人们所期盼的公开、透明的交流环境相符合。在前文的各种论述中，我们都提到了不能够简单粗暴地把在传统媒体，或者面对面交流场景下的策略和信息模式照搬照抄运用到社交媒体环境中。在进行任何信息回应的时候，首先应该考虑的是社交媒体环境的特性，两面性的信息正是十分符合社交媒体环境的信息策略。因此在社交媒体公关活动中，特别是应对那些负面评论的时候，公关人员应该积极掌握和应用这一类型的信息策略。

本书以新媒体环境为研究语境，以中国浙江为特定文化环境，以组织传播为研究重点，探究了这一个新时代，组织传播在中国文化土壤上受新媒体的影响，衍生出的各种可能性。本书主要分为组织对内传播和组织对外传播两部分重点。在组织对内传播上，探讨使用新媒体进行各种交流活动是否真的对组织的内部传播起到积极的作用。在组织对外传播上，探讨在公关活动领域中社交媒体所带来的各类型的启发和影响。但是以上的这些研究和结论仅仅只是新媒体时代组织研究的一个初步的开端，更是组织传播在中国发展的一个初步的研究。在未来，需要更多深层次的、大规模的研究来帮助推动这一学科话题在中国的发展。例如：在组织对内传播过程中，新媒体对于其他组织内部传播变量的影响还是未知之数，包括新媒体使用与工作压力的关系，新媒体使用对上下级关系的影响。同时新媒体对于组织本身的传播结构也具有一定的影响，例如新媒体对组织扁平化的作用等，这些问题都需要进行深入细致的探讨。在对外传播领域，本书仅仅研究了社交媒体对于公关活动的影响。但是在当前的新媒体环境中，视频网站也是一个不容忽视的崛起中的新力量，而这些网站对于公关活动的影响却也是未知之数。同时，对于公关活动的对象公众来说，90后与00后正在成为社会的主要力量，他们是随着新媒体长大的一代，那么这些特殊年龄层面的受众的新媒体使用习惯，他们的思维模式也是值得研究的。更多的研究话题数不胜数，在这里就不一一列举了。希望这一次的研究和这一本书能够成为新媒体与组织传播研究的开端，促进更多学者展开同类型的研究。本书的研究，由于样本数量、研究方法等本身固有的局限而具有一定的局限性，但是希望这些有限的成果能够对各类新媒体与组织传播感兴趣的学者专家产生启发作用。对于组织的管理者、经营者以及公关从业人员能够起到一定的帮助作用，帮助他们更有效地应对新媒体这一新兴的传播工具，从而促进组织健康发展。

附 录

关于组织内部信息与沟通方式的调查

1. 关于您的工作,请选择最贴合您的情况的描述。

(1)我不是很确定自己需要完成什么任务。

A. 完全没有　B. 一般没有　C. 有时候有　D. 经常发生　E. 总是发生

(2)我清楚自己的工作职责。

A. 完全不是　B. 很少是　C. 有时候　D. 通常是这样　E. 总是这样

(3)我明白自己的工作性质。

A. 完全不是　B. 很少是　C. 有时候　D. 通常是这样　E. 总是这样

(4)我不是很确定如何完成我工作的具体步骤。

A. 完全没有　B. 一般没有　C. 有时候有　D. 经常发生　E. 总是发生

(5)我不确定他们是如何评价我的工作成果的。

A. 完全没有　B. 一般没有　C. 有时候有　D. 经常发生　E. 总是发生

(6)我不清楚自己的工作竞争力如何。

A. 完全没有　B. 一般没有　C. 有时候有　D. 经常发生　E. 总是发生

(7)我对自己的技术能力十分自信。

A. 完全不是　B. 很少是　C. 有时候　D. 通常是这样　E. 总是这样

(8)我不确定自己是否在向事业成功迈进。

A. 完全没有　B. 一般没有　C. 有时候有　D. 经常发生　E. 总是发生

(9)当工作中遇到问题时,我不清楚要向谁寻求帮助。

　　　　A.完全没有　B.一般没有　C.有时候有　D.经常发生　E.总是
发生

(10)我不确定自己是否和我的同事合得来。

　　　　A.完全没有　B.一般没有　C.有时候有　D.经常发生　E.总是
发生

(11)我感觉自己很适应工作的整体环境。

　　　　A.完全不是　B.很少是　C.有时候　D.通常是这样　E.总是这样

(12)我不知道其他同事是怎么看我的。

　　　　A.完全没有　B.一般没有　C.有时候有　D.经常发生　E.总是
发生

2.请选择一张最能够代表您对您的工作单位的认同度。白色圆圈代表您，
灰色代表您的工作单位。两张图片的重叠度代表您对您所在的工作单
位的认同程度。例如，第一张图片代表您完全不认同您工作单位的规章
制度，也不愿意把自己看作是工作单位的一员，以此类推。

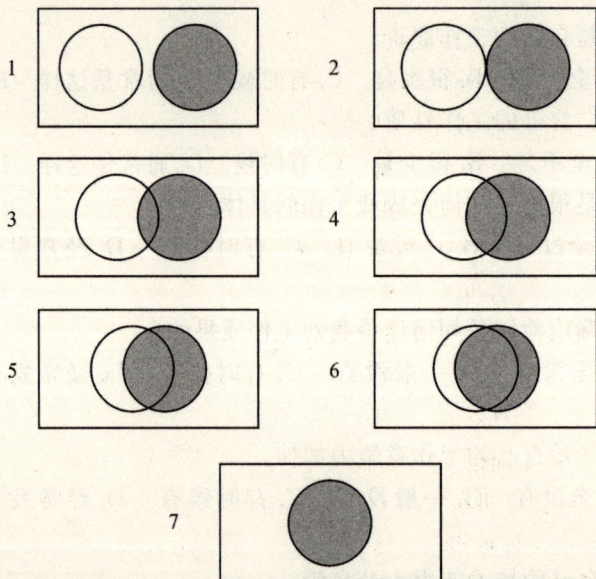

3.请告诉我们您对于以下关于您和您工作单位关系描述的态度。

(1)我很骄傲我能够成为现在工作单位的一员。

　　　　A.非常不同意　B.不同意　C.中立　D.同意　E.非常同意

(2)我经常和我的朋友提起我的工作单位是一个很棒的工作地方。

　　　　A.非常不同意　B.不同意　C.中立　D.同意　E.非常同意

(3)我很关心我的工作单位的前途。

　　A.非常不同意　B.不同意　C.中立　D.同意　E.非常同意

(4)我觉得我的工作单位提供了一个温暖的工作环境。

　　A.非常不同意　B.不同意　C.中立　D.同意　E.非常同意

(5)我愿意以后一直为现在的工作单位工作。

　　A.非常不同意　B.不同意　C.中立　D.同意　E.非常同意

(6)我的工作单位让勤奋工作的人得到他所应得的。

　　A.非常不同意　B.不同意　C.中立　D.同意　E.非常同意

(7)我觉得我的工作单位像一个大家庭,每个员工都有归属感。

　　A.非常不同意　B.不同意　C.中立　D.同意　E.非常同意

(8)我很高兴我选择了现在的工作单位。

　　A.非常不同意　B.不同意　C.中立　D.同意　E.非常同意

(9)我觉得我的工作单位关心我。

　　A.非常不同意　B.不同意　C.中立　D.同意　E.非常同意

(10)我的工作单位的形象能很好地代表我的个人形象。

　　A.非常不同意　B.不同意　C.中立　D.同意　E.非常同意

(11)我觉得我很认同我的工作单位。

　　A.非常不同意　B.不同意　C.中立　D.同意　E.非常同意

(12)我认为我的价值观和我工作单位的价值观很相似。

　　A.非常不同意　B.不同意　C.中立　D.同意　E.非常同意

4. 请您回想在一个典型的工作日,您在与他人交流工作相关问题的时候,使用
   各种媒体的时间是多少(N/A表示你或者你所在的单位没有这项媒体)?

(1)电子邮件(包括私人邮件,公司邮件,群发邮件等):

　　(　　)小时(　　)分钟,或者(　　)N/A

(2)公司内网(工作单位内部的局域网,只有雇员能够进入。您可以从内网中
   获得信息,与同事交流。内网包括内部网页、数据库、内部交谈软件等):

　　(　　)小时(　　)分钟,或者(　　)N/A.

(3)个人社交媒体(您个人的社交媒体账户,你的博客、微博、人人等):

　　(　　)小时(　　)分钟,或者(　　)N/A.

(4)工作单位社交媒体(工作单位的博客、微博、人人网页等):

　　(　　)小时(　　)分钟,或者(　　)N/A.

(5)互联网络(除了以上的其他一些网上资源,比如百度搜索引擎,其他
   的网站等):

　　(　　)小时(　　)分钟,或者(　　)N/A.

（6）其他网上聊天工具（MSN、QQ、Skype 等）：

（　　）小时（　　）分钟，或者（　　　）N/A.

5. 请选择一张最能够代表您对您的工作部门的认同度。白色圆圈代表您，灰色代表您的工作部门。两张图片的重叠度代表您对您所在的工作部门的认同程度。例如第一张图片代表您完全不认同您工作部门的规章制度，也不愿意把自己看作这个部门的一员，以此类推。

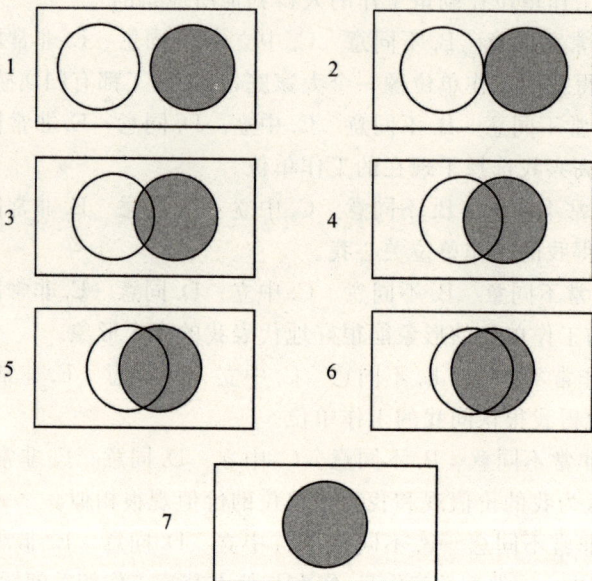

6. 请选择您对于以下关于您和您所在的工作部门的关系描述的态度。

（1）我很骄傲我能够成为现在部门中的一员。

　　A. 非常不同意　B. 不同意　C. 中立　D. 同意　E. 非常同意

（2）我经常和我的朋友提起我的工作部门是一个很棒的工作地方。

　　A. 非常不同意　B. 不同意　C. 中立　D. 同意　E. 非常同意

（3）我很关心我的工作部门的前途。

　　A. 非常不同意　B. 不同意　C. 中立　D. 同意　E. 非常同意

（4）我觉得我的工作部门提供了一个温暖的工作环境。

　　A. 非常不同意　B. 不同意　C. 中立　D. 同意　E. 非常同意

（5）我愿意以后一直为现在的工作部门工作。

　　A. 非常不同意　B. 不同意　C. 中立　D. 同意　E. 非常同意

（6）我的工作部门让勤奋工作的人得到他所应得的。

　　A. 非常不同意　B. 不同意　C. 中立　D. 同意　E. 非常同意

　　(7)我觉得我的工作部门像一个大家庭,每个成员都有归属感。

　　　　A.非常不同意　B.不同意　C.中立　D.同意　E.非常同意

　　(8)我很高兴我选择了现在的工作部门。

　　　　A.非常不同意　B.不同意　C.中立　D.同意　E.非常同意

　　(9)我觉得我的工作部门关心我。

　　　　A.非常不同意　B.不同意　C.中立　D.同意　E.非常同意

　　(10)我的工作部门的形象能很好地代表我的个人形象。

　　　　　A.非常不同意　B.不同意　C.中立　D.同意　E.非常同意

　　(11)我觉得我很认同我的工作部门。

　　　　　A.非常不同意　B.不同意　C.中立　D.同意　E.非常同意

　　(12)我认为我的价值观和我工作部门的价值观很相似。

　　　　　A.非常不同意　B.不同意　C.中立　D.同意　E.非常同意

7.您在工作中会向不同的人询问工作相关的信息。请您回想您使用不同
　媒体与不同人的交流情况,对以下媒体的使用频率进行排序。1代表使
　用频率最高,6代表使用频率最低,N/A代表您没有这项媒体。

　　(1)上司与领导:(　　)电子邮件,(　　)互联网,(　　)内网,(　　)工
　　　作单位社交媒体,(　　)个人社交媒体,(　　)其他聊天工具。

　　(2)同事:(　　)电子邮件,(　　)互联网,(　　)内网,(　　)工作单位
　　　社交媒体,(　　)个人社交媒体,(　　)其他聊天工具。

　　(3)下属:(　　)电子邮件,(　　)互联网,(　　)内网,(　　)工作单位
　　　社交媒体,(　　)个人社交媒体,(　　)其他聊天工具。

　　(4)朋友:(　　)电子邮件,(　　)互联网,(　　)内网,(　　)工作单位
　　　社交媒体,(　　)个人社交媒体,(　　)其他聊天工具。

　　(5)家人:(　　)电子邮件,(　　)互联网,(　　)内网,(　　)工作单位
　　　社交媒体,(　　)个人社交媒体,(　　)其他聊天工具。

8.您在工作中会使用不同的方法获得工作相关的信息。请您回想您用不
　同的方法时使用的不同媒体情况,对以下媒体的使用频率进行排序。1
　代表使用频率最高,6代表使用频率最低,N/A代表您没有这项媒体。

　　以下三种方法是最常见的获得信息的方法:

　　被动策略:从观察工作环境和他人的行为中获得工作相关信息。

　　主动策略:直接询问他人(这些人也许不能提供很明确的信息,但是他们
　　比较容易接近)以获得你想要的信息。

　　互动策略:直接询问目标人物(能够提供明确信息的人)。

　　例如:如果你想得知请假是否会被上司允许,上司则是你的目标人物,同

事为他人。

(1)被动策略:(　　)电子邮件,(　　)互联网,(　　)内网,(　　)工作单位社交媒体,(　　)个人社交媒体,(　　)其他聊天工具。

(2)主动策略:(　　)电子邮件,(　　)互联网,(　　)内网,(　　)工作单位社交媒体,(　　)个人社交媒体,(　　)其他聊天工具。

(3)互动策略:(　　)电子邮件,(　　)互联网,(　　)内网,(　　)工作单位社交媒体,(　　)个人社交媒体,(　　)其他聊天工具。

9. 您在工作中需要各种相关的信息。请您回想您用不同的媒体获得以下不同信息的情况,对以下媒体的使用频率进行排序。1 代表使用频率最高,6 代表使用频率最低,N/A 代表您没有这项媒体。

以下三种信息是最常见工作相关信息:

任务职责相关信息:如何完成我的工作?

评价信息:我的工作将会怎样被(上司,同事,整个工作单位)评价?

人际信息:我该怎样和我的同事在工作单位相处?

(1)任务职责相关信息:

(　　)电子邮件,(　　)互联网,(　　)内网,(　　)工作单位社交媒体,(　　)个人社交媒体,(　　)其他聊天工具。

(2)评价信息:

(　　)电子邮件,(　　)互联网,(　　)内网,(　　)工作单位社交媒体,(　　)个人社交媒体,(　　)其他聊天工具。

(3)人际信息:(　　)电子邮件,(　　)互联网,(　　)内网,(　　)工作单位社交媒体,(　　)个人社交媒体,(　　)其他聊天工具。

10. 相关信息。

(1)您的年龄:_____

(2)您的性别:_____男_____女

(3)以下哪项最能描述您的工作性质?

_____ 高层管理人员

_____ 专业类(如金融分析师,人力资源专家,电脑软件师,老师,培训顾问等)

_____ 技术类(如生物工程师,实验室化验师等)

_____ 销售类

_____ 行政类

_____ 手工业类

_____ 技工类(如司机等)

_____ 其他体力劳动者(如建筑工人等)

_____ 服务业

(4)您在现有单位工作时间:_____年_____月

(5)您现在的职位是:_____

(6)在工作中与他人交流的时候,您使用电子媒体的适应程度是多少?

_____ 非常不适应 _____ 不适应

_____ 一半 _____ 适应 _____ 很适应

(7)您在工作中使用以上所提到的新媒体有多长时间了?

( )年( )月

(8)您的工作单位现有多少员工?

_____ 10个以下 _____ 10—51个 _____ 51—200个

_____ 201—500个 _____ 500个以上

(9)您的教育背景是:

①高中以下 ②高中职高大专 ③大学本科 ④ 研究生 ⑤博士生

(10)请简单地描述一下您的工作单位对于工作时电脑网络使用的相关规定。

_____

(11)您的工作单位是从事哪方面工作的?

( )矿产林业

( )建筑

( )制造业

( )贸易

( )货运仓储

( )信息产业

( )金融保险

( )房地产买卖租赁

( )服务行业

( )医疗健康社会服务

( )政府部门

(12)您的国籍:_____中国_____其他(请注明)_____

(13)您用何种工具完成这份问卷?

( )台式电脑( )手机( )平板电脑(ipad 等)( )手提电脑( )其他

(14)您工作单位的性质。

（   ）中方独资（   ）中外合资（   ）外国独资

(15)您的年收入为？

（   ）￥20,000 或以下　　（   ）￥20,001—50,000

（   ）￥50,001—100,000

（   ）￥100,001—200,000　　（   ）￥200,000 以上

参考文献

[1] ABDUL-GADER A. The impact of user satisfaction on computer-mediated communication acceptance: a causal path model [J]. Information Resources Management Journal, 1996, 9:17-26.

[2] ACQUISTI A, GROSS R. Imaged communities: Awareness, information sharing, and privacy on the face book [M]//GOLLE P, DANEZIS G, Proceeding of the 6th workshop on privacy enhancing technologies. Cambridge: Robinson College, 2006:36-58.

[3] AFIFI W A, BURGOON J K. "We never talk about that": A comparison of cross-sex friendships and dating relationships on uncertainty and topic avoidance [J]. Personal Relationships, 1998,5: 255-272.

[4] ANDREJEVIC M. The discipline of watching: Detection, risk, and lateral surveillance [J]. Critical Studies in Media Communication. 2006, 23 (5): 391-407.

[5] ASHFORD S J, BLACK J S, Proactivity during organizational entry: The role of desire for control [J]. Journal of Applied Psychology, 1996,81:199-214.

[6] ALLEN N J, MEYER J P. Organizational socialization tactics: A longitudinal analysis of links to newcomers' commitment and role orientation [J]. Academy of Management Journal, 1990,33:847-858.

[7] ANDERSON C M, RIDDLE B L, MARTIN M M. Socialization processes in groups [M]// FREY L R, GOURAN D S, POOLE M S. The handbook of group communication theory and research. Thousand Oaks, CA: Sage, 1999: 139-166.

[8] ARVANITIS S, LOUKIS E N. Information and communication technologies, human capital, workplace organization and labor

productivity: a comparative study based on firm-level data for Greece and Switzerland [J]. Information Economics and Policy, 2009, 21: 43-61.

[9] BARNES N G, MATTSON E. Social media in the Inc. 500: The first longitudinal study [J] Journal of New Media Research, 2008, 3: 74-78.

[10] BARNARD C I. The functions of the executive [M]. Cambridge: Harvard University Press, 1971.

[11] BAUER T N, TALOR S. Toward a globalized conceptualization of organizational socialization [M]//ANDERSON N, ONES D, VISWESVARAN C. Handbook of industrial, work and organizational psychology. London: Sage, 2001: 409-423.

[12] BAYM N, CAMPBELL S W, HORST H, KALYANARAMAN S, OLIVER M, ROTHERNBUHLER E, MILLER K. Communication theory and research in the age of new media: a conversation from the CM Café [J]. Communication Monographs, 2012,79(2):256-267.

[13] BEHRINGER W. Communications revolutions: a historiographical concept [J]. German History, 2006,24:333-374.

[14] BENIGER J R. Who shall control cyberspace [M]//STRATE L, JACOBSON R, GIBSON S B. Communication and cyberspace: Social interaction in an electronic environment. Cresskill, NJ: Hampton Press, 1996:49-58.

[15] BERGER C R. Beyond initial interaction: Uncertainty, understanding, and the development of interpersonal relationships [M]//GILES H, ST CLAIR R. Language and social psychology. Baltimore, MD: University Park Press, 1979:122-144.

[16] BERGER C R. CALABRESE R J. Some explorations in initial interaction and beyond: Towards a theory of interpersonal communication [J]. Human Communication Research, 1975, 1: 99-112.

[17] BERGER C R, GUNDYKUNST W B. Uncertainty and communication [M]//DERVIN B, VOIGHT M J. Progress in communication science. Volume X, Norwood, NJ: Ablex, 1991:21-66.

[18] BERGER C R, KELLERMANN K. Acquiring social information [M]//DALY J A, WEIMANN J M. Strategic interpersonal communication. Hillsdale, NJ: Erlbaum, 1994:1-31.

[19] BERGER P L, LUCKMANN T. The social construction of reality: A treatise in the sociology of knowledge [M]. New York: Double Day, 1967.

[20] BERNARDI J. Entry into a new program: The socialization of graduate assistants [R]. Paper presented at International Communication Association Annual Conference, Dresden, Germany, 2006.

[21] BOTAN C. Communication work and electronic surveillance: A model for predicting panoptic effects [J]. Communication Monographs, 1996, 63 (4), 293-313.

[22] BRASHERS D E, NEIDIG J L, HAAS S M, BOBBS L K, CARDILLO L W, RUSSELL J A. Communication in the management of uncertainty: The case of persons living with HIV or AIDS[J]. Communication Monographs, 2000. 67:63-84.

[23] CHANG B, KI E. A longitudinal analysis of merges and acquisitions patterns of radio companies in the U.S. [J]. Journal of Radio Studies, 2004,11:194-208.

[24] CHEN X, GLEN C C. On the intricacies of the Chinese guanxi: A process model of guanxi development [J]. Asia Pacific journal of Management, 2004,21:305-324.

[25] CHENEY G. On the various and changing meanings of organizational membership: A field study of organizational identification [J]. Communication Monographs, 1983a,50:342-362.

[26] CHENEY G. The rhetoric of identification and the study of organizational communication [J]. Quarterly Journal of Speech, 1983b,69: 143-158.

[27] CLAEYS A S, CAUBERGHE V. What makes crisis response strategies work? The impact of crisis involvement and message framing [J]. Journal of Business Research 2014, 67 (2): 182-189.

[28] COMAN C, PAUN M. The image if the public institutions and new technologies [J]. Romanian Journal of Journalism &

Communication, 2010,5: 45-53.

[29] COMER D R. Organizational newcomers' acquisition of information from peers [J]. Management Communication Quarterly, 1991,5: 64-89.

[30] CONTRACTOR N S, SEIBOLD D R, HELLER M A. Interactional influence in the structuring of media use in groups: Influence in members' perceptions of group decision support system use [J]. Human Communication Research, 1996,22:451-481.

[31] COOPER-THOMAS H D, ANDERSON N. Organizational socialization: A new theoretical model and recommendations for future research and HRM practices in organizations [J]. Journal of Managerial Psychology, 2006,21(5): 492-516.

[32] CULNAN M J, MARKUS M L. Information technologies [M]// JABLIN F M, ROBERTS K H, PUTMAN L L, PORTER L Handbook of organizational communication: An interdisciplinary perspective. Newbury Park, CA: Sage, 1987:420-443.

[33] D' URSO S, PIERCE K M. Connected to the organization: A survey of communication technologies in the modern organizational landscape [J]. Communication Research Reports, 2009, 26:75-81.

[34] DAFT R L, LEWIN A Y. Where are the theories for new organizational form [J]. Organizational Science, 1993, 4: 1-6.

[35] DEETZ S, MUMBY D. Power, discourse, and the workplace: Reclaiming the critical tradition in communication studies in organization [M]//ANDERSON J. Communication Yearbook 13. [S. l.]: Taylor & Francis Group, 1990:18-47.

[36] DEWEY J. Democracy and education: an introduction to the philosophy of education [M]. New York: Macmillan, 2004

[37] DEWEY J. The public and its problem[M]. New York: Swallow Press, 1927.

[38] DRAKE B, YUTHAS K, DILLARD J F. It's only words—Impacts of information technology on moral dialogue [J]. Journal of Business Ethics, 2000, 23:41-59.

[39] DOUGLAS W. Uncertainty, information-seeking, and liking during initial interaction [J]. Western Journal of Speech Communication,

1990,54:66-81.

[40] DUVALL-EARLY K, BENEDICT J O. The relationship between privacy and different components of job satisfaction [J]. Environment and Behavior, 1992, 24(5): 670-679.

[41] EVELAND J D, BIKSON T K. Work group structures and computer support: A field experiment [J]. Transactions on office information systems, 1998,6:354-379.

[42] ESS C. Ethical dimensions of new technology/media [M]// CHENEY G, MAY S, MUNSHI D. The handbook of communication ethics. New York: Routledge, 2011, 201-220.

[43] FARACE R Y, TAYLOR J A, STEWART J P. RUBEN B D. Criteria for evaluation of organizational communication effectiveness: Review and synthesis [M]// RUBEN B D. Communication Yearbook 2. [S. 1.]: Taylor & Francis Group, 1978:271-292.

[44] FERGUSON R. Word of mouth and viral marketing: Taking the temperature of the hottest trends in marketing [J]. Journal of Consumer Marketing, 2008, 25(3): 179-182.

[45] FLANAGIN A J, WALDECK J Technology use and organizational newcomers' socialization [J]. Journal of Business Communication, 2004,41:137-165

[46] FLORIDI L. Four challenges for a theory of information privacy [J]. Ethics and Information Technology, 2006, 8: 109-119

[47] FUCHS C. StudiVZ: Social networking in the surveillance society [J]. Ethics and Information Technology, 2010 12 (2): 171-185.

[48] FOUCAULT M. The history of sexuality, volume1: An introduction [M]. London: Allen Lane, 1976.

[49] GABLE C. Tech tips: How technology can support your organization [J]. Grassroots Fundraising Journal, 2001, 20:12-14.

[50] GAILLIARD B M, MYERS K K, SEIBOLD D R. Organizational assimilation: A multidimensional reconceptualization and measure [J]. Management Communication Quarterly, 2010, 24 (4): 552-578.

[51] GALLAGHER E B, SIAS P M. The new employee as a source of

uncertainty: Veteran employee information seeking about new hires [J]. Western Journal of Communication, 2009,73(1):23-46.

[52] GARDNER S K. Contrasting the socialization experiences of doctoral students in high-and low-completing departments: A qualitative analysis of disciplinary contexts at one institution [J]. Journal of Higher Education, 2010,81: 61-81.

[53] GIBBS J. Dialectics in a global software team: Negotiating tensions across time, space, and culture [J]. Human Relations, 2009, (62): 905-935.

[54] GOLDE C M. The role of the department and discipline in doctoral student attrition: Lessons from four departments [J]. Journal of Higher Education, 2005,76:669-700.

[55] GUDYKUNST W B. Uncertainty reduction and predictability of behavior in low-and high-context cultures: An exploratory study [J]. Communication Quarterly, 1983,31:49-55.

[56] GUDYKUNST W B. Anxiety/uncertainty management (AUM) theory: Current status [M]//WISEMAN R L, Intercultural communication theory, Thousand Oaks, CA: Sage, 1995:8-58.

[57] GUDYKUNST W B, SODETANI L L, SONODA K T. uncertainty reduction in Japanese-American/Caucasian relationship in Hawaii [J]. Western Journal of Speech Communication: WJSC, 1987,51: 256-278.

[58] GUDYKUNST W B, YANG S M, NISHIDA T. A cross-cultural test of uncertainty reduction theory: Comparisons of acquaintances, friends, and dating relationships in Japan, Korea, and the United States [J]. Human Communication Research, 1985,11:407-454.

[59] HALL E T. Beyond culture [M]. New York: Double Day, 1976.

[60] HERNDON S L. Theory and practice: Implications for the implementation for communication technology in organizations [J]. Journal of Business Communication, 1997,34:121-129.

[61] HOFSTEDE G. Culture's consequences: Comparing values, behaviors, institutions, and organizations across nations [M]. 2nd ed. Thousand Oaks, CA: Sage, 2001.

[62] HUBER G P. A theory of the effects of advanced information

technologies on organizational design, intelligence, and decision making [M]// FULK J, STEINFIELD C W. Organizations and communication technology. Newbury Park: Sage, 1990:237-274.

[63] HUMPHREYS L. Who is watching whom? A study of interactive technology and surveillance [J]. Journal of Communication, 2011, 61 (4), 575-595.

[64] HUSTON T L, BURGRSS R. Social exchange in developing relationships: An overview [M]// Burgess R, HUSTON T L. Social exchange and developing relationships (pp. 3-28). New York: Academic Press, 1979: 3-28.

[65] JABLIN F M. Organizational entry, assimilation, and disengagement/exit [M]//JABLIN F M, PUTMAN L L. The new handbook of organizational communication: An interdisciplinary perspective. Thousand Oaks, CA: Sage, 2001:732-818.

[66] JABLIN F M, KRONE K J. Organizational assimilation [M]// BERGER C R, CHAFFEE S H. Handbook of communication science, Newbury Park: Sage, 1984:679-740.

[67] JAMES W. Pragmatism [M]. New York: Prometheus Books, 1991.

[68] JIAN G. Does culture matter? An examination of the association of immigrants' acculturation with workplace relationship quality [J]. Management Communication Quarterly, 2012,26:295-321.

[69] JONES S, MILLERMAIER S, GOYA-MARTINES M. Whose space is MySpace? A content analysis of MySpace profile[J]. First Monday, 2008, 28 (1); 20-36.

[70] KELLEHER T. Public relations online: Lasting concepts for changing media [M]. Thousand Oaks, CA: Sage, 2007.

[71] KENT M L. Directions in social media for professionals and scholars [M]. HEATH R L. The sage handbook of public relations. 2010, 643-656.

[72] KNOBLOCH L K. SOLOMON D H. Information seeking beyond initial interaction: negotiating relational uncertainty within close relationships [J]. Human Communication Research, 2002, 28: 243-257.

[73] KRAMER M W Uncertainty reduction during job transitions [J].

Management Communication Quarterly，1994，7(4)：384-412.

[74] KRAMER M W, CALLISTER R R, TURBAN D B. Information-receiving and information giving during job transitions [J]. Western Journal of Communication，1995，59：151-170.

[75] KRAMER M W, NOLAND T L. Communication during job promotions: A case of ongoing assimilation [J]. Journal of Applied Communication，1999,27:335-355.

[76] KUHN T S. The structure of scientific revolution [M]. 3rd ed. Chicago: The University of Chicago Press,1996.

[77] LANDY F J, CONTE J M. Work in the 21st century: An introduction to industrial and organizational psychology [M]. 3rd ed. London and New York: McGraw-Hill, 2010.

[78] LANGE P G. Public private and private public: Social networking on YouTube [J]. Journal of Computer-Mediated Communication，2007，13 (1)：361-380.

[79] LARSON G S, PEPPER G Organizational identification and symbolic shaping of information communication technology [J]. Qualitative Research Reports in Communication，2011,12:1-9.

[80] LEWIS K, KAUFMAN J, CHRISTAKIS N. The taste for privacy: An analysis of college student privacy setting in an online social network [J]. Journal of Computer-Mediated Communication，2008，14 (1)：79-100.

[81] LIM T, KIM S, KIM S. holism: A missing link in individualism-collectivism research [J]. Journal of Intercultural Communication Research，2011,40(1):21-38.

[82] LIVINGSTONE S. Taking risky opportunities in youthful content creation: Teenagers' use of social networking sites for intimacy. Privacy and self-expression [J]. New Media & Society，2008，10 (3):393-411.

[83] LYON D. Surveillance society: Monitoring in everyday life [M]. Maidenhead: Open University Press, 2011.

[84] LU Y H, Privacy and data privacy issue in contemporary China[J]. Ethics and Information Technology, 2005, 7: 7-15.

[85] MALTBY L. Can they do that? Rethinking our fundamental rights

in the workplace [M]. London: portfolio Hardcover, 2009.

[86] MANGRUM F G, FAIRLEY M S, WIEDER D L. Informal problem solving in the technology-mediated work place [J]. Journal of Business Communication, 38: 315-336.

[87] MARWICK A D. Knowledge management technology [J]. IBM System Journal, 2001,40,814-830.

[88] MEN L R. How employee empowerment influences organization-employee relationship in China [J]. Public Relations Review, 2011, 37,435-437.

[89] MILES M B. HUBERMAN Qualitative data analysis [M]. Beverly Hills, CA: Sage, 1994.

[90] MILLER V D. An experimental study of newcomers' information seeking behaviors during organizational entry [J]. Communication Studies, 1996, 47 (1-2):1-24.

[91] MILLER V D, ALLEN M, CASEY M K, JOHNSON J R. reconsidering the organizational identification questionnaire [J]. Management Communication Quarterly, 2000, 13(4):626-658.

[92] MILLER V D, JABLIN F M. Information seeking during organizational entry: Influences, tactics, and a model of process [J]. Academy of Management Review, 1991, 16:92-120.

[93] MONGEAU P A, SEREWICZ M C M, THERRIEN L F. Goals for cross-sex first dates: Identification, measurement, and the influence of contextual features [J]. Communication Monographs, 2004,71: 121-147.

[94] MORELAND R L, LEVINE J M. Socialization in organizations and work groups [M]//TURNER M E. Groups at work: Theory and research. Mahwah, NJ: Lawrence Erlbaum Association, Inc, 2001: 69-112.

[95] MORITA N. Language, culture, gender, and academic socialization [J]. Language and Education, 2009, 23(5): 443-460.

[96] MORRISON E Newcomer information seeking: Exploring types, modes, sources and outcomes [J]. Academy of Management Journal, 1993a,36:557-589.

[97] MORRISON E W. Longitudinal study of the effects of information

seeking on newcomer socialization [J]. Journal of Applied Psychology, 1993b, 78: 173-183.

[98] MORRISON E W. Information usefulness and acquisition during organizational encounter [J]. Management Communication Quarterly, 1995, 9: 131-155.

[99] O'REILLY C A, CALDWELL D F. Information influences as a determinant of perceived task characteristics and job satisfaction [J]. Journal of Applied Psychology, 1979, 64 (2): 157-165.

[100] O'REILLY C A, CALDWELL D F. The impact of normative social influence and cohesiveness on task perceptions and attitudes: A social information processing approach [J]. Journal of Occupational Psychology, 1985, 58:193-206.

[101] OSTROFF C KOZLOWSKI S W. Organizational socialization as a learning process: The role of information acquisition [J]. Personnel Psychology, 1992,45:849-874.

[102] OVAITT F. China and public relations research[J]. Institute for Public Relations. Retrieved from http://www. instituteforpr. org/ 2011/12/china-and-publicrelations.

[103] PARKS M R, ADELMAN M B. Communication networks and the development of romantic relationships: An expansion of uncertainty reduction theory [J]. Human Communication Research, 1983,10: 55-79.

[104] PEPPER G L, LARSON G S. Cultural identity tensions in a post-acquisition organization [J]. Journal of Applied Communication Research, 2006,34:49-71.

[105] POLLOCK T G, WHITBRED R C, CONTRACTOR N. Social Information processing and hob characteristics: A simultaneous test of two theories with implications for job satisfaction [J]. Human Communication Research, 2000, 26:292-230.

[106] POOLE M S, DESANCTIS G. Understanding the use of group decision support system: The theory of adaptive structuration[M]. FULK J, STEINFIELD C. Organizational and communication technology. Newbury Park, CA: Sage, 1990:120-150.

[107] POSTER M. The mode of information: Post-structuralism and

social contexts [M]. Chicago: University of Chicago Press, 1990.

[108] PRATT L, WISEMAN R L, CODY M J, WENDT P F. Interrogative strategies and information exchange in computer-mediated communication [J]. Journal of Business Communication, 1974,11:18-24.

[109] PUTNAM L L, MUMBY D K Advancing theory and research in organizational communication [M]. PUTNUM L L, MUMBY D K, The SAGE handbook of organizational communication: Advances in theory, research, and methods Thousand Oaks, CA: Sage, 2014: 1-18.

[110] RAMIREZ JR. A, WALTHER J B, BURGOON J K, SUNNAFRANK M. Information seeking strategies, uncertainty, and computer-mediated communication: Towards a conceptual model [J]. Human Communication Research, 2002, 28:213-228.

[111] REICHERS A E. A review and reconceptualization of organizational commitment [J]. Academy of Management Review, 1985, 10: 465-476.

[112] REINIE L, WELLMAN B. Networked: the new social operating system [M]. Cambridge: The MIT Press, 2012.

[113] SALANCIK G R, PFEFFER J A, Social information processing approach to job attitudes and task design [J]. Administrative Science Quarterly, 1978,23:224-253.

[114] SANTRA T, GIRI V N. Analyzing computer-mediated communication and organizational effectiveness [J]. Review of Communication, 2009,9: 100-109.

[115] SCOTT C R, CORMAN S R, CHENEY G. Development of structurationaal model of identification in the organization [J]. Communication Theory, 1998, 8(3): 298-336.

[116] SCOTT C R, FONTENOT J C. Multiple identifications during team meetings: A comparison of conventional and computer-mediated interactions [J]. Communication Research Reports, 1999, 12(2): 91-100.

[117] SCOTT C R, TIMMERMAN C E. Communication technology use and multiple workplace identifications among organizational

teleworkers with varied degrees of virtuality ［J］. IEEE
Transactions of Professional Communication, 1999, 42 (4):
240-260.

[118] SHAMIR B, KARK R. A single-item graphic scale for the
measurement of organizational identification ［J］. Journal of
Occupational & Organizational Psychology, 2004,77:115-123.

[119] SHEER V C, CLINE R J. Testing a model of perceived
information adequacy and uncertainty reduction in physician-patient
interactions ［J］. Journal of Applied Communication Research,
1995, 23:44-59.

[120] STEPHENS K K. the successive use of information and
communication technologies at work ［J］. Communication Theory,
2007,17(4):486-507.

[121] STRAUS S G, MCGRATH J E. Does the medium matter? The
interaction of task type and technology on group performance and
member reactions ［J］. Journal of Applied Psychology, 1994,79:
87-97.

[122] TAVANI H T. Ethics and Technology: Ethical issues in an age of
information and communication technology ［M］. Hoboken: Wiley,
2006.

[123] TEBOUL J B. Facing and coping with uncertainty during
organizational encounter ［J］. Management Communication
Quarterly, 1994, 8:190-224.

[124] TICHY N M, DEVANNA M A. The transformational leader
［M］. New York: John Wiley and Sons, 1986.

[125] TIDWELL L C, WALTHER J B. Computer mediated
communication effects on disclosure, impressions, and
interpersonal evaluations: Getting to know one another a bit at a
time ［J］. Human Communication Research, 2002,28:317-348.

[126] TOMPKINS P K, CHENEY G. Account analysis of
organizations: Decision-making and identification ［M］//PUTNAM
L, PACANOWSKY M. Communication and organizations: An
interpretive approach. Beverly Hills, CA: Sage, 1983:123-146.

[127] TOMPKINS P K, WANCA-THIBAULT M. Organizational

communication: Prelude and prospects [M]. JABLIN F M, PUTNAM L L, The new handbook of organizational communication: Advances in theory, research, and methods (pp. xvii - xxxi). Thousand Oaks, CA: SAGE, 2001:17-31.

[128] TUFEKCI Z. Can you see me now? Audience and disclosure regulation on online social sites [J]. Bulletin of Science, Technology & Society, 2008, 28 (1): 20-36.

[129] VAN DICK R. My job is my castle: Identification in organizational context [M]// COOPER C L, ROBERTSON I T. International review of industrial and organizational psychology. London: John Wiley, 2004: 171-203.

[130] VAN MAANEN J, SCHEIN E H. Toward a theory of organizational socialization [J]. Research in Organizational Behavior, 1987,1:209-264.

[131] VAUGHT B C, TALOR R E, VAUGH S F. The attitudes of manager regarding the electronic monitoring of employee behavior" Procedural and ethical consideration [J]. American Business Review, 2000, 18 (1): 107-114.

[132] WALDECK J H, MYERS K Organizational assimilation theory, research, and implications for multiple areas of discipline: A state of the art review [M]//BECK C S. Communication Yearbook 31, [S. 1.]: Taylors & Francis Group, 2008:322-367.

[133] WALDECK J H, SEIBOLD D R, FLANAGIN A J. Organizational assimilation and communication technology use [J]. Communication Monographs, 2004,71:161-183.

[134] WESTERMAN D TAMNBORINI R. The effects of avatars on the use of interactive uncertainty reduction strategies [R]. Paper presented at the International Communication Association Conference, Dresden, Germany, 2006.

[135] WHITAKER R. The end of privacy: How total surveillance is becoming a reality [M]. New York: New Press, 1998.

[136] YANG,S & KANG M. Measuring blog engagement: Testing a four-dimensional scale [J]. Public Relations Review, 2009, 35(3): 323-324.

[137] YUSUF S，NABESHIMA K，PERKINS D H. China and India reshape global industry geography [M]//WINTERS A，YUSUF S. Dance with giants：China，India and the global economy. Washington DC：The World Bank and the Institution of Policy Studies，2007,35-66.

[138] ZHANG, CHEN, LIU, LIU. Chinese traditions and western theories influences on business leaders in China [M]// CHEN C，LEE Y. Leadership and management in China：philosophies，theories，and practices. Cambridge：Cambridge University Press，2008:239-271.

[139] ZHU Y，MAY S K，ROSENFEILD L B. Information adequacy and job satisfaction during merger and acquisition [J]. Management Communication Quarterly，2004,18:241-270.

[140] ZORN T E，FLANAGIN A J，SHOHAM M. Institutional and noninstitutional influences on information and communication technology adoption and use among nonprofit organizations [J]. Human Communication Research，2011, 37 (1):1-33.

[141] 黄孝俊. 组织传播的研究模式及思考[J]. 浙江大学学报（人文社会科学版），2001(5):112-117.

[142] 胡河宁. 组织传播研究的学术路径[J]. 学术研究，2007(1):121-125.

[143] 樊博. 微博用户发展报告[EB/OL]. （2016-07-11）[2017-08-03]. http://data. weibo. com/report/reportDetail? id=297.